나는 슈퍼 리파운더로 살기로 했다

나는 슈퍼 리파운더로 살기로 했다

발행일	2026년 1월 15일
지은이	정민
펴낸이	차석호
펴낸곳	드림공작소
출판등록	2019-000005 호
주소	부산광역시 남구 수영로 298, 산암빌딩 10층 1001호 드림공작소
전화번호	010-3227-9773
이메일	veron48@hanmail.net

편집/디자인 (주)북랩
제작처　　(주)북랩 www.book.co.kr

ISBN　　979-11-91610-34-5 13190 (종이책)　　979-11-91610-35-2 15190 (전자책)

실패를 기회로 바꾸는 사람들의 인생 전환의 비밀

나는
슈퍼 리파운더로
살기로 했다

정민 지음

드림공작소
Dream

끝났다고 생각한 순간에도, 다시 시작할 수 있다.
무너진 삶을 세우는 힘, 그것이 슈퍼 리파운더의 길이다.

이 책에 쏟아진 뜨거운 찬사 - 실패의 늪에서 길을 잃은 이들에게, 다시 일어설 용기를 주는 책!

나는 무대 위에서 수많은 웃음을 만들었다. 하지만 무대가 아닌 곳에서는 때로는 넘어지고 다시 일어나기를 반복했다. 그래서 정민 대표의 이야기는 그 어떤 무대보다 더 큰 삶의 무대를 떠올리게 한다. 실패를 단순히 견디는 것이 아니라, 그것을 딛고 더 크게 도약하는 이를 <슈퍼 리파운더>라고 주장하는 그의 개념은 지금 이 시대에 꼭 필요한 통찰이다. 그는 좌절의 바닥에서 몸을 움직이며 스스로 해낼 수 있다는 자신감을 되찾았고, 마침내 새로운 인생을 열어냈다. 이 책은 쓰러진 모든 이들을 다시 일으켜 세우는 인생 2막의 대본 같다. 지금 넘어져 있는 이들이 반드시 읽고, 삶에서 다시 일어설 용기를 얻길 바란다. 웃음이 사람을 살리듯, 이 책도 사람을 다시 살리는 힘이 있다. 그 힘을 이 책과 함께 꼭 경험하길 바란다.

이홍렬 (코미디언)

이 책은 내 오랜 연기 인생에도 깊은 울림을 주는 책이다. 무대 위에서 수없이 넘어지고 다시 일어나며 배운 것이 있다면, 결국 인생도 그와 다르지 않다는 사실이다. 정민, 그는 실패의 바닥을 경험했지만, 거기에 머물지 않고, 그 시간을 새로운 출발의 발판으로 삼았다. 그 치열한 과정에서 길어 올린 통찰은 단순한 이론이 아니라 살아 있는 이야기다. 이 책은 좌절에 갇힌 이들에게 다시 일어설 용기를 주고, 새로운 무대를 준비할 힘을 건넨다. 나 역시 이 글을 읽으며 삶의 마지막 순간까지 도전하는 배우로 서 있어야겠다고 다짐했다. 예측할 수 없는 인생에서 당당히 다시 걸어 나가기를 희망한다면 반드시 읽어야 할 책이다.

박칠용 (탤런트)

누구나 삶에서 마주하는 불협화음과 침묵의 순간이 있지만 어떻게 해석하느냐에 따라 전혀 다른 인생이 된다. 정민 대표가 삶을 다시 조율할 수 있는 악보 같은 지침서를 출간했다. 이 책은 실패라는 음표를 모아, 오히려 더 깊고 아름다운 선율로 완성해 낸 인생 악보다. 그래서 독자들은 각자가 자신의 인생을 다시 작곡할 수 있도록 길을 안내받게 된다. 문학이 언어로 사람의 마음을 치유하듯, 이 책은 삶의 무대에서 넘어지고 주저앉은 이들을 위로한다. 실패 속에서 자기만의 리듬을 찾고 새로운 인생의 멜로디를 원한다면 꼭 읽어보라고 권하고 싶다.

연세영 (드라마 〈겨울연가〉 작곡가, 시인, 소설가, KIT 교수)

정민 대표의 《나는 슈퍼 리파운더로 살기로 했다》는 실패와 무기력을 딛고 다시 일어선 생생한 경험을 담고 있다. 이 책은 수많은 상담과 만남을 통해 얻은 통찰로, 인생의 전환점을 찾는 방법을 제시

한다. 그가 걸어온 길에는 좌절과 절망이 있었지만, 그 속에서 다시 일어서는 법을 스스로 배웠다.

누구나 한 번쯤 실패를 겪는다. 그러나 어떤 이는 그 자리에 머물고, 어떤 이는 실패를 딛고 더 크게 도약한다. 이 책은 바로 그 차이를 보여준다. 그는 실패한 인생을 새롭게 전환해 다시 일어서는 사람을 '슈퍼 리파운더'로 정의하며, 완전히 새로운 삶의 길을 제시한다. 그의 이야기는 단순한 회복이 아니라, 인생의 구조를 새로 짜는 전환의 서사다. 읽다 보면 실패가 두려움이 아니라 가능성의 씨앗임을 깨닫게 된다. 그래서 이 책은 단순한 위로를 넘어, 행동을 촉구하는 실질적 지침서다. 다시 시작해야 하는 모든 사람에게 이 책은 용기와 방향을 제시한다. 추천사를 부탁받았지만, 읽는 내내 '정작 이 책이 필요한 사람은 나였다'는 생각이 들었다. 지금 인생의 전환점을 찾는다면, 이 책을 여러분께 진심으로 권하고 싶다.

윤영아 〈미니데이트〉의 가수, 『어느 젊지 않은 여가수의 고백』의 저자)

모처럼 인생에 대해 깊이 생각하게 해준 책을 만났다. 단순한 자기계발서라 생각하고 읽었는데, 아니었다. 철학적 깊이가 있고, 술술 읽히는 인생에 관련된 수필에 가깝다는 생각이 들었다. 누구나 아는 동요 〈아빠! 힘내세요〉를 만든 나 역시 좌절과 실패를 겪었다. 그리고 여전히 새로운 무대에 도전하고 있다. 이 책의 메시지, "실패는 끝이 아니라 다시 시작할 수 있는 출발점"이라는 말이 더욱 진하게 다가왔다. 정민 대표는 좌절의 바닥에서 몸을 일으켜 마침내 새로운 삶을 만들어냈고, 그 여정이 고스란히 담겨 있다. 이 책은 실패 앞에서 주저앉은 사람들에게 다시 걸어 나갈 힘을 주는 응원가다. 나이와 환경을 뛰어넘어, 또 한 번 새출발을 꿈꾸는 모든 이들에게 꼭 권하고 싶은 책이다.

한수성 (작곡가, 가수)

걷기까지 한 번도 넘어져 보지 않은 사람이 있을까? 우리가 걸을 수 있는 이유는 바닥이나 모서리에 머리를 찧어 혹이 나고 피가 나더라도 걸으려는 의지가 강했기 때문이다. 삶의 목표와 성공을 이루는 과정도 동일하다. 어떠한 어려움이 닥쳐도 목표를 이루겠다는 의지가 강해야 한다. 나 역시 그처럼 실패한 사람이었다. 세 번의 실패, 네 번째 창업인 '라오메뜨' 브랜드로 슈퍼 리파운더의 삶을 살고 있다. 지금, 이 순간 창업을 준비하고 있다면, 창업을 시작했다면, 낙심하고 있다면 읽어보자. 이 책은 반드시 목표를 이루겠다는 사람들에게 의지를 북돋아 주고 확고한 목표를 재설정해 줄 것이다.

우성민 ((주)네트론 대표이사, 『어떻게 부자가 될 것인가』의 저자)

| 차례 |

제1부

실패를 딛고 슈퍼 리파운더로 다시 시작하는 용기

제1장   실패를 두려워하는 진짜 이유

제2장   실패 재정의하기

인생을 새롭게 설계하는 사람, 슈퍼 리파운더

제3부

변화를 통한 슈퍼 리파운더의 새로운 시작

제7장 어느 정도 바꿔야 인생이 달라질까?

———————— ❖ ————————

이 책을 내 인생 최고의 동반자,
아내에게 바친다.
아내가 없었다면 인생 전환 꿈도 못 꾸었을 거다.

———————— ❖ ————————

그리고 내 최고의 멘토 오종호에게 이 책을 헌정한다.
그는 나에게 늘 인생 변화에 중요한 것은
깨달음이라고 알려주었다.

망가진 인생을 재건해 성공적인 변화를 이룬 사람들. 나는 그들을 '슈퍼 리파운더(Super Refounder)'라 부른다. 이들은 단순히 실패를 겪은 사람이 아니다. 절망 속에서도 무너지지 않고, 오히려 그 실패를 디딤돌 삼아 더 높이 도약한 이들이다.

우리 주변에는 크고 작은 실패와 역경을 경험하는 사람들이 많다. 그러나 그중 일부는 좌절에 머무르지 않고, 삶을 다시 세우기로 결심한다. 중요한 것은 실패 그 자체가 아니라, 실패에 어떻게 대응하느냐다. 실패 속에서 진정한 실력을 배우고, 내면의 힘을 길러 나가는 이들이 바로 슈퍼 리파운더다.

나 역시 바닥을 경험했다. 신용불량자가 되었고, 노숙자의 삶을 살기도 했다. 그렇게 무너진 인생을 보며 '이대로 살다 죽을 수 없다'는 결심을 했다. 절망 속에 머무르는 대신 그것을 변화의 동력으로 삼았다. 삶을 완전히 갈아엎고, 내면을 단단히 다지며, 새로운 가능성을 찾아 나섰다. 15년이 흐른 지금, 나는 완전히 다른 삶을 살고 있다. 그리고 그 과정에서 '슈퍼 리파운더'라는 새로운 자아를 발견했다.

실패는 끝이 아니다. 오히려 새로운 시작이다. 그 사실을 깨닫는 순간, 인생은 180도 달라진다. 나는 경험과 깨달음을 정리해, 인생을 재구축할 수 있는 실마리들을 공유하고자 한다. 그리고 그 실마리들은 이미 많은 사람의 삶을 변화시키고 있다.

이 책의 마지막 장을 덮는 순간, 당신은 변화하고 성장할 힘을 얻게 될 것이다. 그리고 그 힘으로 새로운 인생을 시작하는 순간, 당신은 이미 슈퍼리파운더가 되어 있을 것이다.

지금,
인생의 전환점을 찾고 있는 사람들에게

'이제 내 인생 끝났다.'

잘 나가던 사업이 망해 인생 밑바닥까지 떨어져 든 생각이었다. 실패는 나의 모든 것을 무너트렸다. 수억 원의 빚은 감당할 수 없는 현실로 다가왔다. 끝없는 독촉 전화는 무기력함을 더욱 깊게 만들었다. 노력과 꿈이 산산이 부서지며 삶을 포기하고 싶었다. 사회와 단절된 채 절망 속으로 빠져들었다. 길을 찾으려는 노력은 할 수 없었다.

창업 당시 난 자신감과 확신에 차 있었다. 믿음이 강력한 그때의 자기효능감은 잦은 실패 속에서도 충만하게 느꼈었다. 항상 길은 있다는 자신감으로 돌파구를 찾고 노력했다. 목표한 지점까지 가기 위해 수많은 장애물을 어떡해서든 돌파도 했었다. 그렇지만 방향을 잃고도 다시 일어서려는 의지를 버리면 사람은 무너진다. 무기력이 지속되면 자기효능감은 사라져 버린다.

자기효능감은 어떤 상황에서도 적절한 행동을 할 수 있다는 믿음이다. 이와 달리 실패는 그 믿음을 무너뜨린다. 그렇게 무너진 채 무기력한 날들이 반복되었다. 끝내 거리에서 지내는 신세가 되었다.

희망도 살아갈 이유도 보이지 않았기 때문이다. 모든 사람과도 연락을 끊었다. 사람의 시선을 피하고자 사회적 고립을 택한 셈이다.

'이대로 있을 순 없다.'

무력감에 나를 사회로부터 격리한 지 1년쯤 든 생각이었다. 인생의 패배자로 마음의 벽까지 높게 쌓아 둘 수는 없었다. 무엇이든 해야 했다. 피하기 일쑤였던 사람을 만나기 시작했다. 개인 채무는 찾아다니며 기다려 달라 설득했다. 큰 빚부터 해결하기로 마음먹었다. 처절한 삶은 그때부터 시작되었다.

오후 11시, 하루가 시작되는 시간이다. 하루를 일찍 시작한다는 것은 시간을 길게 사용한다는 뜻이다. 노동의 시간이 길어지면 벌이는 괜찮다. 보수가 높은 만큼 힘은 든다. 하루 중 절반 이상을 일하니 노동의 강도는 클 수밖에 없었다. 장시간 노동은 사람의 정신을 혼미하게 만들었다. 어떤 날은 잠깐 혼절해 이마가 찢어진 적도 있었다. 매일 다리가 떨려 한 걸음 내딛기도 힘들었다. 네 가지 일에 이리저리 뛰었으니, 몸에 무리가 가는 것도 당연했다. 함께 일하는 동료들은 그렇게 일하다가 비명횡사한다고 했다.

내가 이렇게까지 몸을 혹사하는 이유는 따로 있었다. 빚을 갚기 위함이지만 '딴생각'을 하지 않기 위해서였다. 몸을 힘들게 하면 다른 생각할 여유가 없다. 하나의 일이 끝나면 다른 일이 기다리고 있기 때문이다. 일을 끝내야 단 몇 시간이라도 쉴 수 있었다.

힘없이 늘어진 사람도 장시간 일을 하기 위해서는 자신의 기력을 어떡해서든 채운다. 실패로 인생 망했다고 생각했지만 힘든 일을 하면서 힘쓰는 능력이 길러졌다. 그리고 밑바닥에서 조금씩 위로 올라

가고 있었다. 장시간의 노동을 하면서 깨달은 것이 있다. 힘든 체험을 해야 힘쓰는 능력이 배양된다는 것이다.

"힘들어서 오늘 만날 수가 없어요."

폐업한 소상공인들 대상으로 상담하면서 많이 들었던 말이다. 폐업자들의 상담은 어렵고 힘들다. 전화해도 잘 받지 않는다. 통화가 돼도 핑계를 댄다. 구실도 여러 가지다. 실패했다는 자책에 만남을 거부하는 것은 당연하다. 그 모든 구실 뒤에는 공통된 심리가 있다. 자책과 무기력이다. 자포자기에 빠진 사람은 세상과의 연결을 스스로 끊는다. 자신만의 동굴에서 원망과 분노만 쏟아낸다. 자기 비난도 끝없이 한다. 생각해 보면 나도 그랬다.

행동을 기피하는 사람들은 "엄두가 나지 않는다."라는 말을 입에 달고 다닌다. "상담할 기분도 아니고 마음의 준비도 되어 있지 않다."라는 말도 한다. 한마디로 의욕이 없다는 것이다. 의욕이 있어야 움직일 텐데 의욕이 없으니 움직이지 못한다고 얘기하는 것이다. 그러나 사실은 그 반대다. 그들이 치유받아야 할 것은 마음보다 몸이기 때문이다.

실패로 인한 우울감과 무기력은 마음의 문제가 아니라 몸에서 시작된다. 움직임이 줄면 부정적인 생각을 더 많이 하게 된다. 그 생각들이 행동을 가둔다. 반면 작은 움직임 하나가 굳어 있는 생각의 회로를 다시 이어준다. 몸을 움직이면, 기력도 생긴다. 마음도 차차 회복된다. 힘이 있으면 시야가 넓어지고, 새로운 길을 모색할 힘도 생긴다. 판을 새로 짜려면 무엇보다도 에너지가 필요하기 때문이다.

배달일로 젖은 땀에 감기몸살이 자주 찾아왔다. 그때마다 아내가 죽을 쑤어 억지로 먹게 했다. 처음에는 한 숟갈도 삼키기 힘들었지만, 먹어야 힘을 낸다는 생각에 한 입을 떴다. 그런데 한 입이 두 입이 되고, 어느새 그릇을 비웠다.

몸이 몹시 피곤할 때는 깨어나는 것조차 힘들었다. 미적대다 몸만 이리저리 움직였다. 그러다 팔과 다리를 함께 움직이게 되고, 마침내 자리에서 일어날 수밖에 없었다. 무언가를 시작하면 멈추는 데도 힘이 든다는 사실을 알게 된다. 행동이 이어지는 이유다.

"행동이 먼저, 마음은 그 이후에 추스르세요. 그리고 꼭 움직이세요!"

그들에게 하는 말은 항상 같다. 감정은 결과이지 원인이 아니다. 울기 때문에 슬픈 것이지, 슬퍼서 우는 것이 아니기 때문이다. 심리학에서는 이 사실을 오래전부터 증명했다. 심리학자 윌리엄 제임스는 행동이 정서를 경험한 후 나타나는 것이 아니라, 오히려 신체적 행동이 먼저 일어나고, 이후에 정서적 경험을 하게 된다고 주장했다. 다시 말해, 신체적 반응을 하게 되면 마음이 동요된다는 것이다. 이 단순한 주장이 주는 메시지는 명확하다. '행동이 먼저다'라는 것이다.

많은 사람은 의욕이 생기면 무엇인가를 하려고 한다. 의욕은 움직여야 생긴다. 그래서 작게라도 움직여야 한다. 산책도 좋고, 집 안 정리도 좋다. 작은 행동 하나가 생각의 방향을 바꾸고, 바뀐 생각이 새로운 길을 열기 때문이다. 그래서 실패로 무너진 사람들에게 전하고 싶은 말은 이것이다. "움직이세요. 그게 시작입니다."

나는 밑바닥에서 무기력감을 벗어나기 위해 노력했다. 기력을 쓰고, 움직이다 보니 '나는 할 수 있다'라는 자신감이 생겼다. '회복할 수 있다'라는 믿음도 생겼다. 자신에게 강한 동기를 부여하기 위해 많이 움직였다. 그 결과 실패자에서 1인 기업가로 그리고 실패한 이들의 재기를 돕는 전략가와 멘토로 성장했다.

재기의 핵심은 '자기효능감'이다. 자신을 믿지 않으면 내가 할 수 있다는 믿음은 생기지 않는다. 확신 없이는 미래도, 재기도 없기 때문이다. 역경을 온몸으로 부딪치며 극복하는 과정에서 스스로 해낼 수 있다는 확신은 강해진다. 그리고 그 믿음은 새로운 기회를 만들어낸다.

망가진 인생을 혁신적으로 재건하는 사람들, 난 그들을 '슈퍼 리파운더(Super Refounder)'라 부른다. 나는 절망에 무너지지 않고, 오히려 희망을 얻어 도약해 인생을 전환했다. 이 책에는 슈퍼 리파운더로 인생을 새롭게 구축할 수 있는 다양한 내용들이 담겨 있다.

실패한 인생이라 그 자리에 주저앉아도 좋다. 다만 몸을 쓰지 않으면 기력을 잃게 된다. 힘없이 주저앉으면 다시 일어설 수 없다. 힘들지만 넘어진 그 자리에서 일어서야 한다. 그리고 무엇이든 해야 한다. 남은 인생 새로운 기회와 경험을 만나는 데 필요하기 때문이다.

당신의 실패를 격려하고 당신의 인생 재구축을 응원한다.

2025년 12월
슈퍼 리파운더로 살기로 한
정민

제1부

실패를 딛고 슈퍼 리파운더로
다시 시작하는 용기

제1장

실패를 두려워하는
진짜 이유

감당할 수 없는
혹독한 대가

영어에 come at a price라는 말이 있다. 직역하면 "대가가 따른다"라는 뜻이다. 무엇을 얻든, 그 과정에는 반드시 값을 치르게 된다는 의미다. 예를 들어 'All of his success has come at a price(그가 성공한 모든 것은 대가를 치르고 얻은 것이다)'라고 쓴다.

하필 많은 영어 표현 중에 이 말이 유난히 눈에 들어온 이유가 있다. 나는 실패로 인한 대가를 혹독하게 치러본 적이 있기 때문이다.

삶은 언제나 평탄하지 않다. 원치 않는 실패가 예고 없이 찾아오고, 그때마다 값을 지불한다. 특히 실패의 값은 혹독하다. 사업 실패가 그렇다. 무너진 일상과 경제적 어려움이 따라오기 때문이다. 그 상황을 극복하기 위해서는 상상 이상의 노력이 필요하다. 그리고 그 노력 역시 또 다른 대가를 요구한다.

인생의 모든 경험은 혹독한 대가를 치른다. 문제는 그 대가를 피할 수 있느냐가 아니라, 어떻게 감당하느냐.

나 역시 사업 실패 후, 값비싼 대가를 치러야 했다. 낮에는 택배 배달과 정수기 수리, 새벽에는 신문과 우유 배달 일을 했다. 특히 새벽 배달은 고됐다. 비가 오는 날이면 진흙탕이 된 좁고 어두운 골목 길을 신문 뭉치와 우유 박스를 들고 오르내려야 했다. 겨울비가 내리면 손은 얼어붙고, 얼굴은 빗물에 젖어 살갗이 에었다.

낮에는 또 다른 노동이 기다렸다. 택배 상하차는 4시간 내내 몸을 쉴 새 없이 움직여야 한다. 겨울에도 땀이 비 오듯 흐른다. 땀에 젖었다고 옷을 벗으면 금세 감기에 걸린다. 배달 일을 하는 사람들은 몸이 재산이다. 아프면 수입은 바로 줄어든다. 힘들기에 오래 버티지 못하고 그만두는 사람들이 많다. 노력해도 희망을 보기 어렵기 때문이다.

하루 18시간 이상을 배달로 살아가는 사람들을 '건당 인생'이라 부른다. 8년을 그 속에서 버텨보니, 그 말이 틀린 말이 아니었다.

실패의 대가는 육체적 노동뿐만 아니었다. 더 혹독한 것은 심리적 고통이었다. 노숙자들의 삶이 그렇다. 모든 것을 잃고 삶이 피폐해진 끝에 그들이 도착한 곳은 거리였다. 무기력감 속에 사회로부터 고립을 택한 셈이다. 자기 능력과 가치가 바닥으로 떨어지면, 다시 일어날 힘조차 잃어버린다.

평범하게 살던 사람도 한순간의 실패로 삶이 무너질 수 있다. 그때 남은 선택지는 많지 않다. 재기하거나, 아니면 실패자로 남거나. 재기를 위해서는 고된 노동과 뼈를 깎는 희생이 필요하다. 많은 이들이 용기를 내지 못하고, 포기를 택한다. 노숙 생활이 길어지는 이유다.

나는 노숙 생활에서 벗어나 쉼터에서 봉사활동을 한 적이 있었다. 그때 그들의 목소리를 직접 들었다. 한 노숙자는 이렇게 말했다. "모든 것을 포기하니 힘이 나지 않습니다." 포기는 가능성에 대한 믿음뿐 아니라 자신감마저 앗아간다. 또 다른 노숙자는 이렇게 고백했다. "인생 자체가 망가진 것은 나 자신이지만, 그것으로 인해 가족 모두가 힘든 일을 겪게 되었어요. 그래서 차마 가족을 볼 자신이 없습니다." 나는 이 말에 깊이 공감했다.

나도 한동안 가족과 연락을 끊고 지냈다. 경제적 어려움을 가족에게 떠넘겼다는 패배감 때문이었다. 재기를 포기한 남편 대신 아내가 가정을 책임져야 했다. 한참 후에야 알았지만, 아내는 나보다 먼저 육체노동에 뛰어들었다. 내 실패는 나만의 것이 아니었다. 가정이 함께 무너졌고, 아내 역시 그 대가를 온몸으로 치러야 했다.

실패는 건강에도 깊은 상처를 남겼다. 극심한 스트레스와 장시간의 노동이 이어지자, 몸은 점점 무너졌다. 하루 네 가지 일을 하며 잠은 고작 네 시간. 결국 심장에 무리가 와 병원 신세를 져야 했다. 그뿐 아니라 20개 이상의 치아를 잃었다. 지금 그 자리는 틀니가 대신하고 있다. 빚은 갚았지만, 건강은 되돌릴 수 없었다. 이것이 내가 치른 대가였다.

대가의 고통 속에서 나는 한 가지를 배웠다. 실패는 나 혼자만의 문제가 아니며, 가족과 삶 전체에 영향을 미친다는 것이다. 그래서 다시 일어서는 것은 선택이 아니라 책임인 이유다.

실패의 대가가 혹독한 이유는 꿈과 목표를 향한 도전이 크기 때문이다. 꿈이 클수록 실패에는 치러야 할 희생도 크다. 열정과 도전에는 높은 기대가 따른다. 그만큼 실패의 충격은 깊고 잔인하게 다가온다. 인생을 회복하려면 재도전이 필요하지만, 현실에서 두 번째 기회는 멀고 험난하다. 많은 이들이 실패가 곧 인생의 끝이라고 믿어버리는 이유다.

성공한 사람의 강연에서는 흔히 이렇게 말한다. "실패는 성장의 기회입니다. 실패는 최종 목적지가 아니라 일시적인 장애물일 뿐입니다." 옳은 말이다. 그렇지만 실패의 무게를 온몸으로 견뎌낸 이들에게는 공허하게 들린다. 그 과정을 끝까지 버티지 못하는 사람이 훨씬 더 많기 때문이다.

실패에는 반드시 대가가 따른다. 혹독한 대가를 치른 이들은 언젠가 그 뒤에 달콤한 보상이 오기를 바란다. 그러나 기대만으로는 아무것도 바뀌지 않는다. 현실은 냉혹하다. 실패는 때로 '너는 끝났어.'라고 속삭이며 주저앉게 만든다. 실패의 혹독한 본질은, 다시 일어설 힘을 잃는 순간 드러난다.

그 본질 앞에서, 당신은 대가를 치를 준비가 되어 있는가?

패자 부활 기회조차
주어지지 않는다

나는 신문 배달을 하면서 틈틈이 신문을 읽었다. 세상을 이해하기엔 종이 신문만 한 게 없다. 2012년 8월 29일 자 한겨레신문 사회면에서 〈패자 부활 없는 사회… 한 번 실패하면 인생이 '1인 감옥'〉이라는 기사가 눈에 띈 적이 있었다. 실패로 인해 절망 속에 살아가는 은둔자들의 이야기였다. 오래된 기사지만, 지금도 마찬가지로, 실패자에게 패자 부활의 기회는 허락되지 않는다.

기사는 이렇다. '재기의 행운은 아무에게나 오지 않는다. 한 번 낙오하면 패자부활전의 기회조차 얻지 못하는 경우가 대부분이다.' 실패한 이들에게 사회가 기회를 제공해야 한다는 논지였지만, 현실은 냉혹하다. 설령 기회가 주어져도 재기를 결심하기란 쉽지 않다. 그 길은 너무나 험난하고, 시간과 인내가 요구되기 때문이다.

드라마 시리즈 〈오징어 게임〉만 봐도 그렇다. 생존을 걸고 벌이는 잔혹한 게임을 다루고 있다. 실패로 인한 패자 부활의 어려움에 대해 현실적으로 묘사한 작품이다. 게임에 참여한 사람들은 실패로 극심한 경제적 어려움과 사회적 경쟁에서 좌절감에 휩싸여 고립된

이들이다. 이러한 상황에서 큰 상금이 걸린 게임의 승자가 되면 인생 반전은 제대로 이루게 된다. 반면 패자들은 오직 죽음뿐이다. 승자가 되기 위해서는 수단과 방법을 가리지 않아야 한다. 배신도 해야 하고, 내적 갈등도 겪어야 한다. 최후의 승자가 되어도 무수한 상처와 심적 고통을 짊어지게 된다.

스포츠도 마찬가지다. 골프 선수 토니 피나우는 프로 무대에서 긴 시간을 보냈다. 그 시간은 화려함보다는 기다림과 인내로 채워져 있었다. 2016년 첫 우승 이후, 그는 무려 1,975일 동안 142개의 대회를 치렀다. 그러나 단 한 번도 정상에 서지 못했다. 프로 선수에게 우승 공백은 치명적인 약점이다. 자신감은 흔들리고, 언론은 그를 향해 '결정적인 순간에 약하다'는 낙인을 찍었다.

그럼에도 그는 멈추지 않았다. 부족한 기술을 다듬고, 체력을 끌어올리며, 자신을 다시 시험대 위에 세웠다. 마침내 다시 우승을 거머쥐었다. 세계 랭킹은 22위에서 9위로 뛰어올랐고, 그 순간 그는 "골프는 언제나 어렵습니다. 아무것도 그냥 주어지는 것은 없습니다. 이 우승을 위해 가진 모든 것을 쏟아 부었습니다. 오랜 기다림은 저를 더 좋은 선수로 만들어주었습니다."라고 말했다.

테니스의 전설 안드레 아가시도 크게 다르지 않았다. 그는 여러 차례 큰 대회에서 무너졌다. 경기력이 흔들릴 때마다 언론은 그의 미래를 의심했다. 그럴수록 자신감은 무너져 내렸다. 그는 끝내 포기하지 않았다. 수년간 기초부터 다시 쌓으며 몸과 마음을 단련했다. 그 결과 정상에 복귀해 '무너진 천재'라는 꼬리표를 지워냈다.

프로 스포츠 선수들은 무수한 경기에서 승리와 패배를 맛본다. 큰 대회에서의 실패는 충격이 크다. 실패를 이겨내고 정상에 다시 서기까지 오랜 시간 노력은 필수다. 그런 점에서 "노력에 들어간 시간과 결과는 비례한다."라는 말에 동의한다.

나 역시 패자 부활을 거쳐 재기하는 데 오랜 시간이 걸렸다. 배달을 위해 움직인 거리만 해도 지구 9바퀴를 돈거리다. 하루 18시간을 일하니 그 정도의 움직임은 당연하다. 힘든 만큼 벌이는 괜찮았지만, 궁핍한 생활은 여전했다. 번 돈 대부분을 빚 갚는 데 사용했기 때문이다. 가족의 희생으로 9억 가까운 빚을 모두 갚는 데는 12년이 걸렸다. 신용이 회복되기에는 13년 5개월이 걸렸다. 실패에서 재기까지 17년 세월이다. 길고 험한 나날의 과정이었다. 다시 겪으라고 하면 차마 엄두도 나지 않을 긴 시간이었다.

이렇게 오랜 기간이 걸렸던 이유는 무엇일까?

자신감 회복과 마음을 치유하는 데 오래 걸렸기 때문이다. 실패는 좌절과 자신감 상실을 안겨 주었다. 그로 인해 자신을 비난하며, 끊임없이 자책도 했다. 타인의 시선과 비판도 신경 쓰였다. '아무도 나에게는 관심 없다.'라는 생각을 했지만 그럴수록 강한 자책감으로 자신을 믿지 못했다. 불신이 깊어져 패배감은 강해졌다. 그럴수록 모든 것이 두려웠다. 강한 의구심은 자신감 극복과 패자 부활을 더욱 어렵게 만들었다. 그뿐만 아니었다. 다시 시작하는 데에도 많은 기간을 보냈다. 실패로부터 일어나기 위해서는 전략이 필요했기 때문이다. 무엇이 잘못된 것인지, 어떻게 해야 할지에 적지 않은 시간을 투자했다. 특히 실패로 인한 빚 청산에 상당한 시간을 보냈다.

빚을 갚고도 신뢰를 다시 구축하는데 많은 시간과 노력이 더 필요했다.

　많은 사람이 이렇게 말한다. "실패는 실패가 아니다. 포기했을 때가 진정한 실패다." 정작 실패의 한가운데 있는 사람에게는 가닿지 않는 말이다. 그들에게 실패는 그저 실패일 뿐이다. 그것을 긍정으로 바꾸어 받아들이려면, 상상 이상의 용기와 시간이 필요하다. 그래서 '실패는 성공의 과정'이라는 말이 공허하게 들리는 것이다.

　실패를 딛고 다시 일어서는 일은 절대 쉽지 않다. 재기의 길은 길고 험하다. 나는 강연에서 이렇게 말하곤 한다. "성공만 있는 완벽한 인생은 없다. 인생을 만들어가는 과정에서 실패와 좌절을 겪으며 성공에 도달한다. 그러나 패자 부활을 거쳐 재기하기란 절대 쉽지 않은 도전이다. 주위에 패자 부활에 성공한 사람들을 보지만, 그 과정은 뼈를 깎는 노력과 영혼을 갈아 넣는 고통이 따른다. 그럴 기백이 없다면 패자 부활이나 재기는 불가능하다."

　당신에게 그런 패기가 있는가?

단절의 고통,
다시 시작할 수 있을까?

나는 실패한 이들을 대상으로 강연을 자주 한다. 강연의 첫 마디는 늘 같다. "여기까지 오셨으니, 실패의 고통이 절반은 줄어들었을 겁니다." 실패한 사람들은 움직임이 적다. 집 밖을 나가지 않는 경우도 많다. 자책과 원망 속에 머물거나 술로 달래보지만, 분노만 커질 뿐이다. 그런 면에서 강연을 들으러 온 이들은 대단한 용기를 낸 것이다. 실패를 극복하려는 의지를 가졌기 때문이다.

내게 상담을 청하는 소상공인은 두 부류다. 하나는 자신의 실패를 적극적으로 대하는 대표들이고, 다른 하나는 그렇지 않은 대표들이다. 나는 전자를 '동적(動的)파', 후자를 '정적(靜的)파'라 부른다. 동적파는 미래를 위해 길을 찾으려 하고, 정적파는 현재의 문제를 피하려 한다. 만나는 과정도 다르다. 동적파는 먼저 연락해 오지만, 정적파는 내가 전화하지 않으면 만날 수 없다. 대화에서도 차이가 난다. "언제 뵐까요?", "지금 당장도 괜찮습니다."라고 하는 사람은 동적파다. 정적파는 "몸이 피곤하다.", "아프다.", "선약이 있다."라며 핑계를 댄다.

동적파는 자신의 상태를 분명히 인식한다. 현재 빚이 얼마나 되는지, 채무 해결을 위해 어떤 노력이 필요한지, 재기와 재창업을 위한 지원 프로그램을 어떻게 활용할 수 있는지 알고 싶어 한다. 상담을 받는 이유는 문제를 해결하기 위해 조언을 듣고, 직접 발로 뛰며 해결책을 찾기 위해서다. 반면 정적파는 상담 자체를 하나의 형식으로만 여긴다. "상담만 하면 지원금이 나오는 것 맞죠?", "그냥 상담했다고 하고 마치면 안 될까요?"라며 해결책에는 관심을 두지 않는다. 그들에게 중요한 것은 현재의 문제에서 당장 벗어나는 것이다.

이 두 유형은 실패를 대하는 태도도 다르다. 동적파는 문제와 맞서 해결책을 찾으려 한다. 적극적으로 상담받고, 스스로 변화를 모색하며, 행동한다. 움직이다 보면 마음이 정리되고 안정을 찾는 데 도움이 된다. 기력이 생기고 삶의 의욕도 되살아난다. 재기할 가능성도 높다. 반면 정적파는 세상과 벽을 쌓고 스스로 고립된다. 해결 방법을 찾기보다 포기하고, "될 대로 돼라."라며 방치한다. 움직이지 않으니, 해결책이 나올 리 없다. 시간이 지날수록 자책감과 불안이 커지고, 우울감이 깊어진다. 이렇게 되면 정신적, 신체적, 경제적 어려움을 겪게 된다. 특히 경제적 단절은 생계를 위협하고, 사회적 단절은 관계를 끊어 놓는다. 사람은 누구나 가치 있는 존재로 존중받길 원하지만, 사회적 관계가 단절되면 자신이 무가치하다고 느낀다. 자기 효능감의 상실은 정적파에게 가장 위험한 요소다.

나 역시 한때 정적파였다. 감당하기 어려운 빚 때문에 매일 독촉을 받으며 정신이 혼미해졌다. 더 이상 뒤로 물러날 곳도, 앞으로 나아갈 길도 없었다. 그렇게 거리의 삶이 시작되었다. 처음에는 잠깐의 도피라고 생각했지만, 그것은 큰 착각이었다. 뜻대로 되지 않자 쉽게 포기했고, 무의미한 나날을 보냈다. 자연스럽게 바깥과의 소통이 끊어졌고, 모든 것이 단절되었다. 경제적 단절이 시작이었고, 이어서 관계의 단절이 찾아왔다. 스스로 선택한 결과였다. 이렇게 살 수 없다고 생각한 것은 반년이 훌쩍 지난 후였다. 고립에서 벗어나기 위해 노력하기 시작했다. 다시 나를 찾기 위해 용기를 내야 했다. 노숙자 쉼터에 들어가 치유와 자활 프로그램에 참여했다. 단절된 것을 복구하는 과정은 쉽지 않았다. 경제적 단절을 해결하기 위해 하루 열여덟 시간 이상 일에 매달렸다. 장시간 노동의 긍정적인 효과는 잡념을 차단하고 노동에만 집중할 수 있게 해준다는 것이었다. 관계의 단절을 복구하는 데는 더 오랜 시간이 필요했다. 실패한 이들의 휴대전화는 조용하다. 처음에는 빚 독촉으로 벨이 울려대지만, 연락을 피하기 시작하면 더 이상 벨이 울리지 않는다. 저장된 번호들도 하나둘 바뀌고, 급기야 단절이 일상화된다. 10년 동안 이어진 단절을 복구하는 데는 엄청난 노력이 필요했다. 끊어지는 것은 한순간이지만, 다시 잇는 데는 오랜 시간이 걸린다.

정적파에게 흔히 "실패는 전화위복이다"라고 하지만, 그 말은 위안이 되지는 않는다. "단절은 끝이 아니라 새로운 시작이다. 실패로 인해 길이 막혔다고 해서 모든 길이 막힌 것은 아니다. 오히려 다른 길도 있을 수 있다. 실패로부터 교훈을 얻어야 한다."라는 말도 정적파에게는 공허하다. 한때 "아프니까 청춘이다"라는 말이 유행했지만, 그것이 청춘들에게 큰 위로가 되지는 못한 것과 같다. 부정적 감정을 긍정적으로 승화시키는 것은 개인차가 크기 때문이다. "원래 다 그래.", "그래야 성공해.", "다 겪는 과정이야." 같은 말은 정적파에게는 가닿지 않는다.

실패의 좌절감은 사람마다 다르지만, 누구에게나 힘든 것은 분명하다. 일부 심리학자들은 부정적 사건의 영향력이 긍정적 사건보다 네 배나 크다고 한다. 나 역시 그 주장에 동의한다. 작은 실패에도 극복하지 못하고 정적파가 되어 고립과 단절을 자처하는 이들을 수도 없이 보아왔기 때문이다.

실패로 인한 단절은 동적파와 정적파 모두가 겪는다. 차이는 단절을 극복하는 방식이다. 동적파는 몸을 움직이며 해결책을 찾으려 한다. 이리저리 바쁘게 움직이다 보면 길이 보인다. 반면 정적파는 움직이지 않는다. 단절을 극복하기 위해서는 반드시 움직여야 한다. "고통을 조금이라도 줄일 수 있는 일을 뭐라도 해라." 심리학자 조던 피터슨의 말이다. 단절의 고통을 이겨내려면 동적으로 변화해야 한다. 힘들지만 그래야 한다.

희망,
다시 품을 수 있을까?

나는 오랫동안 소상공인들의 폐업을 지원하고 재기를 돕는 전문
위원으로 활동했다. 그 과정에서 가장 힘든 순간은 절망에 잠긴 사
람들의 얼굴을 마주하는 일이다. 폐업 직전의 사장들을 만나면 하
나같이 삶도, 희망도, 미래도 없다고 말한다. 실패 앞에서 사람들이
가장 먼저 잃는 것은 희망이다. 기대는 눈에 보이지 않는 자산이다.
그것이 사라지는 순간 사람은 모든 것을 내려놓는다. 나는 현장에
서 이런 절망을 수도 없이 보았다.

한 번은 커피점을 운영하던 서른넷의 젊은 사장을 만난 적이 있
다. 그가 나를 찾았다는 건 이미 벼랑 끝에 서 있다는 신호다. 약속
한 날 매장에 들어서자 휑한 공간이 눈앞에 펼쳐졌다. 의자와 탁자
하나, 벽에 걸린 메뉴판이 이곳이 한때 커피 향으로 가득했던 공간
이었음을 말해줄 뿐이었다. 그는 담담하게 말했다. "코로나 때도 버
텼어요. 그런데 더는 안 되겠더라고요." 매출은 절반으로 줄었고, 대
출로 버텨온 월세는 이제 갚을 길이 없었다고 했다. 심지어 집에는
압류 딱지가 붙었고, 대부업체의 독촉 전화도 그를 잠 못 들게 했다.
3년을 버틴 사업이 이렇게 끝난다는 사실이 믿기지 않는 표정이었

다. 나는 그 눈빛에서 내가 20년 전 느꼈던 절망의 무게를 다시 보았다.

"실패해도 희망을 품어야지." 사람들이 흔히 하는 말이다. 나는 그 말이 얼마나 공허하게 들릴 수 있는지 안다. 희망을 말하는 것이 때로는 잔인한 위로가 될 때가 있다. 특히 절망이 깊을수록 소망은 더 먼 산처럼 느껴진다. 하지만 희망은 좌절을 견디게 하는 동력이기 때문이다. "희망은 실존적 불안에 저항하는 힘이다." 사회학자 로스 엘런혼의 말이다. 실패 직후의 사람에게 희망은 두 얼굴을 가진다. 앞으로 나아가게 하는 힘이면서 동시에 더 큰 좌절을 안기는 그림자다. 왜냐하면, 기대를 품으려면 그 여망을 현실로 만들 능력과 여유가 필요하기 때문이다.

희망이 멀어지는 이유는 '위치' 때문이다. 좌절의 깊이가 깊을수록, 기대는 더 높은 언덕 위에 있다. 작은 실패라면 곧 회복할 수 있지만, 모든 것을 잃어 나락으로 떨어졌을 때, 그 틈은 천 길 낭떠러지다. 꿈을 품는 일 자체가 사람을 더 지치게 한다.

2004년, 나는 첫 창업에서 쓴맛을 보았다. 서른일곱, 인생에서 가장 뜨거웠던 시절이었다. 첫 사업이 성공의 기미를 보이자 나는 무리했다. 직원을 늘리고, 부산에서 서울로 회사를 옮겼다. 기술력 있는 기업과 합병까지 하며 회사 규모를 키웠다. 매일 사무실에서 숙식하며 온 힘을 쏟았다. 기대와 달리 회사는 무너졌다. 남은 건 빚과 책임뿐이었다. 정리되지 않은 법적 문제, 직원들의 밀린 급여, 이리저리 끌어다 쓴 자금. 그 모든 짐을 짊어지고 나는 도망치듯 거리로 나섰다. 몇 달 뒤 아내에게서 연락이 왔다. 압류 통지서가 날아들었다는 소식이었다. 집안 곳곳에 붙은 압류 딱지, 경매에 넘어간 집. 아내는 연락이 닿지 않는 나를 대신해 반년 넘게 채무 정리에 매달렸다고 했다.

기대는커녕, 살아갈 이유조차 찾을 수 없을 때가 있다는 것을 그때 깨달았다. 하루하루 버티는 것 자체가 고통이었다. 누군가 그때 내게 "희망을 품어야 한다."라고 말했다면, 나는 아마 울거나 분노했을 것이다. 왜냐하면 그 말은 내 현실을 이해하지 못하는 조언처럼 들렸을 테니까 말이다. 그 시간을 버텨낸 것은 희망보다 견딤이었다. 내일이 보이지 않아도 하루를 그냥 버텼다. 희망을 품을 여유가 없던 나는 그저 살아남는 것에 집중했다.

나는 수많은 실패한 창업자들을 만났다. 그들 모두 처음에는 희망으로 시작했다. 돈 드는 기업에서 돈 만드는 기업으로 만들겠다는 기대들로 기업을 운영한다. 그러나 폐업 절차를 밟을 때, 그 꿈은 사라지고 없다. 대신 깊은 한숨과 자책만 남는다. 난 그들에게 함부로 "희망을 품어라."라고 말하지 않는다. 오히려 견뎌야 한다고 얘기한다.

꿈은 견딜 힘이 있는 사람에게만 찾아온다. 고통을 버티는 체력이 없다면, 기대는 오히려 사람을 더 무너뜨린다. 왜냐하면, 희망은 오랜 기다림과 고통을 동반하기 때문이다. 희망은 절망의 끝에서 찾아오지 않는다. 견딘 사람에게만 찾아온다. 나 역시 그 시간을 견디지 않았다면, 다시 도전할 용기를 품지 못했을 것이다. 단순노동으로 하루를 버텼던 시간은 내 인생에서 가장 가혹했지만, 동시에 가장 값진 시간이 되었다.

　사람들은 "그래도 희망을 품어야지."라고 너무 가볍게 말한다. 큰 실패를 경험한 사람에게 희망은 불편한 단어다. 기대한다는 것은 곧 다시 도전하겠다는 뜻이다. 그 도전은 고난과 역경을 다시 받아들이겠다는 의미다. 준비되지 않은 사람에게는 독일뿐이다.
　기대를 원한다면, 먼저 견디고 버텨야 한다. 좌절의 깊이가 깊을수록 고통은 더 커지지 때문이다. 희망은 고통을 버티는 뿌리에서 더욱더 단단하게 자란다.

　지금 절망 속에 있는가? 그렇다면 오늘을 견뎌라. 내일의 희망은 그 이후에 오기 때문이다. 희망은 견딜 준비가 된 사람에게만 찾아온다.

제2장

실패
재정의하기

실패의 진짜 정체

'실패'라는 말만 들어도 마음이 무거워진다. 인생에는 누구나 각자의 목표가 있고, 좌절은 그 목표에서 멀어진 듯한 착각을 준다. 많은 사람들은 실패하면 모든 것이 끝났다고 믿는 이유다. 다시는 재기하지 못할 거라는 두려움 때문이다. 경쟁이 치열한 사회는 실패를 좀처럼 용납하지 않는다. 실패는 곧 무능력으로 낙인찍히고, 과정이 아닌 개인의 문제로 몰린다. 여기에 좌절을 부끄럽게 여기는 문화가 겹쳐 더 힘들어진다. 사업 실패나 이혼 같은 일들이 대표적이다. 성공한 사람들은 처음부터 완벽했던 것처럼 보이지만, 사실은 그렇지 않다. 그들 역시 수많은 실패를 거쳐 왔다. 다만 과정은 보이지 않고, 결과만 강조되기 때문이다. 결국 실패를 숨기려는 분위기 속에서 '좌절은 끝'이라는 인식이 굳어진다.

역사학자 아서 슐레진저 주니어는 이렇게 말했다. "우리는 실패로부터 배우지 못하며, 같은 실수를 반복하는 것이 인류의 본질이다." 그는 실패가 반드시 교훈이 되지 않고, 때로는 인간의 한계를 드러낸다고 보았다. 실제로 많은 사람은 실패를 성장의 기회로 삼기보다 좌절과 패배주의에 빠진다. 불교의 가르침도 이와 닮았다. '고(苦), 무상(無常), 연기(緣起)'는 인생이 본래 고통과 변화로 가득하며, 모든 일은 원인과 결과가 얽힌 흐름 속에 있음을 말한다. 실패를 반복하는 것도 그 흐름의 일부다. 이 사실을 받아들이면, 실패를 피하려 애쓰는 대신 그 안에서 의미를 찾을 수 있다.

인생은 결코 계획대로만 흘러가지 않는다. 실패는 피할 수 없는 과정이며, 때로는 스스로 실패를 만들기도 한다. 최선을 다하지 않은 일, 게을리한 공부, 소홀했던 인간관계가 그렇다. 반대로 경기 침체나 감염병처럼 외부 요인 때문에 어쩔 수 없는 실패도 있다. 심리학자 마틴 셀리그먼은 "인간이 부정적 경험을 해석하는 방식이 미래 행동을 결정한다."라고 말했다. 중요한 것은 실패 자체가 아니라 그것을 어떻게 받아들이고 해석하느냐에 달려 있다. 실패를 영원한 낙인으로 받아들이면 그 순간 모든 것이 끝이지만, 배움의 과정으로 받아들이면 새로운 길을 열 수 있다. 실패는 학습의 원천이기 때문이다.

그렇다면 내 인생의 분수령이 되었던 실패를, 나는 어떻게 바라보았을까?

나는 그것을 '오작동을 알리는 경고등'이라 생각했다. 운전 중 잘못된 길로 들어서면 내비게이션은 곧바로 경로를 재탐색한다. 인생도 다르지 않다. 실패는 단지 기존 방식이 효과적이지 않다는 신호일 뿐이다. "나는 실패한 것이 아니라, 작동하지 않는 1,000가지 방법을 발견한 것이다." 에디슨의 말이다. 실패를 끝으로 여기면 그 순간 모든 것이 멈추지만, 오작동으로 받아들이면 돌파구가 열린다.

어떤 성과든 그 뒤에는 수많은 시행착오라는 오작동이 숨어 있기 때문이다. 길을 잃었다고 멈춰 설 수는 없다. 신호를 읽고 다시 경로를 설정하는 것, 그것이 인생 전환의 발돋움이 된다.

그리고 나는 실패를 성장의 기회로 받아들였다. 심리학자 캐럴 드웩은 '성장 마인드셋'이라는 개념을 말했다. 좌절을 배움의 과정으로 보는 사람이 더 큰 성취를 이룬다는 것이다. 실패는 끝이 아니다. 왜 이런 결과가 나왔는지를 돌아보게 하는 계기다. 기존 방식을 점검하고 더 나은 해결책을 찾도록 만든다.

나 역시 사업이 무너지고 모든 것을 포기하고 싶었다. 한동안 신용불량자로, 노숙자로 살며 인생의 밑바닥을 경험했다. 하루를 버티는 것조차 고통이었다. 버티는 시간 속에서 하나를 깨달았다. 멈추면 모든 것이 끝난다는 사실이다. 그래서 다시 시작했다. 단순노동부터 시작하며 작은 기회를 만들었다.

8년이라는 시간은 잔인했지만, 동시에 내 인생을 새롭게 설계할 기회였다. 실패는 나를 무너뜨린 것이 아니라, 더 단단하게 만들었다. 그 시간이 없었다면 나는 다시 일어설 힘을 배우지 못했을 것이다.

실패에서 다시 일어서기 위해 중요한 것은 해석이다. 좌절을 성장의 재료로 삼으면 그것은 더 큰 가능성으로 이어진다. 나는 그 사실을 몸으로 증명했다.

마지막으로 지금까지 걸어온 삶을 정비할 기회로 삼았다. 인생이 바닥에 닿으면 자연스럽게 위를 바라보게 된다. 선택지는 두 가지뿐이었다. 포기하거나 다시 도전하거나.

처음엔 절망적이었지만, 시간이 흐르면서 깨달았다. 이제는 삶을 다시 설계해야 한다는 사실을. 더 이상 물러설 곳이 없었기 때문이다. 그때 비로소 위를 보며 새로운 그림을 그리기 시작했다.

나에게 8년이라는 시간은 헛된 시간이 아니었다. 오히려 삶을 되돌아보고 재정비하는 과정이었다. 끝내 나는 다시 일어설 이유와 새로운 방향을 찾았고, 세상을 바라보는 눈도 달라졌다.

나의 실패는 앞으로 나아가기 위한 또 다른 시작이었다. 만약 좌절을 경험하지 않았다면 인생의 성숙한 의미를 깨닫지 못했을 것이다. 바닥까지 떨어진 경험은 더 나은 성공을 위한 기회였다.

당신은 인생이 달라지길 원하는가? 그렇다면 이제, 실패를 단순한 좌절이 아니라 성장과 변화의 기회로 바라봐야 한다. 실패는 더 나은 길로 안내하는 길잡이다. 좌절은 인생을 무너뜨리는 것이 아니다. 오히려 다시 시작할 기회를 품고 있다.

난 바닥까지 떨어진 순간에야 비로소 새로운 인생을 개척할 수 있었다. 그 경험이 좌절의 의미를 새롭게 정의하게 했다.

실패는 끝이 아니다. 자신을 더 강하게 만드는 또 하나의 출발점이다.

중요한 것은
바로 지금이다

톨스토이의 《세 가지 질문》에는 이런 장면이 나온다. 한 왕이 인생에서 풀지 못한 의문을 안고 현자를 찾아간다. 첫 질문이 이랬다. "세상에서 가장 중요할 때는 언제인가?" 현자의 대답은 간단했다. "세상에서 제일 중요할 때는 바로 지금이다."

최근에 건강이 안 좋아졌다. 잇몸도 다시 나빠졌다. 수년 전 무리하게 일한 탓에 이가 다 빠져버린 것이 원인이다. 의치를 했지만, 잇몸이 다시 무너져 내리고 있다. 나이는 들어서야 젊음의 소중함을 안다. 사람은 누구나 미련하다. 정도의 차이가 있을 뿐이다. "건강 하나만큼은 자신 있다." 누구나 이런 말을 하던 시절이 있다. 세월 앞에서는 그 호언장담도 무너진다. '건강 하나만큼'이 '건강이라도'로 바뀌는 데 그리 오랜 시간이 걸리지 않는다. 시간이 갈수록 그 많던 자신감은 어느새 자취를 감춰버린다. '그때 내가 이렇게 했더라면.', '조금만 더 건강에 신경 썼더라면.' 뒤늦은 후회가 몰려오지만 소용없다. 이미 지나간 과거이기 때문이다. 소중함을 잃고 나서야 지금, 이 순간의 소중함을 깨닫게 된다.

실패도 마찬가지다. 과거의 잘못을 끌어당겨 후회 속에서 발목이 묶인다. 한때를 생각하며 실수를 되돌리고 싶어 하지만 불가능하다. 과거에 연연하는 것은 본능이다. 그렇지만 실패의 순간을 반복적으로 떠올리면 앞으로 나아가지 못한다. 잘못된 일에서 교훈을 얻기보다, 바꿀 수 없는 일을 곱씹으면 감정만 소모될 뿐이다.

큰 실패를 경험한 사람일수록 이런 경향이 더 강하다. 사람은 얻는 것보다 잃는 것에 더 민감하게 반응하기 때문이다. 그래서 잃어버린 것을 보상하려는 심리에 사로잡히고, 그 집착이 현재의 선택을 왜곡한다. 하지만 과거는 이미 지나갔고, 미래는 아직 오지 않았다. 실패는 자신을 주저앉힐 수도 있지만, 새로운 출발점이 될 수도 있다. 모든 것은 선택의 문제다. 그 선택은 바로 지금, 이 순간에 달려 있다.

실패를 딛고 다시 일어선 사람들은 '지금'에 집중했다. 과거를 원망하는 대신, 현재 자신이 할 수 있는 일을 찾아 한 걸음 내디뎠다.

스티브 잡스가 그랬다. 자신이 세운 회사에서 쫓겨나는 좌절을 맛봤다. 헌신하며 기업을 키운 경영자가 경영권을 잃는다면, 그 절망은 이루 말할 수 없다. 그는 과거에 매달리지 않았다. 대신, 새로운 길을 택했다. 그 결과 넥스트(NeXT)와 픽사(Pixar)를 통해 애니메이션 업계의 판도를 바꿨다. 만약 애플에서 쫓겨난 일에 집착했다면, 오늘의 혁신은 존재하지 않았을 것이다.

오프라 윈프리도 마찬가지다. 첫 뉴스 진행자 자리에서 해고된 후, 자신이 방송과 맞지 않는다고 생각하며 깊은 좌절에 빠졌다. 그러나 그녀는 '지금 할 수 있는 것'에 집중했다. 선택한 길은 토크쇼였다. 뉴스보다 토크쇼가 자신에게 더 적합하다는 사실을 깨달은 것이다. 처음에는 지역 방송의 작은 프로그램 진행자였지만, 그 경험이 쌓여 '오프라 윈프리 쇼'로 이어졌다.

나 역시 그랬다. 첫 창업에 성공한 듯했다. 성공을 맛본 경험은 사람을 쉽게 들뜨게 만든다. 회사를 무리하게 키웠고, 한순간의 잘못된 선택과 예상치 못한 시장 변화로 모든 것을 잃었다. 그 후 나는 절망 속에서 허우적거렸다. 매일 과거의 잘못을 되돌릴 방법을 찾으려 애썼다. 그렇지만 현실을 바꾸는 대신, 잃어버린 것들에 집착했다. 시간이 흐를수록 그 집착은 나를 더 깊은 구덩이로 밀어 넣었다. 의욕은 사라지고, 삶은 점점 무너졌다. 그렇게 나는 거리에서 1년을 떠돌았다.

그 1년은 내 인생의 가장 어두운 시간이었다. 그리고 그 끝에서 깨달았다. '과거를 붙잡고 있는 한, 나는 아무것도 하지 못한 채 주저앉게 되겠구나.' 그때 내게 남은 선택은 단 하나였다. 지금, 이 순간부터 새로운 길을 찾는 것. 과거는 돌이킬 수 없다. 그렇다면 실패를 자양분 삼아 다시 시작하는 수밖에 없었다.

결심하자 마음이 가벼워졌다. 그 뿐만 아니라 마음을 다스릴 힘도 생겼다. 과정은 고통스러웠지만, 8년이 지나, 나는 새로운 삶을 일궜다. 내가 다시 일어설 수 있었던 이유는 단 하나였다. 과거가 아니라, '지금'에 집중했기 때문이다.

실패를 정의하는 것은 과거가 아니라 현재다. 다시 일어서려면 의식적으로 '지금'에 집중해야 한다. 후회는 과거에, 불안은 미래에 머문다. 그러나 우리가 움직일 수 있는 시간은 오직 지금뿐이다. 현재에 몰입하는 사람일수록 재도전에 대한 동기가 더 강하다. 심리학자 B.J. 포그는 작은 행동의 변화가 지속적인 변화를 만든다고 말한다. 실패 후 다시 시작하려면 완벽한 계획을 세우는 대신, 가장 작은 한 걸음을 내딛는 것이 효과적이다.

지금 실패의 그림자 속에 머물고 있다면 오늘, 이 순간 할 수 있는 일을 선택해야 한다. 인생을 바꾸고 싶다면 과거를 내려놓고, 지금이라는 시간에 모든 힘을 쏟아야 한다. 그 작은 선택들이 쌓일 때, 더 이상 실패에 갇힌 사람이 아니라, 새로운 길을 여는 사람이 되어 있을 것이다.

잊을 것은 잊어라

인생을 무너뜨린 그 무엇이 되었든, 그것이 자신의 삶을 지배하게 두지 말아야 한다. 몇 년 전의 실수, 한순간의 판단 착오, 돌이킬 수 없는 선택……. 이 모든 것이 당신을 과거에 묶어두고 있지는 않은가? 아무리 후회해도 과거는 바뀌지 않는다. 삶이 힘든 것은 실패를 곱씹으며 살기 때문이다. '그때 그렇게만 하지 않았다면 인생 이렇게 꼬이진 않았을 텐데.' 후회와 자책은 끝이 없고, 그 무게는 앞으로 나아갈 힘을 갉아먹는다. 과거에 얽매이는 한, 실패에서 벗어날 수 없다. 지나간 일에 매달리는 것은 가라앉는 배에서 빠져나오지 않고 물을 퍼내는 것과 같기 때문이다. 손을 놓지 않는 한, 끝없이 가라앉을 수밖에 없다. 그래서 선택해야 한다. 계속해서 과거를 움켜쥘 것인가, 아니면 앞으로 나아가기 위해 과감히 놓아버릴 것인가?

심리학자들은 뇌가 의도적으로 망각할 수 있어야 더 나은 결정을 할 수 있다고 말한다. 지나치게 과거의 실패를 떠올리는 사람들은 도전을 꺼리는 경향이 있다. 불안과 스트레스가 증가하기 때문이다. 반면, 실패의 경험을 교훈으로 받아들이고 불필요한 감정적 짐을 내려놓은 사람들은 더 빠르게 회복하고 성공 확률도 높다. 인간의 뇌는 새로운 정보에 집중하도록 설계되어 있기 때문이다.

세계적인 운동선수들은 경기 중 실수를 했을 때, 즉시 그 순간을 잊고 다음 경기에 집중하는 훈련을 받는다. 테니스 선수들이 결정적인 포인트를 놓쳤을 때, 야구 선수가 삼진을 당했을 때, 그들이 과거의 실수에 얽매인다면 다음 경기에서도 실수를 반복할 확률이 높아진다. 마이클 조던이 "나는 내 실수를 곱씹지 않는다. 대신, 다음 슛을 넣기 위해 준비한다."라고 한 말이 괜히 한 말이 아니다.

사업에서도 실패를 잊지 못하면 다음 도전을 하기 어렵다. 많은 혁신가도 수없이 실패를 경험했지만, 과거를 되새기는 대신, 앞으로의 기회에 집중했다. 아마존의 CEO 제프 베이조스는 "우리가 잊어야 할 것은 실패한 프로젝트의 감정적 무게이고, 기억해야 할 것은 실패에서 배운 교훈이다."라는 말을 했다. 실수를 빠르게 잊고, 다음 기회를 준비하는 것이야말로 성공을 만드는 핵심 전략이다.

실패는 누구에게나 찾아오지만, 그것을 어떻게 하느냐에 따라 인생은 달라진다. 그렇다면, 어떻게 하면 진정으로 실패를 잊고 앞으로 나아갈 수 있을까?

첫째, 집착을 버려야 한다. 실패한 사람은 실패로 인한 추락에 끝없이 후회한다. 지나간 일에 얽매여 있는 한 앞으로 나아갈 수 없다. 실패를 교훈으로 삼되, 과거의 실수가 현재를 지배하지 않도록 해야 한다. 좌절의 고통을 내려놓아야 새로운 기회를 받아들일 수 있다.

손흥민은 독일 분데스리가 함부르크 SV에서 프로 생활을 시작했다. 당시 그는 기복 있는 경기력으로 비판받았다. 이후 바이엘 레버쿠젠으로 이적했지만, 상황은 비슷했다. 그는 비판에 집착하지 않았다. 묵묵히 실력을 키우고 자신만의 경기 방식을 확립하는 데 집중했다. 실패를 잊고 앞으로 나아가려는 태도가 그를 세계적인 선수로 만들었다.

둘째, 자신을 용서해야 한다. 실수는 누구나 한다. 자신을 비난하고 자책하는 것만으로는 아무것도 변하지 않는다. 과거의 자신을 용서할 때 비로소 앞으로 나아갈 힘이 생긴다.

아이유는 데뷔 초에 큰 실패를 겪었다. 오디션에서 20번 넘게 탈락했고, 어렵게 가수가 되었지만, 첫 무대에서는 실수를 연발하며 '실력이 부족한 가수'라는 혹평을 받았다. 그녀는 자신을 책망하는 대신, 그 실수를 받아들였다. '나는 부족하지만, 극복할 수 있다'라는 믿음으로 연습에 매진했다. 그 태도가 음악뿐 아니라 연기까지 확장하는 발판이 되었다.

셋째, 새로운 환경을 만들어야 한다. 같은 장소, 같은 습관 속에서는 같은 실수를 반복할 가능성이 높다. 과거를 떠올리게 하는 환경에서 벗어나야 한다. 새로운 사람을 만나고, 새로운 목표를 설정하며, 익숙한 패턴을 깰 필요가 있다.

정주영 회장은 어린 시절부터 집안 생계를 책임져야 했다. 가난을 벗어나기 위해 그는 끊임없이 새로운 기회를 찾아 나섰다. 몇 번의 실패 끝에 쌀가게를 운영하며 돈을 모았고, 이후 건설업으로 방향을 틀었다. 당시 제대로 된 건설사가 없던 시절, 그는 해외 시장이라는 새로운 환경을 개척해야 한다고 믿었다. 중동 진출을 시도한 것도 그 믿음에서 비롯됐다. 해외 경험이 전혀 없었지만, 그는 도전했다. 그 결과 현대건설은 한국 건설 산업을 세계 무대에 올려놓았다.

넷째, 작은 성공을 계속 쌓아야 한다. 실패의 그림자를 지우려면 새로운 경험으로 덮어야 한다. 한 번의 실패가 전부가 아니라는 것을 증명하기 위해 작은 목표부터 성취해야 한다. 작은 성취가 쌓이면 자신감이 생기고, 좌절의 그림자는 점점 옅어진다.

마동석의 연기 인생은 작은 성공을 차근차근 쌓은 결과다. 그는 외모와 이미지 때문에 주연을 맡을 수 없는 배우였다. 주어지는 배역이라고는 작은 배역뿐이었다. 그런 배역에도 최선을 다했다. 영화 〈범죄와의 전쟁〉, 〈이웃 사람〉에서 보여준 배역은 짧은 등장에도 깊은 인상을 주었다. 그렇게 하나씩 경력을 쌓아가며 자신을 증명했다. 그 작은 성공들이 모여, 이제는 '마동석 장르'라는 말을 탄생시켰다.

다섯째, 실패를 재정의해야 한다. 실패를 완전히 지우는 것이 아니다. 오히려 더 나은 의미를 부여해야 한다. 그것은 끝이 아니라, 새로운 시작을 위한 디딤돌이기 때문이다.

나 역시 깊은 좌절을 겪었다. 사회는 나를 '낙오자'로 정의했다. 밑바닥에서 다시 일어나는 과정에서 나는 깨달았다. 넘어진 것이 끝이 아니라, 더 단단하게 만드는 과정이라는 것을. 그 깨달음은 강연을 통해 나누는 힘이 되었고, 새로운 실력을 쌓는 계기가 되었다. 그때부터 '실패는 또 다른 실력을 쌓는 전 단계다.'라고 실패를 바라보는 관점이 바뀌었다. 시각을 돌리면, 더 이상 두렵거나 부정적으로만 받아들이지 않게 된다. 오히려 새로운 가능성을 발견하는 계기가 된다.

지금도 도전하는 과정에서 어려움은 찾아온다. 반갑지는 않지만 한계로 보지 않는다. 그것은 끝이 아니라, 더 나은 길을 찾으라는 신호라고 생각하기 때문이다.

좌절은 자신을 멈추게 하려고 있는 것이 아니라, 다시 일어서도록 돕기 위해 존재한다. 과거의 실수에 매달리는 한, 단 한 걸음도 앞으로 나아갈 수 없다. 실패는 받아들이되, 거기서 배울 것을 배우고 미련은 내려놓아야 한다.

잊을 것은 잊어야 한다. 그래야 길이 열린다. 그리고 그 길은, 새로운 시작으로 이어진다.

성공과 실패는
한 끗 차이다

 즐겨 찾는 밥집이 있다. 허름하고 좁은 밥집이지만 늘 손님이 즐비하다. 메뉴는 묵은지 고등어조림 한 가지다. 푹 쉰 묵은지에 대파, 마늘, 육수가 전부인 이 집 묵은지 고등어조림 맛은 일품이다. 근처 같은 메뉴를 파는 가게가 많긴 하지만, 이 집 손맛은 잊을 수가 없다. 비결이 무엇일까? 가게 한 곳에 이런 글귀가 붙여져 있다. '고등어에 고운 소금 두 꼬집, 후추 한 꼬집 그리고 정성 한 꼬집만 넣었습니다.' 음식은 소금 한 꼬집을 더 넣느냐 마느냐에 따라 맛이 달라지기도 한다. 그중에서도 '정성 한 꼬집'이라는 말이 눈에 들어왔다.
 모든 음식점이 정성 들여 음식을 손님 앞에 내놓는다. 다만 정성이 양적인 차이와 질적인 차이가 나면 맛은 달라진다. 단순한 미묘함의 차이가 아니라, 본질을 건드리는 엄청난 차이가 나기 때문이다. 여기에 정성 한 꼬집이 한 끗 차이다. 커피도 마찬가지다. 커피를 추출할 때 1도, 2도 온도에 따라 맛의 깊이가 달라진다.
 한 끗은 사전적 의미로 근소한 차이를 말한다. '끗'이라는 단어는 원래 화투에서 사용되는 용어다. '한 끗 차이'는 화투에서 단 1점 차이로 승패가 갈라지는 것을 뜻하지만 일상적 언어로 풀이하면 '결정적인 미묘한 차이'로 해석할 수 있다. 그래서 '한 끗 차이'는 근소한 차이지만 결정적 차이를 뜻한다.

어떤 사람은 작은 기회를 놓치고 평생을 후회하며 살아간다. 반면, 어떤 사람은 사소한 기회를 잡아 인생을 바꾼다. 그럴 때 '저 사람은 나보다 특별한 것 없는데 왜 하는 일마다 성공할까?'라는 생각이 든다. 같은 환경에서도 누군가는 성공하고, 누군가는 실패한다. 왜 이런 차이가 생길까? 누군가는 그것을 '운'이라 말한다. 운도 기회를 알아보는 눈이 있어야 잡을 수 있다. 기회를 기회로 볼 줄 아는 사람이 성공하는 이유다. 어떤 일에 기회를 본다는 것이 한 끗 차이다.

많은 사람은 성공과 실패를 정반대의 개념으로 여긴다. 실패하면 좌절하고, 성공하면 기뻐하는 것이 당연하다고 생각한다. 조금만 깊이 들여다보면, 이 둘은 결코 멀리 떨어져 있지 않다. 오히려 종이 한 장 차이, 단 한 걸음의 차이에 불과하기 때문이다.

그렇다면 이 '한 끗'의 차이를 만드는 요소는 무엇일까?

첫 번째는 포기하지 않는 태도다. 실패했을 때 멈추는 사람이 있는가 하면, 다시 일어서는 사람이 있다. 두 부류의 차이는 종이 한 장보다 얇지만, 결과는 하늘과 땅이다. 성공과 실패를 가르는 힘은 끝까지 버티는 데 있기 때문이다.

마이클 조던은 "나는 내 인생에서 9,000번 이상의 슛을 놓쳤고, 거의 300번의 경기에서 패배했다. 26번이나 결정적인 찬스를 맞이했지만 실패했다. 나는 계속해서 실패했다. 그리고 그것이 내가 성공한 원인이다."라는 말을 했다. 그의 성공은 포기하지 않는 집요함에서 비롯됐다. 실패가 그를 꺾지 못했기 때문이다. 성공은 단념하지 않고 끝까지 밀고 나아갈 때 이루어진다. 그 한 걸음이 인생을 바꾼다.

두 번째는 좌절을 배움의 기회로 여기는 자세다. 실패를 경험했을 때, 당신은 어떻게 반응하는가? 다시 일어설 방법을 찾는가, 아니면 멈춰버리는가? 심리학은 이 차이를 '배움 지향적 사고'와 '고정적 사고'라고 했다. 배움을 지향하는 사람은 "이번엔 이렇게 해보자."라고 말한다. 실패를 성장의 과정으로 받아들이고 다시 도전한다. 반면, 고정 사고를 하는 사람은 "나는 안 돼."라고 하며 실패를 자신의 한계로 규정하며 포기한다.

내가 만난 한 CEO는 이렇게 말했다. "성공의 길은 언제나 험난함이 이어집니다. 그 길을 걷다 보면 넘어질 수도, 방향을 잃을 수도 있습니다. 하지만 그 모든 과정이 배움이라고 생각하고 계속 도전하다 보면, 새로운 길이 열립니다." 그는 사업에서 여러 차례 무너졌지만, 단 한 번도 '끝났다'라고 생각하지 않았다. 오히려 그 시간을 배우는 과정으로 삼았다. 결국 중요한 건 실패를 해석하는 방식이다. 실패를 단절이 아닌 과정으로 본다면, 좌절은 자신을 단련시키는 최고의 스승이 된다.

세 번째는 유연한 사고방식이다. 세상은 끊임없이 변한다. 문제는 변화가 올 때 당신이 멈춰 있는가, 함께 움직이는가 하는 점이다. 한때 휴대폰 시장을 지배했던 노키아는 스마트폰 혁명 앞에서 무너졌다. 이유는 단순했다. 변화하는 시장에 적응하지 못했기 때문이다.

세계 최대 비디오 대여 체인이었던 블록버스터도 마찬가지다. 디지털 스트리밍이라는 새로운 흐름을 외면한 대가로 넷플릭스에 자리를 내주고 역사의 뒤안길로 사라졌다. 이들은 한때 누구보다 성공적이었다. 그 성공이 영원할 것이라 착각했기 때문이었다. 기존 방식에 안주했고, 변화에 눈을 감았다. 결과는 몰락이었다. 경직된 사고로는 성공할 수 없다. 어제의 성공은 오늘의 방심을 부르고, 내일의 실패가 된다. 성공했다고 만족하는 순간, 실패의 그림자가 다가온다. 살아남는 자는 강한 자가 아니라, 변화에 적응한 자라는 다윈의 말을 기억해야 한다. 변화는 위기가 아니라 기회다. 멈추지 말고 움직여야 한다. 그것이 생존이고, 성공의 길이기 때문이다.

네 번째는 남들과 비교하지 않는 태도다. 많은 사람이 좌절하는 이유는 현실 그 자체보다도, 남들과 비교하며 자신을 초라하게 만들기 때문이다. 인생을 바꾸는 사람들은 남의 성공에 신경 쓰지 않는다. 오직 자신의 길에 집중한다. 마라톤에서 완주를 결정하는 것은 남보다 빨리 달리는 속도가 아니다. 자신만의 페이스를 유지하는 것이다. 중요한 건 내 리듬이다. 한 걸음씩 나아가는 것, 그것이 인생을 바꾸는 길이다.

좌절로 인생이 힘들고, 앞이 보이지 않을 때 가장 중요한 것은 자신의 마음가짐이다. 괴테는 "넘어지는 것은 문제 되지 않는다. 그 자리에 머무는 것이 문제다."라고 말했다. 누구나 좌절할 수 있다. 중요한 건 거기에서 멈추지 않는 것이다. 계속 나아가면 언젠가 길이 보인다. 인생을 바꾸는 사람들은 자신을 불행의 피해자로 여기지 않는다. 오히려 모든 것을 자신의 책임으로 받아들이고, 스스로 해결하려 한다. 그 과정에서 성장하고, 변화에 성공한다. 성공과 실패는 거대한 차이가 아니다. 때로는 단 하나의 선택, 작은 기회, 혹은 포기하지 않는 태도가 운명을 가른다. 우리가 실패 속에서도 배우고, 성공 속에서도 겸손함을 유지한다면, 인생의 흐름은 언제든지 바뀔 수 있다. 성공했다고 안심하지 말고, 실패했다고 낙담하지 말아야 한다.

오늘부터 인생을 바꾸고 싶다면, 작은 행동부터 시작해야 한다. 한 걸음만 내디뎌도 인생은 달라진다. 인생을 바꾸는 것은 단 하나의 '한 끗' 차이이기 때문이다.

제3장

실패가
만들어 준 것들

더 강해졌다

"매경한고(梅經寒苦)"라는 말이 있다. 매화꽃은 매서운 추위를 견딘 뒤에야 향기로운 꽃을 피운다는 뜻이다. 비슷한 말로 "정금백련(精金百鍊)"이 있다. 쇠는 백 번을 달구고 두드려야 진짜 강철이 된다는 의미다. 신영복 선생의 2011년도 서화 달력에는 이 두 문장이 함께 적혀 있었다. "좋은 쇠는 뜨거운 화로에서 백 번 단련된 다음에 나오고, 매화는 추운 고통을 겪은 후에 맑은 향기를 발합니다."

인생의 역경은 사람을 단단하게 만든다. 많은 이들이 실패 후 '강해졌다'라고 말하지만, 그 뒤에는 헤아릴 수 없는 고통이 숨어 있다. 정신적, 물질적 후유증을 남기기 때문이다. 더욱이 미래에 대한 불안과 두려움까지 더해지면, 그 고통은 더 커지게 된다. 시간이 흐르면서 아픔이 지나간 자리엔 단단한 굳은살이 생긴다는 것을 알게 된다.

처음부터 강한 사람은 없다. 넘어진 후 다시 일어나는 과정에서 사람은 강해진다. 자신을 죽이지 못한 고통은 자신을 더욱 강하게 만든다. 그런 점에서 고통은 인간을 깨어 있게 하는 최고의 스승이다. 고통은 절망만 안기는 것이 아니라, 삶의 본질을 통찰하게 만들기 때문이다.

좌절을 딛고 인생을 바꾸는 사람들은 어려움을 직면하고 긍정적인 방향으로 전환한 사람들이다. 역경을 긍정적인 방향으로 전환하는 건 어려운 일이다. 그런데도 모든 것을 극복하고 삶을 뒤집는 사람들은 힘든 순간을 변화의 에너지로 사용한다. 맞서고 부딪칠 때 강한 삶의 성장력이 생기기 때문이다.

정신도 마찬가지다. 바닥까지 내려가 본 사람만이 다시 올라가는 법을 안다. 매서운 겨울을 견딘 매화가 더 향기로운 것은 매서운 추위를 견뎠기 때문이다. 강한 바람에 맞서 버틴 나무가 더 깊이 뿌리를 내리는 것도 같은 이치다. 좌절은 겪고 나서야 더 높은 곳을 바라볼 기회가 만들어진다. 그래야 강해진다.

나는 실패 후 1년 동안 폐인처럼 지냈다. 그러던 어느 날 '이대로 있을 수 없다'라는 생각에 일어섰다. 처음엔 앞이 보이지 않았다. 그러나 버티다 보니 길이 보였다. 몸을 움직이자, 멈췄던 생각도 다시 흐르기 시작했다. 그뿐만 아니라 좌절을 통해 바닥에서 치고 올라가는 법을 배웠고, 성장했다. 고통을 이겨낼 수 있는 단단한 굳은살도 만들어졌다. 인생 밑바닥을 경험했지만, 완전히 쓰러졌다고 생각하지 않았다. 잠시 넘어졌을 뿐, 다시 일어섰다. 몇 년을 그렇게 살아내며 난관 하나하나 직면하고 해결할수록 강인해졌다.

록 밴드 드럼연주자 릭 앨런은 "어려움을 겪어보지 않은 사람은 인간이 얼마나 강한 존재인지 알지 못한다. 나는 인간이기에 강하다."라고 말했다. 한 쪽 팔을 잃은 드럼연주자의 꺾이지 않는 의지는 한 손으로도 두 손 못지않은 드럼연주를 할 수 있다는 것을 보여 주었다. 뜻이 있으면 길이 있다는 말은 진리다. 그 사실을 입증하기 위해서는 피나는 노력의 과정을 감내하고 견뎌야 한다. 마하트마 간디는 "강한 사람은 싸움에서 이기는 사람이 아니라, 인내하고 버티는 사람이다."라고 말했다. 나는 그의 말에 전적으로 동의한다. 강함은 근육보다 꺾이지 않는 의지에서 나온다.

어려움은 인간을 강고하게 만든다. 무호흡 잠수 경기가 그렇다. 여러 위기를 극복해야 한다. 내려갈수록 수압도 견뎌야 하고, 어둠과도 친숙해야 한다. 그 과정을 거쳐야 깊은 곳까지 도달할 수 있다. 깊은 바닷속까지 내려가야 하니 큰 의지가 필요하다. 그래서 다이버들은 어려움을 대면하는 연습을 한다. 두려움 속에서 한계를 마주하고 벽을 넘어서야 생명이 위태롭지 않기 때문이다.

마라톤도 마찬가지다. 출발선에 섰을 때는 완주라는 목표를 갖고 있다. 그러나 레이스가 진행될수록 지쳐가고, 포기하고 싶은 순간이 찾아온다. 임계점을 참고 끝까지 완주하는 사람은 고통을 대면하게 된다. 그 힘듦을 받아들이면서 한 걸음 한 걸음 나아가는 사람이 끝내 결승 테이프를 끊을 수 있다.

인생도 스포츠와 같다. 승자와 패자가 있고, 예상치 못한 변수들도 존재한다. 내 뜻대로 흘러가는 듯하지만, 어느 순간 예기치 못한 장애물이 앞을 가로막기도 한다. 장애물은 피하기보다 맞서야 한다. 끝까지 포기하지 않고 계속 쫓아가는 끈기와 강인함을 보여야 한다. 어떤 이는 프리 다이빙처럼 한계를 시험하고, 어떤 이는 마라톤처럼 긴 레이스를 뛰며, 끊임없이 어려움을 대면해야 한다. 난관을 직면하고 해결하면서 끝까지 견뎌내는 것이 인생이다. 삶은 피할 수 없는 성패와 도전의 연속이다. 맞설 때 더 굳건해지기 때문이다.

"만약 다시 실패하게 된다면 두렵지 않은가?"라고 묻는다면 무섭지 않다고 자신 있게 말할 수 있다. 바닥을 박차고 올라온 경험 때문이다. 강한 사람은 어려움을 피하지 않고 정면으로 마주 본 사람이다. 시련을 온몸으로 받아낸 사람이 꿋꿋해진다.

지금 당신은 어떤가? 강한가? 인간은 원래 강하다. 잠시 잊고 있을 뿐, 그러니 어려움 앞에서 주저하지 말아야 한다. 고난은 단련의 과정이며, 그것을 넘어선 순간 당신은 더 강인해진다.

더 심플해졌다

한동안 정수기 회사에 다니면서 다단계 회사에서 강의한 적이 있었다. 당시 정수기 회사는 다단계 회사와 제휴해 제품을 판매했었기 때문이다. 흥미로운 점은 강사의 등장 음악이 있었다는 것이다. 내가 단상에 오를 즈음, 항상 같은 음악이 흘러나왔다. 오스트리아 록 밴드 'Opus'의 〈Live is Life〉라는 곡이었다. 처음에는 대수롭지 않게 생각했지만, 수십 번 강의하면서 이 음악을 수도 없이 들었다. 특히 인생이 힘들었던 시절이라 그런지, 이 곡을 하루 종일 반복해서 들었던 기억이 있다. "산다는 것, 그게 바로 인생이야. 살아 움직이는 거야." 첫 소절의 가사다. 삶을 있는 그대로 받아들이고, 현재를 적극적으로 살아가야 한다는 메시지가 내 마음을 울렸다. 삶을 날것 그대로 마주할 때, 비로소 생활은 단순해진다. 그 이후 난 의식적으로 단순해지려고 노력했다.

최근 니체 관련 책을 읽다가 인생을 좀 더 깊이 있게 생각하게 되었다. 니체는 삶이 본질적으로 무작위적이고 혼란스럽다고 보았다. 우리 각자의 삶이 특별하고 유일무이하다고 착각하지만, 사실은 모두 비슷한 도전과 문제를 겪는다. 태어나서 성장하고, 사랑하며, 일하고, 때로는 고난과 역경을 견디다가 생을 마감한다. 삶은 그렇게 심플하다.

《논어》위정(爲政)편에 보면, "나는 열다섯에 학문에 뜻을 두었고, 서른에 자립했으며, 마흔에 미혹됨이 없었다. 쉰에는 하늘의 뜻을 알았고, 예순에는 듣는 대로 순조로웠으며, 일흔에는 마음 가는 대로 해도 법도에 어긋나지 않았다."라고 나온다.

힌두교의 가르침도 비슷하다. "10대에는 공부하고, 20대에는 결혼하고, 30대에는 가정을 꾸리고, 40대에는 사회에 기여하고, 50대에는 산으로 가라." 동서양의 가르침이 공통으로 말하는 것은 '단순한 삶'이다. 인간의 삶은 비슷한 길을 걸어간다. 기쁨과 슬픔, 성공과 실패, 외로움과 두려움은 누구나 겪는 보편적인 경험이다. 사람들은 특별한 삶을 살기 위해 애쓰지만, 삶은 본질적으로 단순하다.

실패도 마찬가지다. 평범한 삶을 살듯, 현재를 있는 그대로 단순하게 받아들여야 한다. 복잡한 생각으로 매달려 살다 보면, 밑바닥에서 허우적대기 쉽다. 좌절을 딛고 새로운 인생 전환을 하기 위해서는 과거와 미래에 얽매이지 않아야 한다. 지금, 이 순간의 생활에만 집중해야 한다.

바닥에서 겪는 모든 감정과 상황을 직관적으로 받아들이면 절망도 에너지로 사용할 수 있다. 불필요한 것을 덜어내야 직관적으로 받아들일 수 있다. 즉각적으로 작용하는 사고는 실패를 이겨내는 힘이 된다.

나 역시 바닥으로 떨어졌을 때 무엇을 해야 할지 몰라 복잡한 생각에 사로잡혔다. 복구하려면 더 많은 성취가 필요하다는 압박감이 나를 짓눌렀다. 이것저것 재고 걱정하다가 많은 시간을 허비했다. 되는 일보다 안 되는 일이 더 많았다. 복잡한 생각 속에서 길을 잃고 헤매던 시간이 길어졌다.

결국 나를 구한 것은 단순한 태도였다. 깊은 생각 대신 가볍게 생각했고, 지금 할 수 있는 일에만 집중했다. 그럴수록 마음은 차분해졌고, 복잡한 걱정도 사라졌다. 단순한 사고는 마음을 긍정적으로 만들고, 여유를 준다. 좌절의 순간을 단순하게 넘기면, 인생이 달라진다.

몇 년 전, 강의 요청으로 코미디언 이홍렬 선생을 만났다. 여러 이야기를 하다 그가 나에게 준 그의 저서 《인생 뭐 있다》를 보며 나는 이렇게 물었다. "인생 잘 사는 법이 있습니까?" 그는 웃으며 이렇게 말했다. "인생 뭐 있냐고 묻지 마라! 그냥 심플하고 재미있게 살다 보면, 뭐가 있다는 걸 알게 된다."

한스 컨설팅의 한근태 소장 역시 같은 얘기를 했다. 자신의 저서 《인생은 역설의 역설이다》에서 "인생에는 어떤 의미가 있을까? 결론부터 얘기하면 의미를 찾지 않을 때 인생의 의미를 알 수 있다. 인생의 의미 운운하는 이유는 그만큼 사는 것이 힘들기 때문이다. 인생이 즐거운 사람은 인생의 의미 따위 물어보지 않는다. …… 인생의 의미에 대한 물음은 그런 물음이 제기될 필요가 없을 정도로 재미있게 살아갈 때 비로소 해결될 수 있다." 나는 이 말에 전적으로 동의한다. 의미를 묻는 순간, 인생이 무겁게 느껴진다.

인생은 본래 험난하다. 우리는 치열한 약육강식의 세상에서 태어나는 순간부터 투쟁한다. "인생은 멀리서 보면 희극이고, 가까이서 보면 비극"이라는 말이 생겨난 이유다. 고통과 즐거움이 뒤섞여 있는 것이 인생이다.

〈험난함이 내 삶의 거름이 되어〉라는 시를 쓴 이정하 시인도 그런 인생의 진실을 잘 알고 있는 시인이다. 그의 시 일부를 옮겨본다.

> 기쁨이라는 것은 언제나 잠시뿐, 돌아서고 나면
> 험난한 구비가 다시 펼쳐져 있을 이 인생의 길
>
> 삶이 막막함으로 다가와 주체할 수 없어 울적할 때
> 세상의 중심에서 밀려나
> 구석에 서 있는 것 같은 느낌이 들 때
> 자신의 존재가 한낱 가랑잎처럼 힘없이 팔랑거릴 때
> 그러나 그런 때일수록 나는 더욱 소망한다,
> 그것들이 내 삶의 거름이 되어
> 화사한 꽃밭을 일구어낼 수 있기를.
> 나중에 알찬 열매만 맺을 수 있다면
> 지금 당장 꽃이 아니라고 슬퍼할 이유가 없지 않은가.

험난한 여건 속에서 살아가려면, 복잡한 생각을 버려야 한다. 한 발짝 물러서서 결과에 집착하지 않고, 지금, 이 순간을 온전히 즐기는 법을 배워야 한다. 심각한 상황조차 심각하지 않게 받아들일 때, 다시 도전할 힘이 생긴다. 인생에서 가장 강력한 힘은 단순함이다. 지금 내가 할 수 있는 한 가지에 집중하는 삶, 그것이야말로 실패를 딛고 일어서는 힘이며, 인생을 바꾸는 가장 단순한 진리다.

더 여유로워졌다

마음에 여유가 있는 사람은 세상을 긍정적으로 바라본다. 풀기 힘든 문제가 닥쳐도 그것을 부정적으로만 보지 않고, 차분히 해결의 길을 찾는다. 생각 또한 유연하다. 경직된 사고는 오히려 해결책을 가로막기 때문이다. 힘겨운 상황에서도 긍정적인 기대와 자신감을 품을 때 비로소 새로운 출구가 열린다. 그래서 마음의 여유가 있는 사람은 좌절을 딛고도 다시 희망을 향해 나아갈 수 있다.

반면 여유 없는 사람은 모든 상황을 부정적으로 받아들인다. 수습하기 어려운 문제를 커다란 장벽으로 여기고, 해결책을 찾기보다는 회피하거나 상황을 더 악화시키기 쉽다. 그들의 시각은 비관적이어서 불필요한 에너지를 소모하고, 쉽게 좌절한다.

마음의 여유란 단순히 시간이 많다는 뜻이 아니다. 이는 생각을 안정시키고 사고의 폭을 넓히는 능력이다. 심리적 여유가 있으면 실패조차 가볍게 넘길 수 있고, 그것이 인생의 전환점이 되기도 한다. 실패 속에서 삶을 다시 바라보고 시야를 넓히려면 반드시 마음의 여유가 필요하다.

나는 어느 인터뷰에서 이렇게 말했다. "안 되면 다시 하면 된다. 사업도 인생도 마찬가지다. 하다 하다 안 되면 다른 걸 시도하면 된다." 실패 속에서 끊임없는 도전과 시도의 중요성을 강조한 말이었다. 나는 이 마음가짐을 '안 되면 말고' 정신이라 부른다. 이 태도는 삶을 너그럽게 대하는 자세에서 비롯된다. 어차피 인생은 뜻대로만 흐르지 않는다. 누구도 미래를 정확히 예측할 수 없기 때문이다. 모든 일이 원하는 대로 풀리지 않는 건 지극히 당연하다.

"서두르는 것은 낭비다."라는 격언이 있다. 빠르게 가는 것이 오히려 느린 길일 수 있으며, 돌아가는 길이 가장 빠른 길이라는 의미다. "급할수록 돌아가라"라는 속담과도 통한다. 이 말의 속뜻은 마음에 여유를 가지라는 것이다. 차분한 마음이 예측 불가능한 인생의 난관을 풀어내는 데 결정적인 힘이 되기 때문이다.

실패한 삶을 바꾸려 할 때 흔히 "불가능을 가능하게 만들겠다."라는 의지를 불태운다. 물론 그것이 에너지를 끌어올리는 원동력이 되기도 한다. 다만 좌절한 인생을 되돌리기에는 한계가 있다. 나 역시 한때는 "안 되면 되게 하라"는 각오로 무모할 만큼 매달렸다. 그러나 돌아온 것은 지친 몸과 무너진 마음뿐이었다. 오히려 실패 속에서 내가 배운 진정한 교훈은 '안 되면 말고' 정신이었다. 생각을 유연하게 하고 마음에 여유를 가질 때 비로소 길이 보였고, 새로운 기회도 찾아왔다. 극한의 상황일수록 초인적인 힘을 짜내는 것보다 가진 에너지를 얼마나 효율적으로 쓰느냐가 중요하다는 사실을 깨달았다.

살아남기 위해 몸부림치며 한 가지에만 모든 힘을 쏟다 보면 다른 일은 도저히 손쓸 수 없게 된다. 그럴수록 숨을 고르고 여유를 가지며 힘을 비축해야 한다. 기력을 저장하기 위해서도 여유가 필요하다. 여유를 가지면 사람들과의 관계도 달라진다. 그뿐만 아니라 주변의 시선도 의식하지 않는다. 오히려 실패를 삶의 일부로 받아들인다. 내가 그랬다. 그 덕에 타인의 실패에도 더 관대해졌고, 그들의 고통을 진심으로 공감할 수 있게 되었다. 현재의 내가 하는 일과도 무관하지 않다.

"하다 하다 안 되면 다시 와!" 내가 다시 창업하겠다고 했을 때, 택배사와 신문사 지사장이 해준 말이다. 이는 실패에 주저앉지 말고 잠시 물러서 다른 길을 찾아보라는 뜻이었다. 그래서인지 지금 기업을 운영하며 나는 어떤 일도 두렵지 않다. "이게 안 되면 다시 시작하면 되지!"라는 생각이 나를 지탱한다. 가끔 택배사나 신문 지국에서 일손이 부족하다며 도움을 요청할 때도, 나는 기꺼이 돕는다. 대부분은 고생스러운 일이라 꺼리지만, 나는 여유가 있기에 주저하지 않는다. 그 과정에서 삶은 점점 가벼워졌고, 마음도 너그러워졌다. 인생이 가벼워지니 생각 또한 단순해졌다. '하다 하다 실패하면 다시 시작하면 된다.'는 태도도 그때 생겼다. '지금 원하는 결과를 얻지 못한다고 해서 인생이 끝나는 것은 아니다.'라는 믿음 역시 여유 덕분에 자리 잡았다. 바닥을 딛고 오를 디딤돌이 바로 그 마음가짐이었다.

예전에는 늘 미래에 대한 걱정에 휘둘리며 살았다. 지금은 미래보다 현재를 더 소중히 여긴다. 내일이 오지 않을 것처럼 불안해하지 않는다. 마음의 짐이 덜어진 덕분이다.

살면서 겪는 대부분의 실패는 예상치 못한 충격을 준다. 자존감은 바닥을 치고, 내일이 두려워 절망에 빠지기도 한다. 계획했던 모든 것이 물거품처럼 흩어지기도 한다. 좌절이 두려운 이유다. 그럴 때 흔히 '왜 나에게만 이런 시련이 닥칠까?'라는 생각을 하며 절망에 빠진다. 그러나 실패에서 다시 일어서는 사람들에게는 공통점이 있다. 바로 여유다. 여유가 있는 사람은 절망 속에서도 해결책을 찾아낸다.

로버트 다우니 주니어가 그랬다. 그는 약물 중독으로 인해 경력이 무너졌다. 주위의 우려에도 조급함 대신 여유를 선택했다. 여러 번 재활에 실패했지만, 조바심 내지 않고 자신만의 회복 방식을 만들어 갔다. 당시 대부분의 사람은 그의 영화 경력은 끝났다고 여겼다. 그는 포기하지 않았다. 무리하게 단기간에 성과를 내려 하지 않고, 인내하며 꾸준히 자신을 세웠다. 마침내 그는 실패를 극복했고, 다시 정상에 선 배우가 되었다.

심리학에 '회복탄력성'이라는 개념이 있다. 이는 어려움을 극복하고 다시 일어서는 힘을 뜻한다. 실패는 이 회복력을 기르는 중요한 기회다. 처음에는 삶이 무너지는 듯하지만, 시간이 지나면서 그 경험 속에서 무엇을 배울 수 있는지 깨닫게 된다. 경험은 쌓일수록 사람을 단단하게 만들고, 다시 일어설 힘과 여유를 준다. 회복탄력성은 실패 후에도 도전을 이어갈 수 있게 하는 심리적 근육과 같다.

좌절 속에서 얻을 수 있는 가장 큰 선물은 바로 '여유'다. 인생의 고난과 상처를 지나며 더 넓은 마음으로 살아갈 힘이다. 여유가 생기면 무너진 삶을 다시 일으키는 데 큰 역할을 한다. 실패나 시련은 누구에게나 절망을 안긴다. 그러나 여유가 있으면 상황을 다른 각도에서 바라볼 수 있는 힘을 얻는다. 마음이 차분해지면 상황을 객관적으로 분석할 수 있고, 그 안에서 새로운 길을 찾을 가능성이 커지기 때문이다.

마음의 여유란 자신의 한계를 인정하면서도 그 안에서 해법을 모색하는 힘이다. 인생의 전환은 절박함보다 차분함 속에서 찾아온다. 현실을 있는 그대로 받아들이며 다시 일어설 길을 찾는 것, 그것이 여유다. 뜻대로 흘러가지 않는 삶일지라도, 여유를 지닌 사람은 다시 일어선다.

실패를 겪은 지금, 당신은 마음에 공간을 허락할 수 있는가? 실패를 넘어서는 가장 확실한 전략은 바로 '여유'다.

더 많은 가능성이 생겼다

"연기 좋은데, 곧 뜨겠어!"라는 말은 무명 배우에게 최고의 칭찬이다. 그것은 아직 성장할 가능성이 있다는 뜻이다. 잠재력이 있다는 것은 지금보다 더 발전할 수 있다는 의미다. 나이와 상황이 어떻든 스스로 한계를 정하지 않는다면 언제든 더 높이 발돋움할 수 있다.

사람들은 실패하면 새로운 길이 없다고 생각한다. 나는 오히려 삶의 실패가 더 크고 확실한 가능성을 열어준다고 믿는다. 인생이 가장 낮아진 순간은 자신을 단련하고, 새로운 기회를 준비할 수 있는 최고의 시기이기 때문이다.

삶에서 불가능해 보이는 상황에서 가능성을 믿고 끝까지 밀어붙인 사람들이 있다. 배우 사무엘 L. 잭슨이 그렇다. 젊은 시절 마약 중독과 재활을 반복하며 긴 무명 시절을 보냈다. 주변에서는 배우로 성공할 가능성이 없다고 말했다. 그는 40대 후반, 영화 〈펄프 픽션〉에 출연하면서 인생이 완전히 달라졌다. "기회는 기다리는 것이 아니라 만들어가는 것이다." 그의 말처럼, 세상이 정한 기준에 맞춰 '늦었다'라고 단정 짓는 순간, 새로운 시작은 불가능해진다.

미국의 국민화가인 애나 메리 로버트슨 모지스도 마찬가지다. 모지스 할머니로 불리는 그녀가 붓을 잡은 것은 70세가 넘어서다. 평생 농부의 아내로 살아온 그녀는 젊은 시절부터 그림을 그리고 싶었지만, 가난과 가사 노동으로 꿈을 펼칠 수 없었다. 70대에 들어서 관절염으로 더 이상 바느질을 할 수 없게 되자, 그때야 본격적으로 그림을 그리기 시작했다. 그 후 10년이 되어서야 뉴욕에서 열린 전시회에 그림을 전시할 수 있게 되었다. "무엇을 하기에 너무 늦은 나이란 없다. 당신이 하고 싶다면, 지금이 바로 시작할 때다." 그녀의 말이다.

사람들은 "젊어야 가능성이 있다"라고 말한다. 그러나 꿈을 이루기에 적절한 시점이란 없다. 단념하지 않고 계속 나아가는 사람만이 자신의 꿈을 실현할 수 있기 때문이다. 실패에 주저앉으면 내일은 없다. 자신이 할 수 있다는 마음을 믿고 한 걸음씩 나아가야 인생이 변한다.

내 경험도 다르지 않았다. 사업으로 모든 것을 잃었을 때 '이젠 끝이다'라는 생각뿐이었다. 나이가 마흔을 넘었으니 다시 일어날 수 없다고 믿었다. 거리 생활이 익숙해지면서 포기는 일상이 되었다.

그즈음 김진목 도미니코 사비오 신부님이 내게 말했다. "당신의 인생을 이렇게 포기하지 마라. 아직 당신에게 가능성이 있다." 그 말이 내 삶을 붙잡아 주었다. 나는 강연이나 상담 자리에서 늘 자신의 내일을 믿고, 인생을 포기하지 말라고 얘기한다.

실패와 좌절로 고생한 사람들이 나를 찾아온다. 그들 중에는 "강사님도 인생을 바꾸셨으니, 저도 할 수 있다고 느꼈습니다. 강사님의 이야기가 큰 힘이 되었습니다."라고 말하는 이들도 있다. 인생이 크게 무너진 사람의 이야기가 누군가에게 희망이 될 때, 그들은 긍정적인 에너지를 얻는다. 희망을 품는 사람은 '아직 기회가 있다'는 가능성을 '나도 할 수 있다'는 믿음으로 바꾼다.

반면 어떤 이들은 "이 나이에 생활이 나아지겠습니까?"라며 체념한다. 충분히 이해할 만하다. 큰 낭패를 겪었으니 그럴 수 있다. 가능성은 체념하지 않는 사람에게만 가능성이 열려 인생 반전의 문을 두드릴 수 있다. 인생에 늦은 때란 없다. 내가 마흔을 훌쩍 넘긴 나이에 무너진 삶을 다시 세운 것, 그 자체가 증명이다.

인생 밑바닥에서 반전을 꿈꾸지만, 모든 이가 똑같은 기회를 얻는 것은 아니다. 바닥에서 다시 일어설 준비를 한 사람만이 인생을 바꿀 가능성이 커진다. 더 잃을 것이 없다는 절박함이 강한 추진력이 되기 때문이다. 간절함은 변화를 향한 불씨를 지핀다.

성공한 사람들은 현재의 안정을 쉽게 놓지 못한다. 문제를 직시하지 못한 채 안주하기 때문이다. 반면 좌절을 겪은 사람은 다르다. 이미 무너져 본 경험이 있기에, 더는 숨을 곳이 없다는 것을 알아 변화에 더 적극적이다. 넘어지고 부딪히는 과정에서 약점과 한계를 뼈저리게 깨닫는다. 그때야 무엇을 바꿔야 할지 분명히 보인다.

변화를 인식한 사람은 같은 실수를 반복하지 않으려 한다. 더 나은 길을 찾으려고 한다. 실패를 딛고 일어난 사람일수록 강한 문제 해결 능력과 끈기를 품게 된다.

흔히 인생을 꽃에 비유한다. 꽃의 작가로 불리는 박준혜 작가의 전시회에 가 본 적이 있었다. 그녀는 꽃을 통해 인생의 희망적인 메시지를 전하는 작가다. 전시 중인 한 작품의 작가 노트에 이런 글귀가 적혀 있었다. "꽃은 안 예쁜 것이 없다. 그리고 피는 시기와 환경도 제각각이다. 마찬가지로 우리의 인생도 멋지지 않은 삶은 없다. 살아가는 모습과 행복한 인생의 시기와 정도는 제각각이다. 그래서 꽃을 싫어하는 사람이 없듯이 우리의 인생도 존중하지 않을 수 없다. 꽃은 어려운 여건을 이겨내고 강인한 생명력을 잃지 않은 결과물이다. 인생 역시 어려운 상황을 견뎌내고 새로운 희망의 세계가 올 것이라는 의지가 만들어낸 결과물이다." 그녀가 말하는 '의지'는 바로 가능성이다.

세상에는 다양한 꽃이 있다. 어떤 꽃은 봄이 오자마자 피어나고, 어떤 꽃은 여름이 되어야 활짝 피어난다. 가을에 피는 꽃도 있고, 겨울의 매서운 추위를 견뎌야 피어나는 꽃도 있다. 우리는 그 꽃이 피는 시기를 보고 아름다움의 가치를 평가하지 않는다. 꽃이 피는 순간 자체가 소중하고 가치 있기 때문이다. 그런데 사람들은 자신을 바라볼 때, 유독 꽃과는 다른 기준을 적용한다. 어떤 나이에 어떤 성취를 이루어야 한다는 틀을 만들어 놓고, 그에 맞지 않으면 실패라고 단정 짓는다. 삶에는 정해진 개화 시기가 없다. 누군가는 스무 살에 성공을 경험하고, 누군가는 마흔이 넘어서야 자신이 가고 싶은 길을 찾는다. 또 누군가는 오십이 넘어서 새로운 도전을 시작하기도 하고, 큰 좌절 후 인생을 전환하기도 한다. 삶에서 언제 꽃이 피느냐가 아니라, 내 안에 피어날 가능성을 믿는 것이다. 늦게 피는 꽃이 더 강한 향기를 품기도 하고, 오래 피어 있는 경우도 있기 때문이다.

　때로는 큰 좌절이 인생을 더디게 만들 수도 있지만, 햇빛과 바람, 비를 견디며 시간이 흐르면 종내 꽃은 피어난다. 좌절은 더 많은 가능성의 시작이다. 실패를 경험한 사람만이 더 단단해지고, 더 넓은 길을 볼 수 있다. 그러니 좌절을 이유로 자신의 가능성을 규정지어서는 안 된다. 자신만의 속도로, 자신만의 계절에, 자신의 꽃을 피우면 된다.

TO,
변화의 문 앞에 선 당신에게

"당신은 지금 어디에 서 있습니까?"

어쩌면 깊은 좌절 속에서 길을 잃었다고 느낄지도 모릅니다. 실패는 쓰라리고, 때로는 모든 것이 끝난 듯 보입니다. '다시 일어설 수 있을까?', '다시 시작할 수 있을까?' 이런 질문들이 머릿속을 떠나지 않을 수 있습니다. 그러나 중요한 것은 지금까지 어디에 있었느냐가 아니라, 앞으로 어디로 가고 싶은가입니다.

지금 당신 앞에는 두 개의 길이 있습니다. 하나는 현실에 주저앉아 과거의 상처에 머무는 길이고, 다른 하나는 두렵고 불확실하지만 다시 도전하는 길입니다. 선택은 당신의 몫입니다. 나는 당신이 두 번째 길을 택하기를 바랍니다. 실패했기에 더 강해질 수 있고, 넘어졌기에 다시 일어설 이유가 생깁니다.

윈스턴 처칠은 이렇게 말했습니다.

"성공은 최종적인 것이 아니며, 실패는 치명적인 것이 아니다. 중요한 것은 계속할 수 있는 용기다."

실패는 끝이 아니라 새로운 시작을 알리는 신호입니다. 그러나 우리는 본능적으로 실패를 두려워합니다. 때로는 잘못이라도 저지른 듯 위축되기도 합니다. 움츠러들지 않기 위해서는 아무것도 하지 않는 것입니다. 새로운 도전을 하지 않고, 변화도 없는 삶 말입니다. 그 길 위에 성장과 전환은 존재하지 않습니다.

프로게이머 페이커 이상혁은 "실패라는 단어 어감 자체가 부정적으로 다가오지만, 오히려 실패로 인해 이렇게 성장할 수 있었다고 생각합니다. 실패가 없었다면 롤드컵 3회 우승도 없었을 겁니다."라고 말했습니다. 실패는 시도했기 때문에 찾아오는 것입니다. 그리고 시도가 있었다는 것은 지금보다 나아지고자 하는 열망이 있었다는 증거입니다. 버락 오바마 전 미국 대통령은 "실패를 피하려고 하지 마십시오. 왜냐하면 피할 수 없기 때문입니다. 중요한 것은 실패가 당신을 굳어지게 하거나 부끄럽게 만들어 행동하지 못하게 하는 것이 아니라, 그 실패로부터 배우는 것입니다."라는 말을 했습니다. 실패를 겪어야 비로소 자신이 어떤 사람인지 알 수 있습니다. 세상이 만만치 않다는 사실도 깨닫습니다. 말하자면 실패는 우리를 성숙하게 하는 과정입니다.

세계적인 인물들 역시 실패를 거쳐 성장했습니다. 마윈은 하버드에 10번 지원했지만 모두 거절당했습니다. KFC에 지원했을 때도 단한 명만 탈락했는데, 그가 바로 마윈이었습니다. 스티븐 스필버그는 영화학과 입학을 세 번이나 거절당했고, 워런 버핏은 하버드 경영대학원에서 떨어졌습니다. '빨간 머리 앤'의 작가 루시 모드 몽고메리 역시 수많은 출판사로부터 거절을 당했습니다. 그들 역시 포기하지 않았습니다. 실패는 그들의 성공을 끌어올린 발판이 되었습니다.

나 역시 마찬가지입니다. 한 번의 사업 실패는 내 인생을 산산이 무너뜨렸습니다. 포기하려 했던 순간도 있었습니다. 하지만 끝내 그 순간조차 버터 이겨냈습니다. 난 강연에서 종종 이런 농담을 던지곤 합니다. "포기란 배추를 셀 때 하는 말이고, 좌절은 좌측에 있는 절, 절망은 절에 붙은 방충망이다." 사람들은 웃지만, 그 웃음 속에 메시지가 있습니다. 종국에는 포기하지 않는 사람만이 반전의 길을 걷게 된다는 사실입니다.

로버트 F. 케네디는 "위대한 성취는 실패의 위험 없이 이뤄진 적이 없다."라고 얘기했습니다. 가장 발전 없는 사람은 실패를 경험하지 못한 채 성공만 거듭한 사람일지도 모릅니다. 작은 실패에도 쉽게 무너지는 이유가 바로 여기에 있습니다. 중요한 것은 실패 자체가 아니라, 실패 이후의 태도입니다. '실패를 겪지 않는 사람은 없다. 예수도 붓다도 모두 실패를 겪었다.'라고 생각하면 자신의 실패는 아무것도 아님을 깨닫게 됩니다. 오히려 힘이 납니다. 그렇게 실패가 인생의 한 부분이라 여기면 실패에 겁이 나지 않습니다.

조앤 롤링은 하버드대 졸업식 연설에서 이렇게 고백했습니다. "여러분은 실패에 익숙하지 않습니다. 성공에 대한 열망만큼이나 실패에 대한 공포가 여러분의 행동을 좌우할 것입니다. 저는 대학을 졸업하고 7년간 엄청난 실패를 했습니다. 결혼에 실패하고 실업자인 저는 누가 봐도 실패한 사람이었습니다. 그 시기에 저는 정말 힘들었고, 실패의 터널이 언제 끝날지 알 수 없었습니다. 제가 왜 실패의 미덕에 대해 말하려는 걸까요? 실패가 삶에서 필요한 것에 대해 말해주었기 때문입니다. 저 스스로 기만하는 것을 그만두고 가장 소중한 일에 에너지를 집중할 수 있었습니다. 가장 두려워하던 실패가 현실이 되어 오히려 저는 자유로울 수 있었습니다."라고 말했습니다.

이제, 슈퍼 리파운더의 문 앞에 선 당신은 무엇을 선택하겠습니까? 실패 앞에 주저앉을 것입니까, 아니면 다시 한번 일어서겠습니까? 용기를 낸 사람만이 실패를 반전의 기회로 만들 수 있습니다. 인생 전환의 순간부터 당신의 삶은 전혀 다른 삶을 살게 될 것입니다.

제2부

인생을 새롭게 설계하는 사람
슈퍼 리파운더

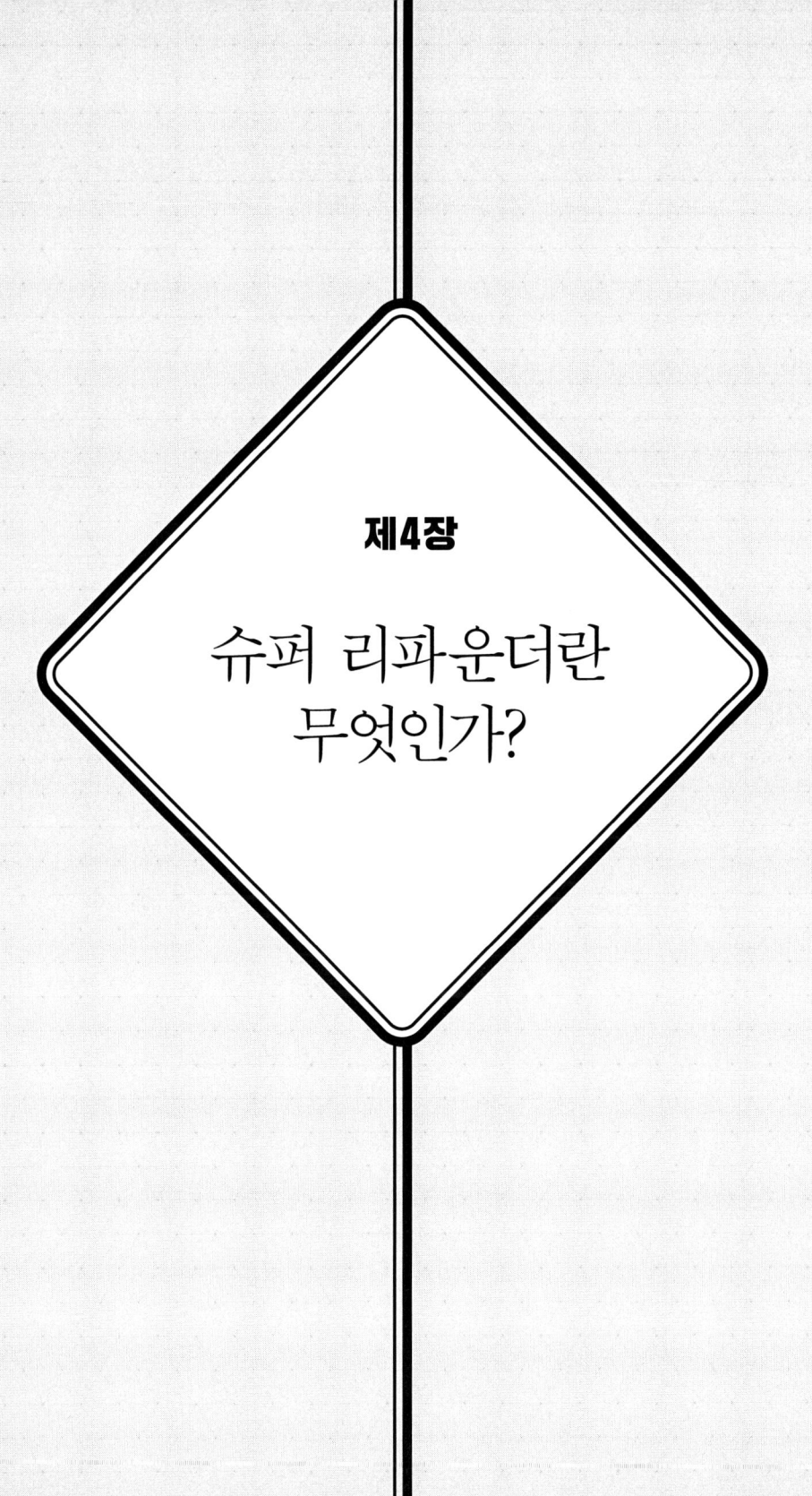

제4장

슈퍼 리파운더란 무엇인가?

깊은 깨달음이다

깨달음은 앎이다. 그 앎이 실천으로 이어지고, 행동이 되어야 삶이 바뀐다. 많은 사람이 인생을 변화시키는 데 긴 시간이 걸린다고 말한다. 인생이 바뀌는 순간은 찰나다. 바로 '생각의 방향'이 바뀌는 그 순간이다.

불가에서는 깨달음을 위해 법문을 듣고 '내가 부처'라는 자각에 이르도록 수행한다. 석가모니는 "내가 아라한이듯, 너도 아라한이다"라고 말했다. 이미 자신 안에 깨달음의 가능성이 있다는 뜻이다. 머리로 받아들이기보다 마음으로 받아들여야 어느 순간에 자신 안에 부처가 나타난다.

기독교에서도 같은 맥락의 교리를 전한다. 예수는 산상수훈에서 "들을 귀 있는 자는 들으라."라고 말했다. 듣고 아는 것이 아니라, 깨닫고 '살아내는 것'이 중요하다는 의미다. 믿음은 행함이 따를 때 생긴다.

철학자들도 같은 이야기를 한다. 소크라테스는 "지혜는 자기 무지를 아는 데서 시작된다."라고 했고, 칸트는 "과감히 스스로 알라(Sapere Aude)"고 외쳤다. 깨달음은 더 이상 타인의 기준이나 사회의 규범에 기대지 않고, 나 자신의 이성으로 스스로 판단하고 선택하는 용기에서 시작된다.

인생은 고통에서 벗어나 기쁨을 얻는 과정이다. 그 길에서 탐욕과 어리석음에 항상 가로막힌다. 진정한 깨달음은 자신에 대한 성찰에서 시작된다. 깨달음은 머리로 아는 것을 넘어서, 삶으로 살아내는 것이기 때문이다.

개그맨 유재석은 어느 인터뷰에서 "세상에 대한 불만, 왜 난 안 될까? 남보다 잘되는 사람들에 대한 그런 시기와 질투가 있었습니다. 그런데 내가 행복하다. 감사하다는 것을 깨닫게 되면서부터 기가 막히게 일이 잘 되기 시작했어요."라는 말을 했다. 무명 때 사람들이 자신을 알아주지 않는다고 실망했다. 화려한 말이나 기발한 개그 연기로 주목받기보다는, 화려한 재치로 마음을 사로잡으려 했지만, 뜻대로 되지 않았다. 자신의 개그 감각에 대한 믿음도 가지지 못했다. 자신을 존중해야 한다는 작은 깨달음을 얻고 나서야 사람들에게 사랑받게 되었다. 웃음은 배려와 존중에서 비롯된다는 것을, 그는 지금도 행동으로 실천하고 있다.

깨달음은 행동으로 이어질 때 삶이 바뀐다. 행동경제학자 리처드 탈러는 "작은 행동의 유도가 큰 변화를 만든다."라고 했다. 깨달음이 실천으로 이어지기 위해, 작은 '첫 행동'부터 시작해야 한다는 것이다. 오스트레일리아의 풋볼 선수이자 감독인 존 케네디는 연설 중에 "행동하세요. 생각하지 말고, 기대하지 말고, 그냥 행동하는 겁니다."라고 말했다. 그는 경기에만 집중하도록 팀을 밀어붙이는 감독으로 유명했다. 이 연설은 행동의 의미를 명확히 표현했다. 여기에는 행동이 동기에 선행한다는 생각이 담겨 있다. 즉 행동하면 곧 동기가 따라온다는 것이다.

　심리상담가이자 작가인 루이스 헤이 역시 마찬가지다. 어린 시절 학대와 가난, 청소년기 임신과 입양, 그리고 이후 암 선고까지 숱한 고통을 겪었다. 그녀는 자신의 상처를 마주하면서 마음이 곧 현실을 바꾼다는 강력한 신념을 갖게 되었다. 그녀는 "당신이 자신을 어떻게 대하느냐가, 세상이 당신을 어떻게 대하는지를 결정합니다."라고 말했다. 자신을 치유하는 확언을 매일 반복했고, 암이 치유되는 과정을 통해 그 믿음을 행동으로 증명했다. 그녀는 고통의 바닥에서 마음을 바꾸고 삶을 전환함으로써, 그 깨달음을 많은 이들과 나누었다. 어려움 속에서 인생을 바꾼 이들의 공통점은 깨달음 얻고 반복적으로 성실하게 실천으로 옮겼다.

　어려움에 부닥친 사람일수록 이치를 빨리 깨닫는다. 더 이상 회피할 여유가 없고, 지금까지의 방식으로는 더 이상 살 수 없다는 현실을 강제적으로 알기 때문이다. 평온하고 안락한 상태에서는 기존의 삶을 유지하려고 하는 관성에 지배받는다. 불편함이 없어 변화의 필요성을 절실하게 느끼지 못한다. 삶의 문제를 외면하거나 미루는 경향이 강한 이유다. 반면 시련의 고통은 사람의 의식을 날카롭게 각성시키고, 모든 감각을 현실에 집중하게 만든다. 그 순간 자기 삶의 의문을 품게 된다. "왜 나는 여기까지 왔는가?", "무엇이 잘못되었는가?", "앞으로 어떻게 살아야 하는가?" 삶의 방향을 바꾸는 결정적인 통찰은 문제에 답할 때 시작된다. 깨달음은 준비된 자보다 간절한 자에게 먼저 온다. 어려움은 간절함을 만들어내는 강력한 촉매제이기 때문이다.

나 역시 그랬다. 사업이 망해 힘든 시기를 보냈다. 누군가는 그 시기를 '끝'이라 말했다. 그 끝에서 한 스님을 만나면서 깨달음을 얻게 되었던 한 장면이 있다. 산 초입의 작은 암자에 신문 한 부를 배달해야 했다. 충분하지 않은 가로등 불빛에 오직 걸어서만 갈 수 있는 장소였다. 암자 근처에 도착하면 수십 개의 계단도 올라야 했기에 시간도 제법 걸렸다. 배달하면서도 속으로는 '제발 신문을 끊어줬으면'하고 바랐다. 그러던 어느 날, 출타하시는 스님과 마주치게 되었다. 나를 보며 "매일 여기까지 배달해 주시니 감사합니다. 그런데 불자님이 15번째입니다."라고 말했다. 그 말은 배달원이 자주 바뀌었다는 뜻이다. 이어서 "식당에 가면 늘 먹던 음식만 주문할 순 없잖아요, 이것도 먹어 보고 저것도 먹어봐야 세상에 맛있는 음식이 많다는 것을 알 수 있잖아요."라는 말을 했다. 그 말은 낯선 것과 새로운 상황을 두려워하지 말라는 뜻이었다. 배달하면서 느낀 것은 배달하는 사람이 늘 편하게 배달하기를 원한다는 것이다. 이후부터 암자에 배달하면서 내가 몰랐던 새벽 풍광과 신선한 공기를 만나게 되었다. 그뿐만 아니라 마음을 정화하고, 평정심까지 찾게 되었다. 지금도 새로운 것과 낯선 것에 대해 두려움이 없다.

인생을 바꾼다는 것은 자신을 다시 되돌아보는 것이다. 외부가 아니라 내면에서 답을 찾는 것이다. 과거를 반복하지 않고 미래를 새롭게 설계하는 것이다. 기존의 패턴을 끊고, 나만의 방식으로 다시 그리는 것이다. 그런 철학적 전환을 온몸으로 겪어야 깊이 깨닫게 된다. 그 찰나의 깨달음이 자신을 완전히 새로운 존재로 다시 태어나게 할 수 있다. 그것이야말로 진정한 '다시 일어섬'이다.

성장의 자극제다

불꽃은 마찰이 있어야 피어난다. 나무와 나무, 돌과 돌이 서로 부딪혀야 불씨가 생긴다. 성장도 그렇다. 자연의 나무와 꽃을 떠올려 보자. 푸르게 뻗은 가지, 화사하게 피어난 꽃잎은 평온한 날씨 속에서만 자라나는 것은 아니다. 따뜻한 햇살, 산들거리는 바람뿐만 아니라 비와 눈, 거센 바람을 견뎌야 싹이 트고 자란다. 그 모든 자극이 생명을 탄생시킨다. 태양은 성장을 돕는 온기지만, 비바람은 성장을 단단하게 만드는 시련이다. 비가 내려 뿌리는 더 깊이 박히고, 바람이 불어 가지는 더 넓게 퍼진다. 바람에 꽃잎은 떨어지고, 나무는 휘청이지만, 그 과정을 견디고 난 후의 생명은 더 강해진다.

세상도 자연 이치와 같다. 누군가는 봄처럼 따스한 환경만이 필요하다고 믿지만, 실제로 삶을 밀어 올리는 것은 찬바람과 소낙비 같은 자극들이다. 바람이 불지 않는 날엔 뿌리내릴 이유도, 몸을 키울 이유도 없다. 편안함은 사람을 잠재운다. 반면, 불편함은 예기치 못한 자극이 되어 낯선 도전으로 사람을 흔들어 깨운다. 어려움에 부닥친 순간 처음엔 불편하고, 낯설다. 바로 그 순간들이, 인생을 한발 더 나아가게 만드는 자극이다.

인생의 성장은 자극이 있어야 한다. 아무 일도 일어나지 않을 것 같던 고요함 속에 마음이 뒤집히는 작은 마찰 하나가 생길 때, 변화의 기회가 생긴다. 성장의 자극은 대단하거나 큰 사건일 필요는 없다. 말 한마디, 작은 성과, 상실감, 혹은 거울 속 자신을 마주했을 때 느끼는 민망함조차도 자극이 될 수 있다. 자신을 더는 외면할 수 없게 만드는 그 순간, 자극은 시작된다.

영화감독인 크리스토퍼 놀란은 첫 장편영화 〈팔로잉(Following)〉을 6천 달러라는 극도로 적은 예산으로 촬영했다. 영화사에 수없이 기획안을 들고 갔지만 번번이 거절당했다. 아무도 그의 영화적 상상력을 믿지 않았기 때문이다. 그는 그 거절을 "내가 증명해 보이겠다."라며 이 영화를 만들었다. 개봉 당시 다양한 영화제에서 수상했고, 흥행 수익은 제작비의 8배에 달했다. "거절은 고통스럽지만, 창작자에게 가장 강력한 연료가 된다." 그의 말이다.

천재 피아니스트로 불리는 유자 왕(Yuja Wang)은 비난이 성장의 자극제가 되었다. 그녀의 연주는 화려하고 격정적이다. 클래식계에서도 독특한 존재로 주목받았다. 그랬던 그녀가 처음 유럽 무대에 섰을 때, 수많은 비판에 직면했다. "외모에만 신경 쓴다.", "너무 감정적이다.", "클래식의 정통을 훼손한다." 그 자극은 그저 상처로 끝날 수도 있었지만 자기만의 해석을 더 정교하게 다듬는 계기로 만들었다. 기교를 넘어 감정과 영혼이 담긴 연주로 사람들의 편견을 무너뜨렸다. 그녀는 이렇게 말했다. "비판은 나에게 '더 깊이 들어가라'라는 신호였다." 성장은 상처를 밀고 들어간 사람에게 더 효과적이다.

내가 인생 전환을 할 수 있었던 비결은 간단하다. 모든 에너지를 바로 지금 다 쏟아낸 것, 하기 싫은 것을 참고 해낸 것이다. 나는 내 일이 없는 것처럼 오늘을 절박하게 보냈다. 내가 쓴 《1인 기업으로 다시 창업했습니다》에서 "나는 8년 동안 수면 시간은 네 시간이었다. 지금도 여전히 수면 시간은 네 시간이다. 잠을 적게 자는 이유는 직업병이기도 하지만 매일매일 절실함을 가지기 위해서다. 새벽에 일어나는 것은 무척 힘든 일이다. 때로는 '오늘 하루만'이라고 생각하다가도 마지막으로 나를 일으켜 세우는 건 절실함이다. 결핍과 절실함에는 힘이 있다. 안 되는 것을 되게 하고, 힘들어도 하게 만든다. 하루에 네 시간을 자고 열여덟 시간씩 거뜬하게 일하게 만드는 것도 절실함의 힘이다."라고 얘기했다.

절박함은 가장 깊은 자기 성찰의 자극제다. 단순한 불편함이나 일상의 스트레스와는 차원이 다른 자극제다. 절박함이 클 때는 생존의 문턱에 선 순간이다. 그 강도는 인간의 이성, 감정, 의지를 동시에 흔든다. 철학자 키에르케고르는 "절망은 자기 자신을 잃은 상태"라고 했다. 반대로 말하면 절박함은 자신을 되찾기 위한 마지막 몸부림이다. 절박함은 고통스럽지만, 동시에 가장 강력한 성장의 불씨이기 때문이다. 절박한 순간 비로소 '바꿔야 하겠다.'라는 강한 자극이 생긴다. 더 이상 미룰 수 없는 내면의 혁명을 요구하는 명백한 신호다. 고통은 삶의 무게지만, 절실함은 방향을 바꾸는 추진력이다. 성장의 가장 진실한 출발점은, 바로 그 마지막이라 여겼던 절벽 끝에서 시작된다.

인생을 한 방에 뒤집기 어렵다. 하루하루의 작은 것들이 모여 성과를 만들어내고, 만들어진 결실이 성장과 변화를 만들어낸다. 실패한 이들에게 이런 얘길 하면 고개를 끄덕인다. 그러나 무엇을 바꾸려고 하는 사람들은 없다. 악착같이 달려들다가도 어느 순간 예전으로 돌아오곤 한다. 실패한 사람들은 다 그렇다. 나도 그랬다. 대신 멈추지만 않으면 된다. 처음에는 힘들더라도, 더 고통스러운 고비를 잘 견뎌내면 단단하고 깊어진 자신을 발견할 수 있다.

어느 강연에서 스무 살을 갓 넘긴 젊은이가 "절박이 모든 문제를 해결해 줄 수 있는 촉진제인가요?"라는 질문을 했다. 나는 그의 물음에 "절실하면 문제를 해결할 수 있는 대안을 만들어냅니다. 절박하면 모든 것이 모자람을 해결하려는 쪽으로 연관 지어 생각하기 때문입니다. 결핍이 만든 열정은 쉽게 사라지지 않습니다. 오히려 강력한 에너지가 됩니다. '목마른 사람이 우물을 판다'는 말이 생긴 이유입니다. 난 "성공하기 위해 무엇을 해야 하는가?" 누가 물어본다면 "절실해야 한다."라고 망설이지 않고 말할 수 있습니다. 절박함을 하나씩 하나씩 해결하면 자신이 조금씩 성장하고 있다는 사실을 알게 될 것입니다. 발전은 절박이라는 촉진제가 있기에 더 강력한 힘을 발휘하게 됩니다."라고 답했다.

스페인의 코르테스는 아스테카 제국 정복을 위해 신대륙에 상륙한 뒤, 병사들이 본국으로 돌아가는 것을 막기 위해 배를 불태웠다. 병사들에게 되돌아갈 수 있는 길을 아예 없애버린 것이다. 절박함은 모든 가능성을 닫고 단 하나의 방향만을 남겨두었을 때, 폭발적인 추진력이 생긴다. 절박함은 선택이 아니다. 생존을 위한 본능의 발현이다. 그리고 그 본능은 때때로, 성장의 촉매제가 되어 기적처럼 인생을 뒤집는다.

　지금, 자신의 삶은 어떤가? 날마다 겨우 견디며, 지리멸렬한 삶 속에 잠식당하고 있진 않은가? 그렇다면 지금, 이 순간, 더 이상 미루지 말아야 한다. 자신 안에 남아 있는 모든 에너지를 꺼내어, 단 한 번이라도 전부를 걸어야 한다. 작은 한 걸음이든, 미약한 시도든 괜찮다. 절박함은 방향을 틀게 만들고, 그 방향은 성장을 가져다 줄 것이다. 성장은 지금 이대로는 안 된다는 작은 몸부림에서 시작되기 때문이다. 그러니 망설이지 말고, 움직여라. 지금, 이 순간의 자극이, 자신의 인생을 다시 쓰게 될 것이다.

자기 혁신의 결정체다

　뱀은 살아남기 위해 허물을 벗는다. 낡은 껍질을 벗어야만 다시 숨 쉬고, 다시 움직일 수 있기 때문이다. 그 과정에서 뱀은 더 커지고, 더 단단해진다. '허물벗기'는 단순한 생존이 아니라, 존재를 새롭게 갱신하는 과정이다.

　인간에게도 허물을 벗는 순간이 있다. 실패가 그렇다. 나 역시 실패한 인생을 바꾸기 위해 기존의 나를 통째로 해체하고 다시 조립해야 했다. 변화는 익숙한 구조를 부수고 본질로 돌아갈 때 비로소 시작된다. '성장'이라는 이름으로 덧붙이기보다, 불필요한 것을 덜어내고 속살을 드러내야 한다. 그것이 자기 혁신이다.

　익숙함을 벗고 낯선 나를 선택하는 일, 그 과정은 고통스럽고 두렵다. 내면의 질서와 삶의 패턴, 신념까지 전면적으로 재편해야 하기 때문이다. 그러나 바로 그 두려움과 고통 속에서 혁신이 시작된다. 인생이 정체되었다고 느껴질 때, 더 쌓으려 하지 말고 과감히 덜어내야 한다. 혁신은 '추가'가 아니라 '제거'에서 시작되기 때문이다. 그래야 본질 위에 새로운 나를 다시 세울 수 있다.

　니체는 "자기 자신을 초월할 수 있을 때, 비로소 인간은 위대해진다."라고 말했다. 변화는 누구나 꿈꿀 수 있다. 그렇지만 과감히 실천하는 사람은 드물다. 진정한 자기 혁신은 지금까지의 나를 내려놓는 일이다. 무너뜨리고 다시 짓는 고통의 시간 속에서만, 전혀 다른 내가 태어난다. 그것은 단순한 결심만으로 이뤄지지 않는다. 불편함과 두려움을 마주할 때 비로소 가능하다. 많은 사람이 그 문턱 앞에서 멈추지만, 그 문턱을 넘어서는 순간부터 새로운 삶은 시작된다.

체 게바라는 유능한 의사였다. 안정된 미래를 뒤로한 채 낡은 오토바이에 몸을 싣고 남미 대륙을 여행했다. 그는 그 여정 속에서 빈곤과 불평등의 참혹한 현실을 목격했다. 그리고 그 경험은 그의 삶을 의사에서 혁명가로 궤도를 변경시켰다. 그는 동료에게 보낸 편지에 "나는 매 순간 자신을 스스로 죽이고, 새로운 나로 태어나야 했다. 나를 깨부수지 않으면 세상은 바뀌지 않는다는 걸 깨달았다."라고 고백했다. 그는 단순한 직업이 아니라, 더 큰 사명을 위해 자기 자신을 해체했다. 인간은 자신을 넘어서려는 순간, 비로소 위대해진다. 고통 없는 변화란 없다.

공자의 제자 증자도 자신을 혁신한 사람이다. 그는 가장 어리고 가장 어리석었지만, 누구보다 성실한 인물이었다. 《논어》에 "吾日三省吾身(오일삼성오신) 나는 하루에 세 번 나 자신을 반성한다."라는 구절이 나온다. 이는 자기반성과 혁신의 핵심을 꿰뚫는 문장이다. 그는 외부를 바꾸기보다 먼저 자신을 바꾸는 데 주력했고, 인류의 스승이 되었다. 동서양을 막론하고 위대한 전환은 '나를 넘어서려는 용기'에서 비롯된다. 이것이야말로 인생을 바꾸는 유일한 혁신의 길이다.

실패를 딛고 다시 일어서기 위한 자기 혁신은, '나'라는 존재의 근본 구조를 다시 설계하는 일이다. 자신이 누구인지를 다시 정의하고, 세상을 달리 바라보며, 삶의 방향을 의도적으로 틀어야 한다. "나는 누구인가?", "왜 이 삶을 살고 있는가?" 이 질문 앞에 진지하게 설 때, 비로소 익숙한 삶의 궤도에서 이탈하게 된다. 물론 그 이탈은 혼란과 불안을 동반하지만, 동시에 전환의 문을 연다.

실패, 위기, 상실. 피하고 싶은 단어들이다. 그러나 그 안에는 자신을 새롭게 만날 수 있는 기회가 숨어 있다. 실패는 자신을 깨뜨린다. 그 깨진 조각들을 다시 조립한 사람만이 '다른 나'로 진화할 수 있다. 정체성과 삶의 의미까지 포함하는 깊은 구조의 변화가 있을 때, 인생은 비로소 진화되기 때문이다. 자기 혁신의 최종 목적은 하나다. 지금까지와는 전혀 다른 삶을 살아가는 것. 그리고 이 전환이야말로 인간이 경험할 수 있는 가장 심오한 자기 혁신의 결정체다.

그렇다면, 자기 혁신을 위해 우리는 무엇을 해야 하는가?

첫째, 낡은 신념을 해체해야 한다. 사람들은 대부분 익숙한 믿음 속에서 살아간다. "나는 원래 이런 사람이야.", "이 나이에 무슨 변화야.", "내가 할 수 있는 건 이 정도야." 이런 생각들이 지금의 삶을 만든 것이다. 그 생각을 바꾸지 않는 한, 아무것도 달라질 수 없다.

나 역시 인생을 바꾸기로 결심했을 때, 가장 먼저 싸워야 했던 것이 내면의 낡은 확신이었다. 수개월 동안 매일 자신에게 이렇게 암시했다. "지금보다 더 나은 삶을 살겠다." 이 말을 매일 되뇌며 반복하자, 생각이 바뀌었고 믿음과 행동까지 변화했다.

둘째, 환경과 관계를 과감히 전환해야 한다. 사람은 환경의 산물이다. 아무리 다짐하고 계획을 세워도, 매일 마주하는 환경과 자극이 바뀌지 않으면 삶이 바뀌지 않는다. 자신을 무기력하게 만드는 공간과 자극들을 점검하고, 과감히 제거해야 한다. 그래야만 영감을 주고, 자극을 일으키는 새로운 환경 속으로 들어설 수 있다.

관계도 마찬가지다. 나는 익숙하지만 소모적인 관계를 정리하고, 낯설지만 에너지를 주는 사람들과 만나려고 노력했다. 그때부터 말과 표정이 달라지고, 삶이 달라지기 시작했다. 관계의 재설정은 외로움이 아니라 성장이며, 자기 정렬의 시작이다. 누구와 함께하느냐는 어디로 가느냐보다 더 중요하다.

셋째, 자기 혁신은 '한계를 다시 쓰는 일'이다. 많은 사람은 스스로 설정한 한계에 갇혀 살아간다. 건강을 위해 러닝을 시작한 때였다. 처음에는 5킬로미터만 뛰고 늘 지쳐 멈췄다. 그 지점이 내 한계라고 믿었기 때문이다. 그때 이렇게 다짐했다. "어제보다 500미터만 더." 그렇게 조금씩 거리를 늘려가면서 몸이 바뀌었고, 한계도 서서히 다시 쓰이기 시작했다.

자기 혁신은 결심보다 '어제보다 1센티미터만 더 나아가겠다.'라는 작고 끈질긴 의지에서 출발한다. 그 결단이 쌓이고 쌓여 정체성을 바꾸고, 삶의 방향이 바뀌게 된다.

바닥에서
바다를 보는 것이다

영화 〈캐스트 어웨이〉는 비행기 사고로 바다 한가운데 무인도에 홀로 남겨진 FedEx 직원 척 놀랜드의 이야기다. 그가 갇힌 무인도는 시간도, 사람도, 문명도 사라진 공간이었다. 절망적인 조건이었지만 그는 불을 지피고, 도구를 만들며 섬에서 탈출한다. 영화를 보는 내내 단순한 생존담이 아니라, 인간이 본래의 자신을 되찾는 과정처럼 다가왔다.

무인도는 감옥이었지만, 아이러니하게도 그 감옥을 둘러싼 바다는 희망의 공간이었다. 척은 바다를 바라보며 끝없는 외로움 속에서도 희망을 포기하지 않았다. 바다 언저리에 자유의 가능성이 있기 때문이었다. 해녀들도 마찬가지다. 그들은 매일 맨몸으로 바다에 들어간다. 깊고 어두운 물속에서 그들이 가장 먼저 배우는 것은 '두려움과 함께 숨을 참는 법'이다. 물은 차고 시야는 좁으며 위험은 늘 도사린다. 그들에게 바다는 두려움의 공간이자 삶을 건져 올리는 자리다. 절망의 장소에서 생존의 기술을 익히고, 고통의 순간을 딛고 다시 떠오르는 일. 바로 그것이 바닥에서 바다를 보는 것이다.

바닥에서 바다를 본다는 행위는 인간의 본성이다. 인간은 절망 속에서도 의미를 찾고, 어둠 속에서도 빛을 보려는 존재다. 이는 단순한 낙관주의가 아니라 존재론적 본능이다. 고통은 인간을 무너뜨리기도 하지만 동시에 새로운 시야를 열어준다. 빅터 프랭클은 아우슈비츠 수용소에서 살아남은 경험을 바탕으로 "희망이 있는 사람만이 살아남는다."라고 말했다. 그의 말은 철학이자 실존의 증언이다. 인간은 단순한 물리적 생존 그 이상을 필요로 한다. '지금은 아무것도 아니지만 언젠가는 다시 일어설 수 있다'라는 마음이 희망이다. 그 희망은 가장 낮은 자리에 있을 때 더욱 선명하게 보인다.

바닥은 본질을 마주하는 자리다. 높은 곳에서는 멀리 볼 수 있지만, 낮은 곳에서는 본질이 드러난다. 나에게는 8년이라는 긴 시간 동안 가장 낮은 곳에 머물렀던 경험이 있다. 그곳에서는 더 이상 내가 누구였는지가 중요하지 않았다. 과거의 타이틀과 이미지는 모두 벗겨지고 남은 것은 단 하나, "바닥은 고통스럽다"라는 사실뿐이었다. 익숙한 모든 것으로부터 끊겨 나왔기 때문이다. 바닥은 인생에서 더 이상 가능성이 존재하지 않는 지점처럼 보인다.

나는 강연에서 바닥을 이렇게 설명한다. "밑바닥은 더 물러설 곳도, 갈 곳도 없는 절망적인 자리입니다. 그러나 바닥을 치고 솟아오르겠다고 마음먹는 순간, 최고의 반전이 일어나는 변곡점이기도 합니다. 인생의 밑바닥은 삶의 반전이 움트는 곳입니다. 박차고 솟아오를 강력한 힘이 모여 있는 자리이기 때문입니다." 흔히 밑바닥을 '게임 오버'라 생각한다. 그곳은 실상은 '게임 체인저'의 자리다. 더 이상 갈 곳이 없다고 느껴지는 그 순간, 오히려 새로운 방향과 가능성이 열리기 때문이다. 바닥은 방향을 바꿀 수 있는 유일한 자리다.

바닥에서 바다를 보기 위해서는 초월이 필요하다. 초월(超越)이란 말 그대로 한계를 넘어서는 일이다. 익숙한 감정, 굳어진 사고방식, 사회적 기준의 벽을 뚫고 나가는 행위다. 말로는 쉬워 보이지만 현실에서는 절대 쉽지 않다. 왜냐하면 익숙함을 부정해야 하기 때문이다. 초월은 늘 고통을 동반한다.

그렇다면 인간은 언제 초월을 경험하는가? 평탄한 길 위에서는 좀처럼 발휘되지 않는다. 모든 길이 끊기고 더 이상 물러설 곳이 없을 때, 뜻밖의 힘이 솟아난다. 나 역시 그랬다. 사업 실패로 9억에 가까운 빚을 떠안고, 채권자들의 독촉에 시달리며 신용불량자가 되어 거리로 내몰렸다. 그때야 알았다. 초월은 선택이 아니라 생존의 몸부림 속에서 발현된다는 것을.

나는 빚을 모두 갚는 데 13년이 걸렸다. 신용이 회복되고, 다시 시작할 용기를 얻기까지는 추가로 4년이 더 필요했다. 그렇게 실패에서 재기까지 17년이라는 시간이 흘렀다. 돌이켜보면 그 시간은 나를 무너뜨린 세월이 아니라, 위치를 다시 설정한 기간이었다.

사회학자 피에르 부르디외는 인간은 사회라는 구조 속에서 끊임없이 자기 위치를 설정하며 산다고 했다. 나 역시 밑바닥에서 다시 내 위치를 정립해야 했다. 그러나 위치를 바꾼다는 것은 단순히 자리를 옮기는 일이 아니었다. 기존의 구조를 깨고 새로운 구조를 만들어야만 가능했다. 김어준은 자신의 저서 《닥치고 정치》에서 "구조에 저항하는 방법은 맞부딪쳐 깨는 것과 새로 만드는 것"이라 말했다. 초월은 자기 위치와 구조의 바깥으로 나가 경계를 허무는 행위다. 나 또한 그 초월을 내 방식대로 실천했다.

의외로 구조를 깨는 힘은 단순한 의지로만 발휘할 수 없다. 고통을 어떻게 바라보느냐에 달려 있다. 빅터 프랭클은 《죽음의 수용소에서》에서 "인간은 고통에 의미를 부여할 때 살아갈 힘을 얻는다."라고 했다. 그의 말처럼 절망의 순간에 고통을 무의미한 짐으로만 여긴다면 초월은 불가능하다. 그러나 고통을 의미로 바꿀 때, 비로소 바닥에서도 희망이 보인다.

그렇다면 밑바닥에서 바다를 보기 위해서는 무엇이 필요할까?

첫째, 회복의 힘이다. 절망의 늪에 빠졌을 때 가장 먼저 필요한 것은 근육의 에너지가 아니라, 다시 일어설 수 있는 내면의 체력과 도전할 정신의 근력이다. 충격 이후 무너지는 이유는 의지가 없어서가 아니라 기력이 없기 때문이다. 힘이 빠지면 무기력해지고, 무력은 나태와 체념을 낳는다. 그것들이 쌓일수록 회복은 더디다. 빠른 회복을 위해서는 꿈틀거릴 힘이 필요하다. 그래야 일어설 수 있다. 바닥을 박차고 올라설 힘이 있어야 능력 밖의 힘이 발휘된다.

둘째, 준비다. 인생은 예정된 시간표대로 굴러가지 않는다. 변곡점은 예기치 못한 순간, 예상 밖의 장소에서 찾아온다. 준비는 필수다. 준비란 배움으로 쌓은 내공, 일상의 훈련으로 단단해진 마음, 끊임없이 깨어 있는 태도다. 바닥을 딛고 바다 위로 올라선 사람들의 공통점은 준비되어 있었다는 것이다. 기회는 누구에게나 오지 않는다. 눈을 뜨고 귀를 열어야 한다. 단단한 가슴으로 훈련한 사람에게만 반전의 신호가 보인다. 초월은 준비된 사람만이 얻는 '보이지 않는 자격증'이다.

셋째, 부정을 부정해야 한다. 밑바닥에 있는 사람은 자신을 더 깊이 파묻기 쉽다. "나는 안 돼." "여기서 끝이야." 역설적으로 초월의

문은 바로 그 부정의 벽을 넘을 때 열린다. 반전을 만든 사람들은 상황을 가볍게 본 것이 아니라, 상황에 짓눌리지 않으려는 태도를 지녔다. 절망의 무게를 이기는 것은 낙관이 아니라 부정을 꺾는 결단이다. 인생의 큰 전환을 이룬 이들은 하나같이 불가능 속에서 끝까지 가능을 주장했다. '부정을 부정하는 힘'이 그들을 구했다.

바닥에서 바다를 본 사람들은 고통 속에서도 희망을 발견한 사람들이다. 절망 한가운데서 '다시 시작할 수 있다'라는 방향을 잡은 사람들이다. 바닥은 그들에게 끝이 아니라, '새로운 시작이 열리는 자리'다. 인생 전환을 꿈꾸는 이에게 바닥은 깊은 깨달음과 본질적인 희망이 만나는 자리다. 바닥에 있을 때 바다를 볼 것인가, 아니면 바닥의 절망에 갇힐 것인가는 전적으로 자신의 선택이다.

지금 자신은 어떤 노력을 하고 있는가? 바닥에서 마냥 두려움에 묶여 있는가? 바닥에서 살아나는 방법은 밑바닥을 박차고 솟아올라 바다를 보는 것이다.

남은 인생,
마지막 변화다

요즘 들어 장례식장에 자주 간다. 지천명을 훌쩍 넘기니 일찍 세상을 떠나는 지인들이 많아졌다. 그곳에 서면 늘 드는 생각이 있다. '앞으로 내게 남은 시간은 얼마나 될까?', '이미 살아온 날보다 남은 날이 더 적다는 사실을 나는 인정할 수 있을까?'라는 생각이다.

사람은 누구나 나이를 먹는다. 나이가 든다는 건 곧 남은 날이 줄어든다는 뜻이다. 실패는 일찍 겪는 게 낫다고 하는 이유다. 실패가 늦어질수록 변화를 결심할 시간도 늦어지기 때문이다. '때'는 언제든 상관없다. 30대든, 60대든, '이번에는 반드시 변하겠다.'라고 결심하는 순간, 인생의 새로운 장이 시작된다.

영화 〈내 인생의 마지막 변화구(Trouble with the Curve)〉에 "이제는 감보다 숫자입니다. 당신의 방식은 구식이에요."라는 대사가 있다. 젊은 데이터 분석가가 낡은 방식을 고집하는 스카우트 '거스'에게 던진 말이다. 삶도 마찬가지다. 직관이 낡고 사고가 굳어지면 인생은 달라지지 않는다. 오래된 방식을 내려놓을 때 비로소 변화가 시작된다.

유영만 교수는 자신의 저서 《생각 읽기》에서 이렇게 말한다. "벗어야 벗어날 수 있다! 습관의 옷을 벗어버려야 지금 여기서 벗어나 미지의 세계로 날아갈 수 있다!" 이것은 변화에 대한 가장 정확한 지적이다. 그렇지만 인간은 본능적으로 변화를 두려워한다. 익숙한 걸 버리는 일이 불안하기 때문이다. 많은 사람은 지금까지 해오던 방식이 틀리지 않았다고 믿고 싶어 한다. 틀렸더라도, 고치기보다 견디기를 택한다. 바꾸는 일이 훨씬 더 고통스럽기 때문이다. 안전하지 않아도 익숙하다는 이유 하나로 안주한다. 세상은 변한다. 그리고 변하지 않는 자는 도태된다. 이것은 자연의 법칙이다.

인생에는 변화를 피할 수 없는 순간이 온다. 그중 더는 버틸 수 없을 때 찾아온다. 감정이든 건강이든 관계든, '이대로는 안 된다'는 자각이 들면 비로소 움직인다. 내가 쓴 책 《1인 기업으로 다시 창업했습니다》에 소개된 나의 일화를 옮겨본다.

"나는 8개월 동안 남동생 집에 얹혀산 적이 있었다. 사업에 망해 오갈 데 없자 동생네 부부가 방 한 칸을 내주었다. 동생네는 강원도로 이사를 할 예정이었다. 날짜가 정해지지 않았지만, 방을 내줄 때 부탁하는 걸로 봐서는 곧 갈 거라는 것을 알아챌 수 있었다. 지금 당장 필요한 것은 식구들의 거처를 마련하는 일이었다. 그것도 이른 시일 내에 마련해야만 했다. 발등엔 이미 불이 떨어져 타고 있었다. 문제는 거처를 구할 돈이 없었다. 보험 회사에 들어가 일한 지 몇 개월 되지 않았고, 보험 영업을 계속해야 할지 고민하고 있을 때였다. 보험을 그만두고 시작한 일이 새벽 우유 배달과 신문 배달, 택배 기사와 정수기 AS 기사 일이었다. 동생네가 이사 가기 몇 주 전이

돼서야 작은 보증금이 딸린 월세 집을 구할 수 있었다." 절박함이 나를 움직였다. 결핍을 해결하려는 몸부림이 바닥에서 빠져나올 힘을 만들었다.

그리고 새로운 가능성을 봤을 때다. 그 가능성이 희미하든, 뚜렷하든, '될 수도 있다'라는 생각이 드는 순간 변화의 행동이 시작된다. 그걸 잘 알면서도 왜 변하지 못할까? 답은 간단하다. 가능성이 안 보이기 때문이다. 아무리 머리로 필요하다고 생각해도, 가슴에서 '할 수 있다'라는 믿음이 안 생기면 몸은 움직이지 않는다. 희망이 없으면 변화도 없다.

30년 넘게 직장 생활을 하다가 퇴직한 분의 이야기다. 일이 없어 막막했지만, 우연히 배운 커피에 재미를 붙였다. 처음에는 '나 같은 사람이 뭘 하겠어'라고 했지만, 커피를 볶고, 사람들을 만나는 일이 점점 좋아졌다. 그제야 조금씩 생각이 바뀌었다. '어? 이거 내가 해볼 만한데?' 그 작은 가능성이 그의 인생 2막을 열었다.

가능성은 불씨다. 아무리 작아도, 그것이 있을 때 사람은 달라진다. 불씨가 있어야 장작을 넣고, 바람을 불고, 불을 지필 수 있다. 가능성 없는 변화는 의무고, 가능성 있는 변화는 희망이다. 변화의 첫 단추는 가능성이다. 어디서든, 어떤 모습이든, 가능성을 찾는 눈. 그 눈이 열릴 때, 인생도 다시 열린다.

마지막으로 누군가의 영향을 받았을 때다. 한 사람의 말, 한 권의 책, 한 번의 만남이 인생을 바꾼다. 누군가의 인생이 거울이 되고, 반사된 나를 다시 보게 만든다. 사람은 사람을 통해 깨어난다. 나는 사람 부자다. 다양한 사람 속에서 기회도 많이 얻었다. 꿈도 가지게 되었고, 신박한 기획도 했다. 기업 성장의 도움도 되었다. 10년이 넘는 동안 기업을 성공적으로 운영하게 된 것도 그들 덕분이다. 그중에서도 나에게 힘을 준 후배가 있다. 오종호 작가다. 지금은 운명 경영연구소의 소장이다. 그는 내 이야기의 관심이 많아 "형의 이야기는 모두에게 큰 울림을 줄 수 있어요."라는 말을 한 적이 있다. 그는 직설적이다. 싫은 것은 싫은 성격이다. 밑바닥에서 성공한 이야기도 신뢰하지 않는다. 바닥에서 남다른 노력으로 올라온 사람들과 만나면서 민낯을 보았기 때문이다. 그런 그가 나의 실패담에 관심과 충고를 아끼지 않았다. 지금 내가 강연을 할 수 있게 한 사람이다.

변화는 선택이 아니라 필요다. 버틸 수 없을 때, 가능성이 보일 때, 누군가가 흔들어줄 때, 그 순간 변화는 시작된다. 누구에게나 그런 시기가 찾아온다. 망했다고 느낄수록 변해야 할 때다. 모든 걸 잃고, 다시는 못 일어날 정도로 인생이 망했다고 해도 그 순간이 다시 시작할 기회다. 인생 전환은 넘어져 다시 일어설 결심에서 이루어진다.

앙리 마티스의 삶이 그러하다. 프랑스를 대표하는 화가로 화려한 색채, 자유로운 선, 대담한 구성으로 미술사의 흐름을 바꿨다. 그러나 인생의 끝자락에서 그는 병으로 침대에 누워 있어야 했다. 붓을 잡을 힘도, 캔버스 앞에 설 기력도 없었다. 그는 멈추지 않았다. "손으로 그릴 수 없다면, 가위로 자르겠다." 그의 말이다. 그는 색종이를 들고 오렸다. 가위로 선을 따라 자르고, 벽에 붙이며 작품을 완성해 갔다. 그렇게 탄생한 것이 '컷아웃(Cut-outs)', '오려낸 그림'이었다. 그것은 '그림'이라기 보단, 삶에 대한 '태도'였다. 무너진 몸 위에 다시 피어난 예술이었다. 그의 작품 중 하나인 〈이카로스〉는 가위로 오려낸 단순한 형태지만, 날개를 펴고 날아오르는 한 인간의 의지를 담고 있다. 변화는 도구를 바꾸는 것에서 시작된다. 예전 방식이 통하지 않으면, 새로운 방식으로 다시 시도하면 된다. 무너진다고 끝이 아니다. 방식만 바꾸면, 그곳에서 다시 시작할 수 있다. "창조란, 내가 가진 것 안에서 최선을 다하는 것이다." 그의 말이다.

인생이 괜찮다고 느끼면 대부분은 그냥 산다. 그렇지만 인생이 무너졌다고 느낄 때, 붓 대신 가위를 들 시간이다. 남은 인생, 마지막 변화는 삶이 무너진 자리에서 시작되기 때문이다.

강력한 티핑 포인트다

　인생은 어느 순간 바뀐다. 준비는 오래 걸리지만, 변화는 한순간이다. 작가 스티븐 킹은 폐지 통에 버린 원고로 인생이 바뀌었다. 윤여정은 70세를 넘겨 전 세계가 인정한 배우가 되었다. 그전까지의 인생은 모두 준비였다. 차곡차곡, 조용히, 눈에 띄지 않게 쌓아 올리는 시간이 모여서 어느 날, 예상치 못한 순간에 '확' 터진다. 티핑 포인트다. 삶을 뒤 흔들 만큼 급격한 변화다. 그런데 실패한 사람은 갑작스러운 변화 시점을 알아차리지 못한다. 준비가 되지 않아서다. 같은 세상인데, 다른 시야로 인생을 바라보지 못하거나. 탈선한 삶의 궤도를 알아차리지 못해서다. 인생을 전환하는 사람은 이 지점을 그냥 지나치지 않는다. 새로운 시선으로 삶의 궤도를 수정한다. 변경한 삶을 한 단계씩 수정하다 보면 폭발적 전환의 지점을 통과하게 된다.

　크리스 가드너는 20대 후반, 어린 아들을 안고 샌프란시스코의 지하철 화장실에서 밤을 지새웠다. 한 푼 없는 빈털터리였고, 노숙자였다. 그런데도 아버지로서 아이만은 지켜내고 싶었다. 낮에는 병원에서 의료 장비를 팔고, 밤에는 아이와 함께 쉼터를 전전했다. 어떤 날은 잘 곳이 없어 지하철역 화장실 문을 걸어 잠그고 세면대 옆에 몸을 웅크렸다. 그 자리에서 눈물과 함께 다짐했다. '지금은 이렇게 살아도, 반드시 바꿔내겠다.' 그는 증권회사 인턴으로 도전했고, 하루 200통이 넘는 전화를 걸어가며 불가능해 보였던 문을 열었다. 결국 스스로 회사를 세웠고, 월스트리트의 전설로 남았다. 그의 이야기는 〈행복을 찾아서〉라는 영화로 만들어졌다. 그를 바꾼 건 기회가 아니라 지독한 바닥에서 포기하지 않은 단단한 의지였다.

작가인 리처드 앤터슨도 마찬가지다. 그는 캐나다의 한 작은 도시에서 알코올 중독자로, 노숙 생활을 하며 살고 있었다. 밤마다 거리에서 쓰레기통을 뒤지고, 아침이면 술로 허기를 달래는 삶이었다. 그러던 어느 날, 도서관 근처 벤치에 앉아 우연히 펼친 책 한 권이 그의 인생을 뒤집었다. 책은 '인생을 변화시키는 작가가 돼라.'라는 문장이었고, 그는 거기서 일어섰다. 몇 년 후 그는 자신이 쓴 여행에 관련된 책으로 베스트셀러 작가가 되었고, TED 무대에 서며 '재발견의 힘'을 설파하는 인물이 되었다.

나 역시 그랬다. 사업 실패, 신용불량, 노숙자 신세, 수억 원의 채무. 드라마의 한 장면 같지만, 내게 실제로 벌어진 일이었다. 빚은 눈덩이처럼 불어났고, 매일 아침 눈뜨는 것이 고통이었다. '모든 것을 포기할까?'라는 생각도 들었다. 그러나 다시 일어나야 한다는 다짐을 뒤늦게 붙잡았다. 그때부터 죽기 살기로 버텼다. 몸은 늘 피곤했고, 마음엔 여유가 없었다. 친구도 잃고, 자존감도 바닥을 쳤지만,

멈추지 않았다. 매일 조금씩 앞으로 나아갔다. 8년이라는 시간은 치열한 생존의 기록이었다. 그 긴 터널의 끝, 나는 반전을 이뤄냈다. 사람들은 "그 힘든 걸 어떻게 해냈어요?"라고 묻는다. 나는 이렇게 답한다. "내 안에 아직 꺼지지 않은 불씨가 있었으니까요." 무너진 자리에서 다시 일어설 결심을 한 사람은 임계점을 그냥 지나치지 않는다. 불가능해 보일수록, 포기하라는 말이 많을수록, 그 속에서 반전의 에너지는 커진다. 그리고 마침내, 티핑 포인트는 찾아온다.

임계점은 어느 날 극적 전환점이 된다. 물방울이 바위를 뚫는 건, 단 한 번의 낙수가 아니다. 수천, 수만 번의 반복이 어느 순간 구멍을 만들어 깨트리는 것이다. 티핑 포인트는 그런 순간이다. 쌓여 있던 에너지가 임계치를 넘는 순간, 내면에서 폭발이 일어난다. 그제야 닫혀 있던 문이 하나둘 열린다. 그때부터 전환은 시작된다. 버티고, 인내하고, 자기만의 것을 꾸준히 갈고닦은 사람만이 티핑 포인트의 문턱에 다다를 수 있다. 인생을 다시 설계하고 바꾼 사람들은 그 문턱을 넘은 사람이다. 그들은 실패를 통해 축적된 힘이 언젠가 '터질 날'을 믿는다. 그리고 마침내, 그 임계점을 통과한 순간 완전히 새로운 인생이 열린다. 그 한순간의 폭발이 그 전까지의 모든 고통을 이해할 수 있는 문장으로 바꿔준다. "아! 이걸 위해 그 시간이 있었구나." 그 순간을 지나온 사람만이 이 말을 할 수 있다.

그러면, 도대체 그 임계점은 어떻게 만들어지는 걸까? 방법은 단순하지만 쉽지는 않다.

첫째, 버티는 힘이다. 버틴다는 건 흔들리지 않는 것이다. 아무리 현실이 냉혹하고, 앞이 보이지 않아도 자신을 붙잡는 일이다. 세상은 실패한 사람에게는 냉정하다. 넘어지면 발로 찬다. 도와주기는커녕 더 깊은 곳으로 떨어뜨린다. 그때 필요한 건 실력도, 재능도 아니다. 오직 버티는 힘이다. 버틴다는 건 외롭다. 고통스럽고, 누구 하나 알아주지 않는다. 그렇지만 버티는 자만이 끝을 본다. 열에 아홉은 중간에 포기한다. 포기하지 않은 한 사람만이 마지막까지 간다. 버틴 사람에겐 시간이 붙고, 기회가 붙고, 사람도 붙는다. 실패한 사람과 무너진 사람의 차이는 단 하나다. 무너진 뒤에 버텨내고 일어설 힘이 있었느냐는 것이다.

둘째, 쌓는 힘이다. 삶은 하루아침에 달라지지 않는다. 바뀌는 건 순간이지만, 그 순간을 만들기 위한 준비는 아주 오래전부터 시작된다. 오늘 쌓은 하나가 내일의 변화를 만든다. 매일 반복하는 사소한 노력, 남들은 알아채지 못하는 묵묵한 성실함이 결국엔 큰 차이를 만든다. "에이, 이거 해서 뭐가 달라져?" 이런 말이 가장 위험하다. 그렇게 하찮게 여긴 것들이 쌓이고 쌓여, 인생의 뿌리가 된다. 기적은 하루하루 쌓은 것에서 만들어진다. 쌓는다는 건 습관이고 태도다. 하루 10분이라도 몸을 움직이고 마음을 돌아보는 것이 인생을 바꾼다. 한 방은 없다. 결국은 '누가 더 오래 쌓았느냐'의 싸움이다. 사람은 그가 쌓아온 시간만큼만 성장한다.

셋째, 믿는 힘이다. 사람은 자기가 믿는 대로 살아간다. 자신을 믿는 사람은 무너져도 다시 일어날 수 있다. 믿음은 흔들릴 때마다 다시 붙잡아주는 중심축이다. 아무리 외부 상황이 나빠도, 믿음이 흔들리지 않으면 다시 시작할 수 있다. 믿음은 근거가 없어도 좋다. '나는 할 수 있다', '이 또한 지나간다.'라는 긍정적 생각만으로도 충분하다. 행동과 선택이 달라지고, 결과가 바뀌기 때문이다. 믿음은 버팀목이다. 바람이 거세질수록 뿌리 깊은 나무가 살아남는다. 실패의 순간에도 '나는 끝나지 않았다', '이 또한 전환의 시작이다'라는 믿음을 품고 버틴 사람만이 티핑 포인트를 만든다.

임계점으로 인생을 새롭게 설계한 사람이 슈퍼 리파운더다. 그들은 아무도 인정하지 않았지만, 자신을 놓지 않았던 시간이 인생을 바꾼 것이다. 세상은 극적인 반전을 보며 감탄한다. 반전의 기적은 임계점이 오기 전까지의 나날들 속에 숨어 있다. 고통, 실패, 그리고 끝없이 흔들리던 마음. 그 모든 것을 견뎌내야지만 티핑 포인트는 찾아온다.

인생을 뒤집는 건 특별해지기 위해 견뎌온 평범한 날들이다. 그 시간이 자신을 단단하게 했고, 어느 순간, 가능성이 폭발했다. 누구에게나 그 순간은 온다. 다만 그때까지 버티고, 쌓고, 믿을 수 있는가의 싸움이다. 당신은 어떠한가? 기백 있게 맞설 자신이 있는가?

흔적을
기적으로 바꾸는 것이다

　나는 일용직 노동으로 매일 걷고 뛰었다. 병원과 약국을 제집처럼 드나들었지만, 그 흔적은 고통으로 끝나지 않았다. 버티고, 견디고, 다시 일어나며 변화를 만들었다. 그것이 내 기적이었다.

　인간의 삶의 궤적은 세 가지 형태다. 하나는 살아온 삶과 살아갈 삶 모두 흔적만 남기는 삶이다. 변곡점도 드라마도 없지만, 대신 잔잔하고 평범한 일상이 주는 소박한 행복이 있다. 매일 같은 시간에 출근하고, 아이들을 키우고, 작은 텃밭을 가꾸며 살아가는 평범한 사람들 삶이 그렇다. 특별한 것 없어 보이지만, 조용한 삶 속에서도 위대함이 느껴진다. 흔적이지만, 그것은 사랑의 흔적이고, 헌신의 흔적이다.

　두 번째 삶은 살아온 삶은 흔적이지만, 살아갈 삶이 기적인 경우다. 실패와 좌절, 고통의 흔적에서 인생의 방향을 완전히 바꾼 사람들이다. 미국의 권투선수인 제임스 월터 브래덕의 삶이 그렇다. 한때 그는 경기마다 승리를 거둔 떠오르는 유망주였지만, 부상으로 링 위의 챔피언에서 부두의 막노동자로 추락했다. 바닥에서 기회를 기다리며 챔피언 맥스 베어를 꺾고, '신데렐라맨'으로 불리며 기적을 썼다.

마지막 삶은 살아온 삶과 살아갈 삶이 모두 기적인 삶이다. 말 그 대로 삶 자체가 하나의 메시지이자 기적이다. 《허그》의 저자 닉 부이치치의 삶이 대표적이다. 팔다리 없이 태어났지만, 절망 대신 희망을 선택했다. 신체적 상실을 사랑으로 채웠다. 그의 삶은 태어날 때부터 지금까지 매 순간이 기적의 연속이다.

브래덕과 닉 부이치치의 삶은 각기 다르지만, 공통점이 있다. 그들의 흔적이 단순한 흔적에 머물지 않고, 기적으로 전환되었다는 것이다. 그런 점에서 인간은 흔적을 남기는 존재다. 말 한마디, 행동 하나, 어떤 선택의 결과든 인간의 삶에는 자국이 남는다. 환경에 휘둘리면서도 그 안에서 자기 삶의 궤적을 만들어 가기 때문이다. 인생을 살다 보면 실패, 상처, 후회라는 흔적이 남는다. 그런 자취는 과거의 종적으로만 머물러서는 안 된다. 의미를 다시 해석하고, 방향을 바꿀 때 그 흔적은 기적의 씨앗으로 바뀌기 때문이다. 사람은 누구나 실수하면서 배우고, 넘어지며 방향을 튼다. 그 모든 과정을 통해 자신의 존재를 조금씩 조각한다.

그렇다면 흔적을 기적으로 바꾸는 사람은 무엇이 다를까? 먼저 과거를 되돌아본다. 대부분 사람은 과거를 피하거나 외면한다. 실패한 기억, 상처받은 사건은 마음 한구석에 밀어두고, 꺼내보는 것조차 두려워한다. 잊는 것이 회복이라 믿는다. 반면 흔적을 기적으로 바꾸는 사람 과거를 마주하고, 고통 안에 숨겨진 의미를 해석해 낸다. '왜 나에게 그런 일이 벌어졌는가?'에서 멈추지 않고, '그 일이 나를 어디로 이끌고 있는가?'를 생각한다. 같은 일이지만 생각이

다르다. 달라진 생각에 삶의 방향도 달라진다. 과거를 자산으로 여기 때문이다. 똑같은 경험도 해석에 따라 결과는 달라진다. '그 일이 내 인생을 망쳤다'라고 생각지 않고 '그 일이 나를 다시 살게 했다'라고 생각하기 때문이다.

흔적은 누구에게나 남는다. 그것을 전환으로 만드는 일은, 오직 선택의 문제다. 누군가는 그것을 짐으로 끌고 다니고, 누군가는 그것을 씨앗으로 심는다. 변화는 아주 평범한 자리에서 시작된다. 무심코 지나친 상처나 작은 깨달음 하나, 오래 묵힌 후회의 한 조각에서 시작된다. 그걸 어떻게 다루느냐에 따라, 삶은 전혀 다른 이야기가 된다.

그리고 가능성을 찾는다. 현실이 아무리 암담해도, 그 속에서 한 줄기 빛을 찾는 사람에겐, 아주 작은 여지라도 기적의 단서가 된다. 모두가 불가능하다고 말할 때, '혹시'라는 가능성에 마음을 연다. 그것은 무모함이 아니라, 살아 있으려는 본능이다. 그리고 확신이 아니라 희망이다. 겨울 끝자락의 얼어붙은 가지에서도 언젠가 다시 잎이 피어날 것을 믿는 마음이다.

희망을 본 사람은 작고 미미한 변화의 신호도 놓치지 않는다. 작은 습관 하나를 바꾸고, 그 안에서 감정의 결을 읽어낸다. 말 한마디, 사소한 것까지 가능성의 씨앗이 되기 때문이다. 삶의 가능성은 남들 눈에는 아무 의미 없어 보이는 행동 하나에서도 보이기 마련이다. 그런 작고 소소한 순간들이 쌓이고 쌓여, 마침내 삶 전체를 뒤바꾸는 변화를 만든다.

삶의 흔적을 기적으로 바꾸는 사람은 '가능성의 근육'을 가진 사람이다. 남들이 포기한 자리에서 다시 시작하고, 불가능해 보이는 곳에서 가능성을 꺼내 든다. 그들은 불리한 시작이 불행한 결말로 이어지지 않는다는 것을 증명해 낸다.

마지막으로 행동한다. 아무리 좋은 생각과 가슴을 울리는 통찰도, 행동으로 옮기지 않으면 아무 일도 일어나지 않는다. 깨달음만으로 삶은 바뀌지 않기 때문이다. 깨달음은 발바닥으로 옮기고, 손끝으로 펼쳐낼 때 변화가 시작된다. 흔적을 기적으로 바꾸는 사람은 실패를 두려워하기보단, 멈춰 서 있는 자신을 더 두려워한다. 내일을 바꾸는 건 언제나 오늘의 행동이라 생각하기 때문이다.

나는 그걸 몸으로 배웠다. 절망의 끝자락에 서 있을 때, 몸을 움직이고, 어제보다 단 1밀리미터라도 나은 선택을 하는 것이었다. 그런 하루를 반복했다. 늘 무거운 배달 박스를 들어 올리고, 같은 길을 걷고, 항상 피로 속에서 하루를 마감했지만, 매일 한 걸음씩 앞으로 나아갔다. 그 행동이 쌓여 내 삶을 바꿨다.

얼마 전에 읽은 장영희 작가의 《살아온 기적 살아갈 기적》이란 책에는 "그렇게 야단법석 떨지 마라. 애들은 뼈만 추리면 산다. 아무리 운명이 뒤통수를 쳐서 살을 다 깎아 먹고 뼈만 남는다 해도 울지 마라. 기본만 있으면 다시 일어날 수 있다. 살이 아프다고 징징대는 시간에 차라리 뼈나 제대로 추려라. 그게 살길이다."라는 글이 있다. 이 문장을 "인생 망했다고 야단법석 떨지 마라. 바닥이라도 포기만 하지 않으면 산다. 아무리 운명이 뒤통수를 쳐서 살을 다 깎아 먹고 뼈만 남는다 해도 울지 마라. 힘만 있으면 다시 일어날 수 있다. 살이 아프다고 징징대는 시간에 차라리 움직여라. 그게 살길이다."라고 바꿔도 여전히 의미심장하다.

기적은 스스로 일으켜 세운 사람에게만 찾아온다. 인생을 전환한 사람은 흔적을 흘려보내지 않는다. 흔적을 돌아보고, 꿰매고, 다시 엮어 새로운 이야기로 바꾼다. 그 흔적이 변환되는 순간, 삶은 완전히 다른 차원으로 전환된다. 인생 전환은 지나온 길에 남긴 수많은 흔적이 빚어낸 조용한 혁명이다. 나는 그 혁명을 통과하며 지금의 나로 서 있다.

당신도 혹시 지금 인생의 한가운데서 버티고 있는가? 흔적은 누구에게나 남는다. 그것을 기적으로 바꿀지는 선택의 문제다. 지금 당신이 그 선택을 한다면, 흔적도 찬란한 삶으로 변환될 수 있다.

고정관념을 깨는
강력한 충격이다

　연주하지 않은 연주를 했다면 어떨까? 음악 없는 음악을 들었다면 어떤 생각을 할까? 하지도 않은 연주를 했다고 우기면 관객들은 야단법석을 떨면서 낸 돈을 돌려달라고 하지 않을까? 오래전에 어느 클래식 공연에 초대된 적이 있었다. 피아니스트가 아무 연주 없이 피아노 앞에 앉아 있다가 퇴장해 버렸다. 그런데 여기저기서 박수가 터져 나왔다. 심지어 클래식 음악 평론가가 등장해서는 잘 들으셨냐고 한다. 내가 들은 거라고는 약간의 웅성거림과 연주자의 발소리뿐이었다. 클래식에 문외한 나로서는 무척 당황스러웠다. 연주란 악기를 다루어 곡을 표현하거나 들려주는 일이다. 그 사실은 누구나 알고 있다. 알법한 그 진실이 무너져 버렸으니 어이없는 것은 당연하다. 뒤늦게 안 사실이었지만 그 연주곡이 존 케이지의 피아노 연주곡인 '4분 33초'라는 것을 알게 되었다. 악보에는 음표도 없이 1952년 독일의 현대 음악제에 등장했다. 이후 유럽 음악계를 흔들어 놓았다. 존 케이지는 "고요한 침묵 사이 청중에게 전달된 온갖 잡음과 미세한 소리조차 모두 음악이다."라고 말했다. 이 연주는 음악의 고정관념을 완전히 뒤엎으며 클래식 애호가들에게 강한 충격을 주었다.

　사람은 고정관념에 쌓인 것을 아무 의심 없이 당연한 것으로 믿는다. 왜일까? 고정관념은 사람에게 편안함을 준다. 생각해야 할 수고를 덜어주기 때문이다. 익숙한 틀 안에서 세상을 해석하고 판단하면, 일일이 머리 쓸 필요가 없다. 그 결과 자신이 가진 고정관념 안에서 생각하고, 행동한다. 만약 고정관념이 무너진다면, 세상이 낯설어지고 혼란스러워진다. 새롭게 생각하고, 다르게 행동해야 하기 때문이다. 고정관념을 깨는 건 고통스럽다. 이 때문에 사람은 본능적으로 고정관념을 지키려 한다. 문제는, 세상을 살다 보면 내가 믿어온 것과 정면으로 충돌하는 정보들을 만나게 된다. 그럴 때 사람은 어떻게 반응할까? 상식적으로 생각하면, 고정관념을 수정해야 한다. 그런데 실제로는 그렇지 않다. 대부분은 고정관념을 더 고착하게 만든다. 고정관념과 맞지 않는 정보는 아예 무시해 버린다. 고정관념이 고집이 되는 이유다. 아집이 된 고정관념은 행동과 사고를 왜곡해 가두는 감옥이 된다.

　영국의 철학자 프랜시스 베이컨은 인간이 세상을 제대로 인식하지 못하게 하는 네 가지 편견을 '이돌라(Idola)'라고 불렀다. "인간은 자신만의 좁은 세계, 습관, 언어, 문화에 갇혀 현실을 왜곡해 받아들인다." 그의 말이다. 자신도 모르게 주입된 사고의 경험을 통해 얻은 지식이 일반적인 지식처럼 여겨져 고정관념을 형성해 진실을 가린다는 것이다.

　대서양 연안에서 잡히는 청어는 아주 예민한 생선이다. 잡은 직후부터 조금만 관리를 잘못해도 쉽게 죽어버린다. 어부들은 청어를 신선하게 항구까지 운반하기 위해 여러 방법을 고민했다. 하지만 아무리 좋은 저장 장비를 써도, 청어는 대부분 죽은 채로 도착했다. 그런데 한 어부가 기발한 방법을 썼다. 청어를 싱싱하게 살려 두기 위해, 물탱크 안에 청어의 천적인 메기 한 마리를 넣은 것이다. 이 작은 충격이 놀라운 결과를 만들었다. 메기를 피해 끊임없이 몸을 움직이던 청어들은 긴장 속에서도 끝내 살아남아 항구에 도착했다. 살아남기 위해 몸부림친 그 긴장이 청어를 살린 것이다. 이 이야기는 아놀드 토인비가 즐겨 쓰던 예화 중의 하나다. 고정관념을 깨는 것이 얼마나 중요한가를 잘 설명해 주는 얘기다.

고정관념은 단순한 편견이라 생각하지만, 아니다. 사고의 기본 틀을 만드는 강한 동기다. 형성된 관념의 틀은 때로는 인생을 좌우한다. 틀을 깨지 않으면 새로운 경험과 지식을 얻을 수 없다. 알고 있는 체험만으로는 인생이 달라질 수 없기 때문이다. 실패한 사람은 새로운 경험으로 틀을 깨야 좌절을 극복할 수 있다. 그런데도 '실패는 끝'이라는 고정관념 때문에 더 이상 일어설 가능성도 없다고 믿는다. 좌절은 성장의 과정이다. 넘어졌다는 것은 걷고 있었다는 증거다. 고정관념은 이 단순한 진리를 가린다. 실패를 경험한 사람은 현실보다 더 깊은 절망 속에 빠지는 이유다. 좌절 자체보다 '나는 패배자'라는 고정관념이 사람을 짓누르기 때문이다. 이런 까닭에 인생을 전환하는 것은 어렵다. 실패 그 자체보다, 실패에 대한 잘못된 해석과 고정된 믿음이 굳어져서 그렇다.

인생을 전환하는 사람과 그렇지 않은 사람의 차이는 크지 않다.

고정관념을 깨느냐 깨지 못하느냐에 달려 있다. 삶을 역전시키는 사람은 기존의 틀을 의심한다. "왜 그래야만 할까? 다른 방법은 없을까?"라며 방안을 다양하게 찾는다. 반면 좌절에 굴복하는 사람은 기존의 틀을 신봉한다. 의심하지 않는다. 고정관념을 진리처럼 믿는다. 새로운 삶을 살고 싶다면, 먼저 낡은 생각부터 부숴야 한다. 어제까지 나를 지탱해 주던 믿음들이 어느새 발목을 잡고 있다는 사실을 인정해야 한다. 실패는 끝이라는 생각과 변화는 위험하다는 두려움, 자기 부정. 이 모든 관념이 인생을 바꾸는 데 가장 큰 걸림돌이다.

전환은 환경이 아니라 내면의 생각이 바뀌었을 때 일어난다. "나는 할 수 없어."라고 믿던 사람이 "나는 다시 시작할 수 있다."라고 믿기 시작할 때 비로소 인생은 다른 길로 접어든다. 고정관념을 깨는 일은 쉽지 않다. 익숙한 것을 버려야 하고, 자신이 만든 한계를 넘어야 한다. 어렵지만 고착된 생각을 바꾸어야 한다. 깨진 틈으로 빛이 들어오듯, 무뎌진 생각의 전환이 없으면, 아무리 좋은 기회가 와도 사람은 다시 제자리로 돌아간다.

네 가지 일을 동시에 하겠다고 했을 때 주위에서 "하루에 여러 가지 일을 할 수 없어! 한 가지 일에만 전념해."라고 말했다. 창업하면서 다양한 업을 동시에 가졌을 때도 한 가지 일에만 몰두하라는 전문가들의 충고도 있었다. '재주가 여러 방면으로 많은 사람은 한 가지 재주만 가진 사람보다 성공하기 어렵다.'라는 관념 섞인 말이 있어서다. 한 가지 일에 숙련된 사람이 성공한다는 말에는 동의한다. 실패로 인한 인생을 역전시키기 위해서는 통념 섞인 방법으로는 해결하기 어렵다. 상식 이상의 방법으로 수습해야 한다. 가능성은 늘 내 생각보다 크다. 낡은 틀을 깨야만, 밑바닥 인생을 뒤집을 수 있기 때문이다.

고정관념을 깨기 위해서는 밑바닥이 최고의 기회다. 무너진 자리에서야 비로소 인생이 새로 시작될 수 있기 때문이다.

실패를 받아들이는 용기다

영화제작자인 토드 벨메르는 "두려움에 맞서는 것, 그것이 용기다. 아무것도 두려워하지 않는 것, 그것은 어리석음이다."라는 말을 했다. 작가인 얼 나이팅게일도 "용기는 상황을 나은 쪽으로 변화시킨다. 용기가 있으면, 예상하거나 바랐던 것보다 두 배 혹은 세 배, 네 배의 시간이 걸린다는 사실을 깨달아도, 포기하지 않고 성공할 때까지 전념할 수 있다."라고 말한다. 동양의 유교에서도 인간이 갖춰야 할 덕목 중에 용(勇)을 강조한다. 동서고금을 뛰어넘어 인생에서 중요한 덕목 중 하나가 용기다. 두려워도 무엇을 이루려고 노력하는 용기만 있다면 인생을 더 나은 쪽으로 변화시킬 수 있다.

원래 용기(courage)의 어원은 라틴어 심장(cor)에서 유래했다. 이는 진정한 용기란, 마음 깊이 믿는 바를 행동으로 실천하는 데서 비롯된다는 뜻이다. 그런 의미에서 용기는 '소신'과도 맞닿아 있다. 주변의 평가나 외부의 압력에도 흔들리지 않고 자기 신념을 지켜내는 사람을 '용기 있는 사람'이라 한다. 결론적으로 용기는 삶의 가치를 잡아주는 중요한 중심축이다.

그렇다면 나는 지금 용기를 내고 있는가? 삶에 허덕거리며 소신

없이 살고 있지는 않은가? 이런 사람들에게 신학자인 폴 틸리히는 "용기란, 존재하고자 하는 의지를 끝까지 견디는 힘이다. 절망과 두려움 속에서도 자기 존재를 포기하지 않는 태도, 그것이 진정한 용기다."라고 얘기한다. 따라서 용기는 단순한 담대함이 아니라 끝까지 자신으로 존재하려는 내면의 결단이다. 그 결단은 실패한 사람들에게는 존재의 용기로 이어진다.

폴 틸리히는 어떤 유혹과 협박이 있어도 존재하는 용기, 그것이 믿음이라고 강조했다. 외부의 평가나 세상의 기준에 흔들리지 않고, 가슴에서 울리는 목소리를 따라 행동하는 사람은 많지 않다. 깊은 두려움과 절망 속에서도 자신을 포기하지 않고 나아가는 태도는 절대 쉽지 않기 때문이다. 실패한 사람이 용기를 가지기 어렵게 만드는 이유다.

실패는 존재 자체를 의심하게 만드는 사건이다. 단 한 번의 실패에도 자존감을 잃고, 자기 확신에 금이 간다. 자기 확신이 무너지면 삶의 방향과 의미마저 흔들린다. 실패 이후의 용기는 폴 틸리히의 주장처럼 상처 입은 자신을 다시 믿는 행위다. 부정당한 존재를 다시 긍정하는 일이니 어려운 것은 당연하다. 그 지점에서, 용기를 내야 한다. 그곳은 실패한 사람에게는 존재의 복원이자 자기의 회복의 지점이기 때문이다. 그 위치에서 새로운 비상(飛翔)을 위한 첫걸음을 떼야 한다. 그래야 삶을 재창조할 수 있다. 삶의 재창조는 지금까지의 내 삶을 지배해온 운명에서 스스로 창조하는 운명으로의 변신이다. 자기 극복을 통해서 자기 창조를 이룩해야 변화의 삶을 살 수 있기 때문이다.

인생을 반전시키는 길은 장애물이 없는 탄탄대로가 아니다. 건너기 어려운 다리와 넘어서기 쉽지 않은 장벽도 있다. 좌절 앞에서 시련을 견디지 못하는 사람, 역경으로 모든 것을 포기하고 노력도 하지 않는 사람, 모든 것이 두려워 숨어버린 사람은 결코 변화를 이루어낼 수 없다. 바로 그때 용기가 필요하다. 여기에는 낡은 나를 과감하게 몰락시킬 수 있는 용기도 포함된다. 과거의 나에 집착하지 않기 위해서 나를 버릴 수 있어야 한다. 그래야 더 강한 나로 변신할 수 있다. 스스로 자신을 불태울 용기가 없다면 새로워질 수 없다. 내가 변하지 않으면 삶도 변하지 않기 때문이다.

인생이 밑바닥까지 내려갔다는 건, 이제부터 무엇이든 가능하다는 뜻이다. 바닥이 용기를 가질 수 있게 자기 잠재력을 끄집어내기에 가장 좋은 장소다. 어떤 사람은 자기 잠재력을 100퍼센트 이상 끄집어내어 세상에 펼쳐놓지만, 좌절한 사람은 단 1퍼센트만 끄집어내어도 의미 있는 변화가 일어난다. 이 때문에 실패는 가능성의 시작이다. "그대들이 큰일을 이루지 못했다고 해서 곧 실패인가? 그대들이 실패작이라고 해서 인류 자체를 실패작이라고 말할 수 있는가? 인류 자체가 실패로 판명되었다고 해도 좋다! 자! 높은 종에 속할수록 성공하는 경우가 그만큼 드물다. 지체가 높은 인간들이여. 그대들 모두는 실패작이 아닌가? 그것은 무슨 문제인가. 용기를 잃지 마라! 얼마나 많은 것이 아직도 가능한가! (……) 그대들 내부에서 인류의 미래가 분투하고 있지 않은가?"라는 니체의 말을 명심해야 한다. 실패한 사람의 잠재력과 힘을 절대 과소평가하지 말아야 한다.

인생 홀로 내팽개쳐 처진 신세가 되어버린 환경에서 고군분투하면서 생긴 힘이 바로 '용기'다. 애초부터 용기가 있어서 두려움에 맞설 수 있었던 것은 아니다. 엎치락뒤치락하면서 생겨난 힘이다. 자기 앞에 놓인 외나무다리를 과감하게 건너는 과정에서 생긴 능력이다. 어둠을 밝히려면 먼저 그 안으로 들어가야 하는 것처럼 두려움을 극복하는 유일한 방법은 두려움에 들어가 맞서는 것이다. 정면으로 맞서는 자신감 위에 용기가 만들어지기 때문이다.

나 역시 그랬다. 실패 앞에서 두려움에 맞설 엄두조차 나지 않았다. 수억 원에 이르는 채무, 오랫동안 가장으로서 감당하지 못한 책임, 앞날을 가늠할 수 없는 막막함이 나를 짓눌렀다. 현실을 마주하기보다 피하고 싶어 거리로 나섰다. 거리에서의 삶은 생각보다 훨씬 차가웠고, 그만큼 두려움도 깊어졌다. 어느 순간부터는, 실패한 사람이 왜 삶을 포기하게 되는지 알 것 같았다. 자신을 잃어버린 채 절망의 바다 밑에서 허우적대고 있었다. 그 밑바닥에서 발버둥 치며 다시 올라가기 시작했다. 하루 절반 이상을 고된 노동을 하면서도 버틴 것은, 다름 아닌 다시 살고 싶다는 의지 하나였다. 그렇게 하나씩 견뎌낸 시간은 '용기'라는 이름의 힘으로 응축되었다. 이제 그 용기는 단지 인생을 변화시킨 힘에 머무르지 않는다. 고난을 이겨낸 회복력이 되어 실패를 받아들일 용기마저 생겼기 때문이다.

시나리오 작가 앰브로스 레드문은 "용기는 두려움이 없는 것이라기보다는 두려움보다 더 중요한 다른 무언가가 있는지 판단하는 것이다."라고 말했다. 나는 '더 중요한 무언가'를 '실패를 받아들일 마음'이라 생각한다. 그래서 이 말을 "용기는 두려움이 없는 것이라기보

다는 두려움보다 실패를 받아들일 마음이 있는지 판단하는 것이
다."라고 바꿔 말하면 더 비범해진다.

영화 〈밀리언 달러 베이비〉에 "권투는 너무나 힘든 스포츠야. 네
몸을 망가뜨리고 코뼈도 부러뜨리지, 그러나 네가 그 고통을 무서워
하지 않고 '즐기기만' 한다면 너의 몸에서는 신비한 힘이 솟아날 거
야."라는 대사가 있다. 이 말은 실패와 고통에서 나오는 힘이 용기라
는 것이다. 수없이 쓰러져도 끝내 일어나 다시 맞설 힘, 그것이 용기
다. 용기 있는 선수가 챔피언 벨트를 허리에 찰 수 있다. 챔피언이
되기 위해서는 좌절을 받아들이고 끝까지 싸워야 한다. 승자가 되
기 위해서는 기술이나 힘보다, 포기하지 않는 의지와 자신을 믿어야
한다. 쓰러지는 건 자연스러운 일이다. 다시 일어서는 게 힘든 일이
다. 따라서 권투는 실패를 받아들이는 스포츠다.

많은 사람은 새로운 삶의 변화를 원한다. 생각 외로 중도에 포기
하는 경우가 많다. 믿음이 부족해서다. 기어이 끝까지 해내고자 하
는 끈질긴 믿음이 강해야 한다. 그런 믿음이 불가능을 가능하게 만
드는 남다른 용기를 만들어주기 때문이다.

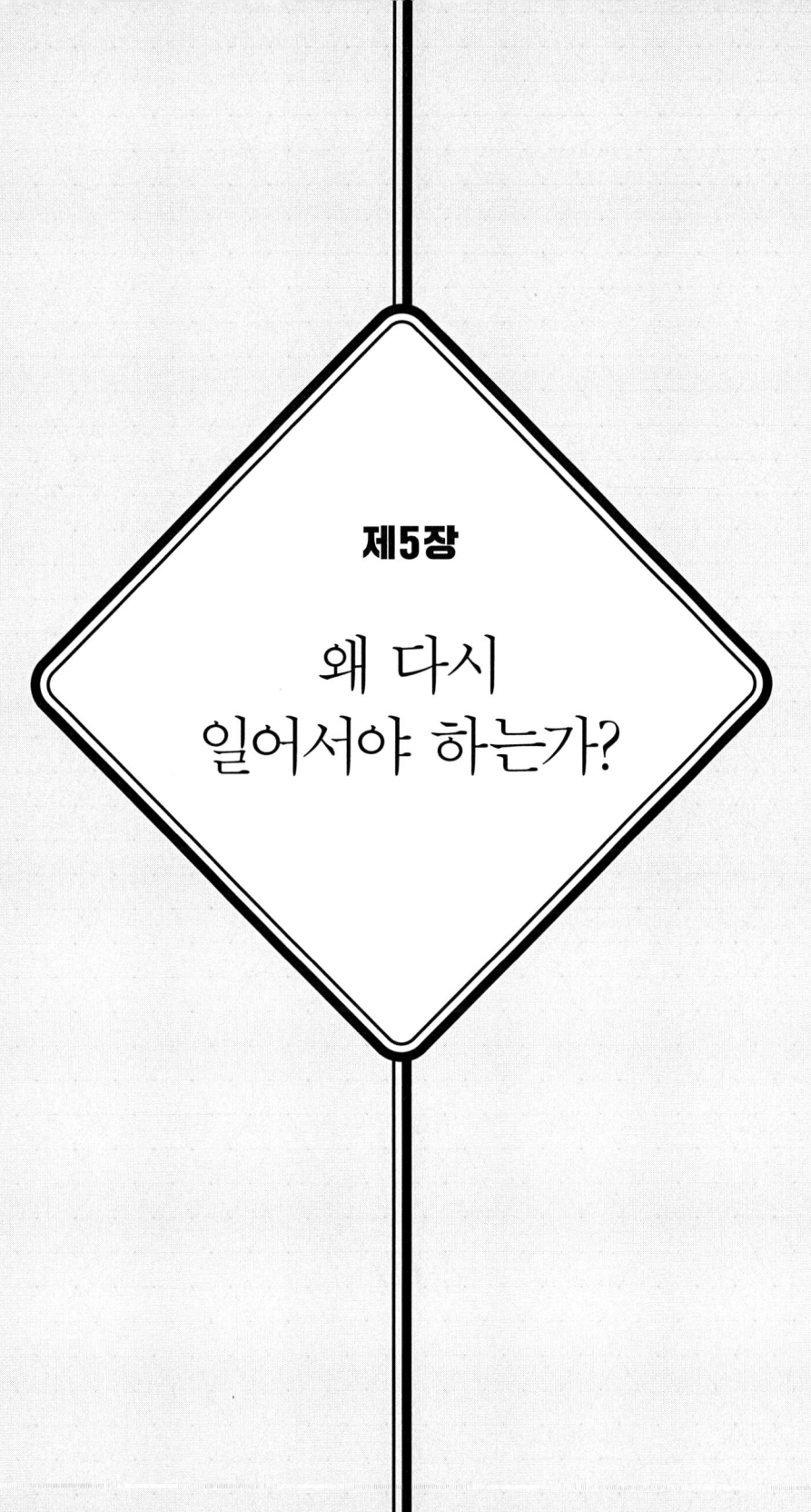

제5장

왜 다시
일어서야 하는가?

끝에서
다시 시작하기 위해

유시자필유종(有始者必有終)이라는 말이 있다. '시작이 있으면 반드시 끝이 있다.'라는 뜻이다. 모든 것에는 시작과 끝이 있다. 우로보로스(Ouroboros)는 그리스 신화에 등장하는 상상의 동물이다. 자기 꼬리를 물고 있는 뱀의 형상을 하고 있다. 둥근 모양의 형상은 탄생과 죽음, 창조와 소멸을 뜻하지만 '끝과 시작'이라는 의미도 있다. 흔히 사용하는 관용어도 마찬가지다. '유종의 미를 거두다'는 끝이 아름답고 만족스러운 완성으로 쓰인다. 반면 '끝장난다', '끝을 보다'는 파멸과 좌절을 뜻한다. 어떤 표현으로 쓰이느냐에 따라, 끝은 성공과 완성의 시작이 되기도 하고, 모든 것이 붕괴하는 끝이 되기도 한다.

바다의 끝은 육지의 시작이다. 육지의 끝은 바다의 시작이다. 겨울의 끝은 봄의 시작이다. 밤의 끝은 아침의 시작이다. 모든 것은 끝과 시작의 반복이다. 끝은 종결이자 시작이다. 끝이 없다면 시작도 없다. 끝이라고 생각하는 순간 연결된 고리를 발견하기도 한다. '끝'이라는 단어에는 희망과 절망이 공존한다.

잭 캔필드는 자기 계발 코치다. 그가 어느 날 일을 퇴근 중 근처 공원에 들렀다. 그곳에서 아이들은 야구를 즐기고 있었다. 한 아이에게 점수를 물었다. 아이가 웃으며 14:0으로 지고 있다고 답했다. 웃으며 답하는 아이의 표정을 보고 의아해하며 다시 이렇게 물었다. "이제 한 경기밖에 남지 않았는데 별로 절망적이지 않아 보이는구나!" 아이의 답은 뜻밖이었다. "아니요! 왜 우리가 절망적이어야 하는 거지요? 우린 아직 한 번도 제대로 공격도 안 했고, 이제 시작인데요." 9회 말에 한 경기만 남은 상황에서 큰 점수로 지고 있는 상황이면 누가 봐도 그 경기는 하나 마나 한 경기다. 게임은 이미 끝났다. 그런데 아이의 말은 한 경기가 남아 있으니, 끝이 아니라는 거다. 더 이상 안 될 것 같은 지점인 끝에서도 포기만 하지 않는다면 더 나은 경기의 시작이 될 수 있다는 희망으로 받아들인 것이다.

레지나 브렛은 생의 끝자락에서 다시 시작되었다. 그녀는 오하이오에서 발행되는 신문 '플레인 딜러'의 칼럼니스트로 40대 초에 유방암 진단을 받았다. 기자이며 한 아이의 엄마로서 그녀의 인생은 절망적 그 자체였다. 항암제로 버텨야 했던 날들은 생의 '끝'처럼 보였다. 두려움과 상실감 속에 놓였지만, 그 시간을 인생의 새로운 장으로 바꾸겠다고 마음먹었다. "내 인생의 끝이라 여겼던 그 순간들이 나를 다시 살게 했다." 그녀의 말이다. 암은 그녀의 인생 마지막 지점에서 새로운 시작의 전환점을 맞게 한 기폭제가 되었다.

나 역시 삶의 끝에서 다시 시작했다. 엄청난 양의 노동 강도는 건

강마저 위협했다. 하루 4시간의 잠만 허락했으니 그럴 만도 했다. 바닥부터 다시 시작하는 것은 힘들었다. 척박한 환경에서 다시 일어서겠다고 발버둥 치는 일은 누구에게나 똑같이 힘든 일이다. 좌절로 바닥 밑까지 떨어진 사람에게는 그 힘듦은 더 크다. 큰 힘겨움을 어떡하든 감내해야만 했다. 극복할수록 두려움은 사라졌다. 더 잃을 게 없었기 때문이다. 모든 것을 잃으면 가벼워진다. 삶에서 무거운 짐을 덜어내면 무서울 게 없다. 그때가 가능성을 들어올리기에 좋은 기회다.

나는 어느 대학 강연에서 "끝은 과거의 방식이 더 이상 작동하지 않음을 알게 되는 순간이고, 끝의 끄트머리는 새로운 방식을 시도할 최고의 기회다."라는 말을 했다. 내가 끝을 '인생의 리셋 버튼이다.'라고 생각한 이유다.

누구나 맨 끝에 다다르면 모든 것이 끝났다고 여긴다. 더 이상 갈 곳이 없고, 돌아갈 길도 없다고 생각하기 때문이다. 인생을 전환한 사람은 '맨 끝'에서 전환점을 찾아낸다. 시작을 위한 가장 좋은 조건은 무너지고 아무것도 남지 않았을 때다. 그때 시작은 더 강력해진다. 그제야 자신을 다시 치켜세울 수 있다.

맨 끝은 맨 앞이다. 거기서부터 비로소 나만의 길, 이전과는 다른 삶의 궤도가 시작된다.

이문재 시인의 관련된 시 하나를 소개한다.

지금 여기가 맨 앞

나무는 끝이 시작이다.

언제나 끝에서 시작한다.

실뿌리에서 잔가지 우듬지

새순에서 꽃 열매에 이르기까지

나무는 전부 끝이 시작이다.

지금 여기가 맨 끝이다.

나무 땅 물바람 햇빛도

저마다 모두 맨 끝이어서 맨 앞이다.

기억 그리움 고독 절망 눈물 분노도

꿈 희망 공감 연민 연대도 사랑도

역사 시대 문명 진화 지구 우주도

지금 여기가 맨 앞이다.

지금 여기 내가 정면이다.

　

무엇이든 언젠가 끝에 도달한다. 끝을 두려워하는 이유는 익숙한 것을 잃고, 불확실한 세계 앞에 놓여서 그렇다. 그럼에도 끝은 가능성이 있는 지점이다. 무언가를 잃는 것이 아니라, 다시 채울 수 있는 위치다. 새로운 시작은 '끝났다'라는 절망 속에서 열린다. 자신이 무너졌을 때 비로소 단단한 땅이 발밑에 있다는 걸 알게 된다.

당신은 지금 바닥에서 허우적대고 있는가? 그 자리, 바로 시작점이다. 인생을 전환하기 위해서는 끝을 맨 앞으로 옮겨야 한다. 그곳이 새롭게 시작할 수 있는 지점이 되기 때문이다.

영감을 주는
사람이 되기 위해

겉으로 보면 벗겨진 머리, 주름진 얼굴, 시대에 뒤처진 정장. 그 속에는 세월이 빚은 품격이 숨어 있다. 늘 정시에 출근하고, 책상은 단정하며, 상대의 말을 들을 때는 온전히 집중한다. 동료에게는 친절하고, 어려움에 처한 이에게는 말없이 곁을 지킨다. 영화 〈인턴〉 속 70세 인턴 벤의 모습이다. 마지막 장면, 관객 중 누군가가 나지막이 말한다. "저 사람처럼 살고 싶네."

"저 사람처럼 살고 싶다." 그 어떤 좋은 감탄사보다 강한 영감을 주는 말이다. 누군가에게 그런 말을 듣는 삶은, 단지 성공을 넘어서 영향력 있는 삶이라는 뜻이다. 타인이 나를 평가하는 기준을 넘어서, 나의 삶을 동경하게 되는 순간 변화는 일어난다. 삶은 자기실현을 향한 과정이기 때문이다. 가장 높은 자기실현은, 누군가에게 길이 되는 것이다. 주위에 성공한 사람은 많다. 그러나 살아온 방식이 타인에게 모범이 되는 사람은 드물다.

자기실현은 나답게 사는 것을 넘어서, 나로 인해 누군가의 삶이 바뀌는 것이다. 많은 사람이 자기실현을 '내가 하고 싶은 일을 하는 것'이라고 생각한다. 맞는 말이다. 하고 싶은 일을 하며 살아가는 것만큼 좋은 삶도 없다. 그런데 거기서 멈춘다면, 그 삶은 '나를 위한 삶'에 그친다. 자기실현의 가장 깊은 차원은 '타인을 위한 확장'이다. 존재만으로도 누군가에게 위로가 되고, 자극이 되고, 살아있는 본보기가 되는 것이다. 그것이 진정한 자기실현이다. 그런 사람은 어떤 자리에 있어도 흔들리지 않는다. 말보다는 태도로 말한다. 결과보다는 과정으로 증명한다. 조용하지만 분명하게 영향을 미친다. 그 앞에 서면 '나도 저렇게 살고 싶다'라는 생각이 저절로 든다. 그건 설명할 수 없는 매력이고, 따라잡을 수 없는 품격이다. 철학자 칸트는 말했다. "인간은 그 자체로 목적이어야지, 수단이 되어서는 안 된다." 존재 자체가 존중받아야 한다는 뜻이다. 자기실현이란, 나를 수단 삼아 성공하려는 것이 아니다. 나라는 존재를, 있는 그대로 목적화하는 삶이다. '자기실현'이 얼마나 실용적이고, 고귀한 일인지를 몸소 보여주어야 한다. 그래야 타인들에게 영감을 줄 수 있다.

김창옥 교수가 그런 사람이다. 난 그의 책을 모두 읽었다. 수많은 강연도 챙겨봤다. 심지어 강연을 직접 듣기도 했고, 사석에서 만나기도 했다. 그의 강연은 웃음과 눈물도 있지만 진정성 있다. 그래서 청중들은 처음엔 재미있어서 앉고, 끝에는 가슴이 먹먹해져서 일어선다. 그가 전하는 메시지는 어렵지 않다. 오히려 너무 일상적이어서 듣는 이는 자기 자신을 투영한다. 내면의 소리를 꺼낼 줄 아는 사람이다. 강연장에서 "교수님처럼 살고 싶어요."라는 얘기가 많이 나오는 이유다. 강사의 기술을 넘어, 살아온 태도에 대한 존경이다. 그는 단지 말만 잘하는 사람은 아니다. 말을 통해 마음을 꺼내게 하는 자기실현의 교역자다.

그의 저서 《유쾌한 소통의 법칙 67》에 고 김수환 추기경의 일화 속 이야기도 같은 맥락이다. 고 김수환 추기경이 선종하기 전, 어떤 이에게서 이런 질문을 받았다고 한다. "추기경님, 모든 사람은 죽는데 사람의 죽음이라는 것은 무엇입니까? 그리고 어떻게 해야 잘 죽는 것입니까?" 이 질문에 그는 "죽어서 하늘의 별이 되는 것입니다. 그래서 사람들이 어떻게 살아야 할지 모를 때, 사람들의 방향이 되어주는 것입니다. 부모는 자식의 스타입니다. 그리고 선조들은 후세대의 스타가 되어야 합니다. 스타가 되라는 것은 인기 있는 연예인이 되라는 말이 아닙니다." 여기서 말하는 스타는 영감과 방향을 제시해 주는 사람이다.

나에게도 그런 별 같은 존재가 있다. 바로 어머니다. 어머니는 위암으로 세상을 떠나시기 전, 내 이마에 입맞춤하며 "후회 없는 삶을 살았다."라고 말씀하셨다. 30대 이혼녀라는 무게, 세 아이의 엄마라는 책임 속에서도 늘 당당했다. 새벽마다 채소 공판장에서 일하고, 좌판에서 생선을 팔며, 춤 선생으로도 일했다. 고된 노동 속에서도 기죽지 않았고, 자식들 또한 어디에서도 주눅 들지 않게 키우셨다. 작은 부엌은 어머니의 강연장이었고, 낡은 앞치마는 그분의 인생 수의였다. 그렇게 묵묵히 살아낸 삶이 나와 가족에게 길이 되었다. 나는 임종의 순간 속삭였다. "엄마, 사랑합니다. 당신처럼 꿋꿋하게 살겠습니다."

"당신처럼 살고 싶어요." 이 말 속에는 존경, 신뢰, 살아낸 세월에 대한 찬사가 담겨 있다. 우리는 모두 누군가에게 영향을 미친다. 긍정적이든 부정적이든, 우리가 어떤 태도로 살아가는지는 누군가의 인생을 결정짓는 하나의 기준이 되기도 한다. 나에게는 그런 삶을 보여준 한 사람이 바로 어머니다.

슈퍼 리파운더는 태도로 말하는 사람이다. 그들은 결과보다 과정을, 성공보다 자세를 더 중시한다. 겉보기엔 평범할 수 있으나 내면은 단단하다. 넘어져도 체면을 걱정하지 않고, 다시 일어날 방법부터 찾는다. 흔들릴 수는 있어도 무너지지 않는다. 내가 말하는 슈퍼 리파운더는 거창한 개념이 아니다. 포기하지 않는 습관, 책임지는 태도, 성찰하는 자세 같은 작은 태도들이 모여 철학이 되고, 인격이 된다. 위기를 단순히 버틴 사람이 아니라, 그 속에서 삶의 방식을 바꾼 사람. 그리고 그 변화가 자신을 넘어 타인에게 빛이 되는 사람. 그들이 바로 슈퍼 리파운더다.

인생의 가장 높은 자기실현은 나와 다른 사람에게 영감을 주는 삶을 사는 것이다. 당신은 지금 누군가에게 어떤 흔적을 남기고 있는가? 그리고 언젠가 누군가가 당신을 바라보며 이렇게 말하길 바라는가?

"나도 저 사람처럼 살고 싶다."

남은 인생
후회 없이 살기 위해

"작비금시(昨非今是)"라는 말이 있다. 어제는 틀렸지만, 오늘은 다르다는 뜻이다. 늦었다고 느낄 때가 빠른 시작이다. 포기하지 않고 결심하면 인생은 언제든 새로 쓸 수 있다. 믿음이 사람을 바꾸기 때문이다. 춘추시대 위나라의 거백옥은 쉰 살에 삶을 돌아봤다. 그리고 깨달았다. 지난 49년 인생이 잘못되었음을 후회했다. 그는 그 순간, 남은 삶을 다시 살기로 결심했다. 생각도, 태도도, 삶의 방식도 전부를 바꿨다. 그렇게 50부터의 인생을 새로 시작했다.

리처드 로어 신부는 "두 번째 인생은 첫 번째 인생이 끝났다고 느낄 때 시작된다."라는 말을 했다. 살다 보면 더는 예전처럼 살 수 없다는 순간이 찾아온다. 그동안 쌓아온 것이 무너지고, 삶의 방향이 틀어지고 나서야 '이렇게 살아도 괜찮은가?'라고 생각한다. 지금의 삶이 달라져야 한다는 생각이 들 때, 그 순간 후회가 밀려온다. 변화는 바로 그때 시작된다.

"후회해야, 후회하지 않게 된다." 역설적인 말이다. 이 말은 "깊이 후회해 본 사람만이, 후회하지 않는 길을 선택한다."라는 뜻이다. 그러나 많은 사람은 후회를 외면한다. 외면한 감정은 사라지지 않는다. 오히려 다른 모습으로 찾아와 자신을 흔든다. 본능적으로 후회를 두려워하는 이유다.

쇼펜하우어는 "인간은 고통을 통해 철학을 얻는다."라고 말했다. 후회는 고통이다. 고통 없이는 삶의 방향이 바뀌지 않는다. 무너지지 않으면 버티는 힘을 얻을 수 없기 때문이다. 후회의 고통은 아프지만, 거쳐야 하는 과정이다. 후회해야 결심이 더 단단해져 오늘을 바꾸고, 내일을 새롭게 만든다. 그런 점에서 후회는 삶을 정화하는 불꽃이다. 통렬한 감회의 불길이 스쳐 간 자리엔, 더 단단해진 자신이 남는다.

인생은 연극처럼 대본이나 리허설 같은 것은 없다. 그래서 "인생은 한 번뿐이다"라고 말한다. 단 한 번의 인생도 언제든지 수정은 가능하다. 어떻게 살았든, 삶을 다시 시작할 수 있다. 인생을 바꾸기 위한 조건이 있다. 현실에 안주하지 않겠다는 후회의 결심이 있어야 가능하다.

경영 멘토로 참여할 때 같은 멘토로 참여 중인 클린업에 김종한 대표의 이야기다. 그는 한때 건설업체의 대표였다. 그러나 경기 불황으로 일감이 급격히 줄었다. 결정적으로, 거래처에 보증을 선 것이 화근이 되었다. 그 일로 무려 20억 원 가까운 재산을 날렸고, 극심한 생활고에 시달리게 되었다. 10년간 운영해 온 회사를 정리한 후, 그는 고시원을 전전하며 근근이 삶을 이어갔다. 하루는 죽고 싶은 마음에 바다로 향했지만, 차마 용기가 나지 않아 발걸음을 돌렸다. 그는 다시 시작하기로 결심했다. 새벽 건물 청소 일을 시작했다. 하루하루 성실히 일하며 청소 기술을 익혔고, 자신만의 청소업체를 창업했다. 지금 그는 부산에서 같은 실패를 겪은 사람들에게 일자리와 숙소를 제공하는 '희망의 사람'이 되어 있다. "현실에서 주저앉지 말고, 냉혹하더라도 맞서야 합니다. 그래야 후회가 다짐이 되어 다시 도전할 수 있습니다." 그의 말이다.

나 역시 '지금 이대로'에 안주하지 않을 생각에 잘하던 생계형 일을 모두 그만두었다. 새로운 인생을 설계하고 싶었다. 나는 지금보다 더 나은 길이 '창업'이라 믿었다. 주위 사람들은 걱정하는 마음에 말렸다. "사업에 망해 그렇게 고생하고도 다시 하고 싶으냐?", "이제 망하면 재기도 안 된다."라며 한마디씩 했다. 사업에 실패한 사람이라면 사업에 '사' 자만 꺼내도 넌더리를 친다. 그런데 나는 '실패 지점에서 다시 일어서야 한다.'라는 생각을 평소에 가지고 있었다. 그래야 남은 인생 후회로 남지 않을 것 같았다.

실패는 일생에 단 한 번이면 충분하겠지만 마음먹은 대로 되지 않는다. 수시로 일어날 수 있기 때문이다. 빈번한 좌절에 꿋꿋하게 일어서기도 하지만, 대부분은 좌절한다. 실패한 지점을 건너뛰면 늘 그 자리가 발목을 잡는다. 후회를 견뎌내지도 못한다. 이겨내지 못한 경험은 삶의 어떤 구간에서든 반복된다. 실패를 마주하고, 다시 그 자리에서 일어서는 사람만이 회한 없이 삶의 방향을 바꿀 수 있다. 변화는, 실패의 바닥을 치고 난 후에 시작된다. 그 지점에서 일어서야만 이전과는 완전히 다른 방식으로 살아갈 수 있다. 그것이 '인생 리셋'이다.

나는 후회가 다짐으로 승화된 순간 지금이 인생 전환의 시점이라 생각했다. 과정은 쉽지 않았다. 두 번째 창업이라 힘들었다. 변화를 읽어내는 감각은 무뎌졌고, 용기마저 예전 같지 않았다. 그런데도 해내야만 했다. 10년이 훌쩍 넘긴 지금 나는 괄목할 만큼 성장했다.

지금 나는 실패한 이들을 상담하는 컨설턴트다. 창업 전문가이자, 경영 멘토이며, 책을 집필하는 작가로도 활동하고 있다. 만약 전환점에서 생계형 일을 계속했다면 어땠을까? 아마도 인생 전환을 해야 한다는 생각만 가진 채 평생 도전하지 못하고, 후회하고 살았을 것이다.

결심은 생각보다 중요하다. 다짐은 누구나 한다. 그 다짐을 행동으로 옮기는 사람은 드물다. 내가 만난 많은 사람 중 대부분은 이렇게 말했다. "그때 조금만 더 용기를 냈더라면…", "그때 그냥 해볼 걸 그랬어요." 그 '그때'가 지금이다. 후회하고 있는 지금 결심하지 않으면, 다음에도 같은 말을 반복하게 된다. 후회는 쌓이기 마련이다. 결단만이 인생을 통회하지 않게 한다.

현명하게
길을 찾기 위해

니체는 "방황하는 자만이 새로운 길을 찾는다."라고 말했다. 이 말은 단순한 철학이 아니라 실전에서 통하는 진리다. 길은 원래부터 내 앞에 있지 않다. 낯선 방향으로 방황하다 보면 내 뒤로 길이 생긴다. 길을 잃어 방황하는 것 자체는 누구나 겪는 일이다. 문제는 길을 잃었다는 사실보다, 그 길을 다시 찾으려 하지 않는 태도에 있다. 난 강연에서 "길을 잃은 것은 실패는 아니다. 길을 잃어 찾지 않은 것이 인생에 있어 큰 실패다."라고 자주 말한다.

인생은 출발지와 도착지만 있을 뿐 정해진 길은 없다. 지도도 존재하지 않는다. 목표를 향해 걷다가 막다른 골목에 들어서야 '이 길이 아닌가'를 알게 된다. 그뿐만 아니라, 잘 가던 길에서 좌절을 겪을 때 비로소 '내가 가는 길이 맞는가?'라는 의문을 품게 된다.

영화 〈나의 산티아고〉에 나오는 대사인 "길을 잃어야 길을 찾아 나선다."라는 말처럼, 길 위에서 길을 잃어야 다른 길을 찾아 나설 수 있다. 이 영화에는 "이 길은 당신을 무너뜨리고 비워 버린다. 그리고 당신을 다시 세운다. 기초부터 단단하게."라는 대사가 이어져

나온다. 길을 찾는 과정에서 불편함과 어려움이 있다는 것을 잘 보여주는 대사다. 넘어지고, 아파도, 다시 일어서야 길은 보인다. 그렇지만 사람들은 길을 잃으면 그 자리에서 좌절한다. 그럴수록 방황을 피하지 말고, 받아들여야 한다. 넘어지고, 아파도, 다시 일어서야 길은 보인다. 방황은 길을 잃은 것이 아니라, 새로운 길을 만들기 위한 시작이기 때문이다. 남들이 다 가는 길이 아닌, 스스로 길을 그려 나가야 한다. 인생의 방향은 타인이 정해주는 게 아니라 내 안에서 시작된다. 고통 속에서 힘겨운 사투를 벌이며 사는 것이 보통의 삶이다.

일상에서 길을 잃었을 때, 아무 방향으로나 달리는 사람과 꿈쩍도 하지 않는 사람이 있다. 아무 방향으로 움직이는 사람은 불안을 견디지 못해 움직인다. 무언가 하고 있어야만 마음이 놓이기 때문이다. 그 길이 맞는지 아닌지는 중요하지 않다. 조급함 때문에 생각보다 행동이 앞선다. 결정을 내릴 때도 방향보다 속도를 택한다. 무언가를 하는 것 자체가 의미 있다고 믿기 때문이다. 속도가 빠르다고 해서 목적지에 가까워지는 것은 아니다. 오히려 잘못된 방향일수록 속도는 더 큰 실패로 이어질 수 있다.

반면, 멈추는 사람은 움직이지 않으면 길을 잃지도, 실수하지도 않을 것 같아 움직이지 않는다. 두려움에 붙잡혀 아무것도 하지 못하기 때문이다. 움직이지 않기에 자신감, 용기, 실행력도 찾아보기 어렵다. 시간이 지날수록 점점 부정적인 확신을 굳히게 된다. 시간이 흐르면 그 멈춤은 습관이 된다. 그들에게 멈춤은 수동적 포기이며, 체념은 길을 찾을 수 없게 만든다. 변화가 일어나지 않는 이유다. 이런 태도는 본능적이다. 인생의 방향을 다시 잡기 위해 필요한 것은 본능이 아니라 이성이다. 감정이 앞서면 길을 잃고, 생각이 앞서면 길을 찾는다. 두려움은 본능이지만, 선택은 이성이기 때문이다.

이성이 작동하려면 방향에 대한 고민이 있어야 한다. "삶은 속도가 아니라 방향이다."라는 괴테의 말을 새겨들어야 한다. 내가 어디로 가야 하는지, 왜 그 길을 가야 하는지, 지금 어디에 있는지를 끊임없이 묻고 생각해야 한다. 이성적 선택은 여기서 시작되기 때문이다.

사람들은 주어진 길을 따라 걷는 데 익숙하다. 인생은 고속도로가 아니다. 갈림길도 많고, 막다른 골목도 있다. 때로는 길이 아예 없기도 하다. 그럴 때 필요한 것이 바로 스스로 길을 그려 나가는 것이다. 이것이 이성적 선택이다.

지도는 그려보지 않으면 자기 것이 되지 않는다. 누군가가 준 지도를 따라가기만 하면, 목적지를 놓치거나 길을 잃기 쉽다. 방향은 내 안에서 시작되기 때문이다. 방향을 따라 직접 그린 지도가 쌓일 때, 비로소 인생의 길을 찾아갈 수 있다.

나는 지방에 자주 간다. 공연, 강연, 컨설팅 등 하는 일이 다양해서 출장이 잦다. 약속 시간보다 넉넉하게 일찍 출발한다. 오래된 내 차에는 내비게이션이 없기 때문이다. 아무리 초행길이라도 휴대전화를 사용하지 않는다. 미련하지만 될 수 있는 대로 약속된 장소는 물어서 간다. 경주로 출장 가면서 겪었던 경험 때문이다.

경주 행사에 공연 부스와 소품 설치를 맡게 되었다. 내비게이션이 없던 차라 휴대전화를 사용해 목적지로 가고 있었다. 그런데 휴대

전화가 중간에 꺼져버렸다. 보조 배터리도, 차량용 충전기조차 없었다. 나중에는 사람들에게 길을 물으며 초행길을 조심스럽게 운전해 갔다. 시간은 한참 흘러 정해진 시간을 훌쩍 넘기고서야 행사장에 도착할 수 있었다. 이튿날, 행사 준비는 무사히 마쳤다. 그리고 아침을 해결하기 위해 근처 식당을 찾았다. 놀랍게도 어제 그렇게 헤매던 거리가 낯설지 않았다. 식당도, 커피숍도, 행사장까지도 한 번에 찾아갈 수 있었다. 마치 경주에 몇 번은 와본 사람처럼, 머릿속에 지도가 그려져 있었기 때문이다. 그때야 알게 되었다. 길을 제대로 아는 사람은, 지도를 '보는' 사람이 아니라 '그려본' 사람이라는 것을.

　요즘 사람들은 지도를 보는 데 익숙하다. 길을 헤매지 않게 해주는 내비게이션 덕에, 목적지만 입력하면 그대로 따라가면 된다. 하지만 문제가 생긴다. 길을 '보는 법'은 배웠지만, '길을 그리는 법'은 배우지 못했기 때문이다. 그래서 지도가 사라지면, 방향을 잃고 당황한다. 내비게이션 없이 길을 찾지 못하는 이유다. 인생도 그렇다. 누구나 인생이라는 목적지를 향해 나아간다. 대부분은 준비된 길만 걷고 싶어 한다. "이 길이 맞는가?"라고 묻기보다는, 누군가 가르쳐준 길을 그대로 가려 한다. 그 길이 막다른 골목일 수 있다는 걸 알면서도 말이다.

　'인지적 맵'은 스스로 길을 찾아가며 공간과 관계를 파악할 때, 뇌는 그 길을 기억하고 응용하는 힘을 갖게 된다는 심리학의 개념이다. 반대로 누가 정해준 루트만 따를 때는, 반복해도 길을 알지 못한다. 뇌는 '따라가는 사람'이 아니라, '그려가는 사람'일 때 더 강해진다. 길이란 걷는 순간 생겨나는 것이지만 그려 나갈 때 비로소 나만의 길이 되기 때문이다.

헤매야 방향을 잡듯, 길을 잃어야 지도가 그려진다. 그려본 사람만이 다시 돌아올 수 있고, 남에게도 방향을 알려줄 수 있다. 인생의 고비에서 중요한 건, '지도가 있느냐'가 아니라 '지도를 그려본 경험이 있느냐'이다. 현명한 사람은 길을 외우지 않는다. 그려간다. 길을 그리는 사람은 넘어져도 다시 일어선다. 조금 느리더라도, 확실한 나만의 방향을 갖게 된다. 길을 그리는 것, 그것이 곧 인생을 전환하는 힘이다.

인생을 바꾸는 사람은 길을 외우지 않는다. 따라가지도 않는다. 잃어도 스스로 그려간다. 기존에 있는 경로로는 나만의 해답이 없다는 것을 알기 때문이다. 영화 〈반지의 제왕〉에는 "길을 잃는 것이 곧 새로운 길의 시작일 수 있다."라는 대사가 나온다. 지금 길을 잃었다면 새로운 길이 이 순간에도 만들어지고 있다는 사실이다.

과거에
얽매이지 않기 위해

　사람은 누구나 '전성기'라 부를 만한 시절이 있다. 잘 나가던 때, 뭔가 조금은 특별했던 시기. 그래서인지 종종 '왕년에'라는 말을 꺼내 든다. "왕년에 잘 나갔다, 왕년에 한가락 했다, 왕년에 말이야……." 이런 말들은 과거를 붙잡고 있는 말이다. '왕년에'를 자주 말하는 사람일수록 현재는 볼품없다. 과거에 화려함을 꺼내지 않으면 자신을 설명할 수 없기 때문이다.

　정말 잘 나갔던 사람은 '왕년에'라는 말을 잘 하지 않는다. 그들은 오늘 무엇을 했고, 내일 무엇을 하고 싶은지에 대해 이야기한다. 심리학자 브레네 브라운은 "과거는 당신을 만들었지만, 당신을 정의하지는 않는다."라고 말했다. 그들에게 과거는 배경일 뿐 결론이 아니기 때문이다. 물론 과거는 중요하다. 그런데 현재와 미래의 자산이될 때 비로소 의미가 있다. 그저 기억에만 머무는 과거는 부질없다. 참고서는 될 수 있어도, 지침서는 될 수 없기 때문이다.

　사람은 누구나 실수한다. 엉킨 선택도 하고, 후회스러운 행동도한다. 그 실수 위에 머물러 있으면 삶은 앞으로 나아가지 못한다. 인생은 일방통행이다. 왕복은 없다. 되돌릴 수도, 재현할 수도 없다. 과거는 지나간 시간이다. 지나간 시간에 얽매여서는 안 된다. 과거는 돌이킬 수 없지만 지금은 선택할 수 있다. 선택은 언제나 현재에 있기 때문이다. 헤밍웨이는 "사람은 파괴될 수는 있어도, 패배하지는 않는다."라고 말했다. 과거에 얽매이는 것은 삶이라는 전장에서 스스로 패배를 선언하는 것이다. 이미 끝난 싸움 앞에 열패감을 느낄 이유는 없다.

그렇다면 왜 과거를 붙잡고 있는가? 러시아의 작곡가이자 반체제 인사였던 드미트리 쇼스타코비치는 "어떤 사람이 절망에 빠져 있다면, 이는 그가 여전히 무언가를 믿고 있다는 뜻이다"라고 말했다. 절망은 무언가를 붙들고 있기 때문에 생긴다. 붙잡고 있는 것이 '희망'일 수도 있지만, 때로는 '과거'일 수도 있다. 그가 말한 '믿음'이란, 어쩌면 과거를 향한 막연한 기대일 수 있다. '그때 그렇게만 했더라면', '다시 예전처럼만 된다면' 같은 사후 가정은 현재의 삶을 마비시키고 변화를 어렵게 만든다. 사람은 무언가를 유지하고 싶을 때, 익숙한 과거에 매달린다. 변화는 낯설고 두렵기 때문이다. 현상 유지란, 실상은 정체다. 고여 있는 물도 썩는다. 변화하지 않는 삶은 퇴보하게 된다. 현실은 매일 바뀌는데, 내 마음만 과거에 머물러 있다면 인생은 뒤처지게 된다.

절망에서 벗어나고 싶다면 내가 지금 무엇을 믿고 있는지를 들여다봐야 한다. 그 믿음이 과거를 향하고 있다면, 과감히 손을 놓아야 한다. 과거는 돌아볼 대상이지, 매달릴 대상이 아니기 때문이다.

과거를 돌이켜 본다는 것은 붙드는 것이 아니라 '활용'하는 것이다. 같은 실패라도 어떤 사람은 자책으로 남기고, 어떤 사람은 교훈으로 남긴다. 과거는 스스로 힘을 가지지 않는다. 어떻게 해석하느냐에 따라 삶의 방향이 달라진다. 과거는 짐이 될 수도 있고, 연료가 될 수도 있다. 계속 짊어지고 가면 무겁지만, 잘 정리하고 꺼내 쓰면 삶의 자산이 된다. 과거를 활용한다는 것은 단순한 '회상'이 아니라 '해석'의 문제다. 후회는 감정이지만, 교훈은 자산이다.

택배 일을 할 때 분기마다 워크숍을 가졌다. 워크숍 마지막 날 '당신의 이야기를 들려주세요'라는 대회가 열렸다. 택배하게 된 이유, 에피소드, 여러 가지 이야기를 15분 남짓 하는 대회였다. 그즈음 '세상을 바꾸는 시간 15분', '강연 100℃'와 같은 강연 프로그램이 인기가 있을 때였다. 시상금이 있다는 말에 지사장 추천으로 나가게 되었다. 대회가 마무리될 즈음 사장이 다가와 손을 잡으며 이런 말을 했다. "당신의 이야기가 여기에 참석한 이들에게 힘이 될 것입니다." 경험에서 나온 실패담이 변화를 끌어낸다는 것을 알게 된 순간이었다.

얼마 전 나의 이야기를 한 그 자리에서 다시 강연하게 되었다. 예전의 택배 회사는 없어졌지만, 다른 물류회사의 직원들이었다. 강연이 끝나고 "강사님! 저도 힘이 생겼습니다."라는 이야기를 다시 들었다. 실패로 인한 고난과 역경의 지난 이야기는 나를 더욱 흥미로운 사람으로 만들어주었다. 그것을 통해 다양한 분야에서 활동하고 있다. 다양한 곳에서 누군가에 힘이 되고 있다는 것은 과거를 연료로 잘 사용하고 있다는 증거다.

과거를 연료로 바꾸는 데 필요한 전제 조건이 있다. 자기 객관화다. 감정의 거리를 두지 못하면, 과거는 여전히 '상처'로만 남는다. 있는 그대로의 사실을 봐야 한다. 그 안에서 교훈을 추출할 수 있어야 과거가 의미 있는 자산이 된다. "너 자신을 알라"라는 소크라테스의 말은 단순한 자기 인식의 말이 아니다. 내면을 성찰하고, 자신을 구성하는 요소들을 객관적으로 재구성하는 철학적 사유다.

심리학자 칼 로저스도 "완전히 자기 자신이 되기 위해선, 자신을 진정으로 이해해야 한다."라고 했다. 실패한 과거의 기억을 외면하거나 지나치게 감정적으로만 소비할 때, 그 경험은 짐으로 남는다. 그러나 그 실패를 이해하고 해석하는 능력이 과거를 자산으로 전환한다.

내가 겪은 실패를 이야기로 꺼낼 수 있었던 이유는 하나다. 실패를 부끄러운 기억이 아닌 '경험'으로 바라보았다는 것이다. 자기 객관화란 그런 것이다. 과거를 냉정하게 이해와 통찰의 시선으로 바라보는 것이다. 그리고 "왜 그랬을까?"라는 질문보다 "그때 그랬구나!" 하고 인정해야 한다. 그래야 "그렇다면 이제 어떻게 살 것인가?"라는 물음이 나온다. 통찰은 그 물음에 답할 때 시작된다.

지금 당신은 과거에 매여 있는가? 그렇다면 그 경험을 자산으로 전환하라. 그것이 과거에 얽매이지 않는 가장 확실한 방법이다. 그리고 나누어라. 그 순간, 과거는 인생을 전환하는 강력한 연료가 된다.

한계를
넘어서기 위해

과학적인 근거는 없지만 사람들은 보통 뇌의 10퍼센트만 사용한다고 생각한다. 영화 〈루시〉는 이 가정을 극단까지 보여준다. 평범한 삶을 살던 루시는 어느 날 미스터 장에게 납치되어 몸속에 강력한 합성 약물이 넣어진 채 운반된다. 갑작스러운 외부 충격으로 인해 뇌를 100퍼센트까지 쓰게 된다는 내용이다. 인간이 뇌를 100퍼센트 사용하면 초능력 같은 힘이 생길까? 결론부터 말하면 과학적으로 불가능하다.

인공지능 분야의 석학인 레이 커즈와일 박사는 인간의 뇌 중 약 80퍼센트가 약 3억 개의 모듈로 구성된 신피질로 이루어져 있다고 말한다. 신피질은 고차원적인 사고, 창의성, 의사결정 등을 담당하는 부분이다. 그에 따르면, 인간은 스무 살이 되면 이미 3억 개의 신피질 모듈을 모두 사용한다고 한다. 그의 주장으로는, 인간이 뇌의 90퍼센트를 사용하지 않는다는 가설도 근거가 없다. 그런데도 사람들은 왜 여전히 뇌를 10퍼센트만 쓴다고 믿는 걸까? 자신의 한계를 규정짓지 않으려는 의지가 만들어낸, 일종의 가능성에 대한 상상이다.

대부분 사람은 현실 속에서 뇌가 아니라, 자신의 가능성을 제한하며 살아간다. 그렇게 자신이 가진 잠재력의 극히 일부만 사용한다. 자신의 한계를 스스로 제한하고, 능력의 테두리를 지운다. 범위를 설정하는 순간, 그 안에서만 살게 된다. 한계는 대부분 타인의 기준이나 과거의 경험에서 비롯된다. 어릴 적 듣던 말, 실패했던 기억, 남과 비교한 경험이 벽을 만든다. 그 벽을 넘지 않으면, 늘 그 자리다.

그렇다면 사람들은 자신의 한계를 어디쯤 설정하며 살아가는 걸까? 놀랍게도 대부분은 자기 능력이나 가능성보다 한참 낮은 지점에 한계를 그어놓는다. 철학자 장 폴 사르트르는 "인간은 자유라는 형벌을 받은 존재"라고 말했다. 무한한 가능성이 주어진 존재임에도 불구하고, 그 자유 앞에서 오히려 두려움을 느끼고 자신을 '정해진 틀'에 가두려 한다는 뜻이다. 자유는 선택을 요구하고, 선택은 책임을 동반한다. 그래서 사람들은 차라리 가능성의 문을 닫고, 익숙한 현실에 안주한다.

한계는 외부가 아닌 내부에서 만들어진다. 실패의 기억, 남들과의 비교, 부모나 사회가 심어준 기대치. 이 모든 것이 '이 정도면 됐다' 라는 경계를 만든다. 심리학자 캐럴 드웩은 이를 '고정 마인드셋'이라고 불렀다. 사람들은 일정한 능력이 정해져 있다고 믿는 순간, 더 이상의 확장을 멈춘다. 그 믿음이 바로 자기 인생의 한계치를 결정 짓는 셈이다. 한계를 설정하는 건 자기 자신이다. 그 경계를 다시 그 릴 수도 있는 것도 자신이다. 한계는 바깥에 있는 장애물이 아니다. 안에 있는 믿음의 벽이다. 그 벽을 넘기 위해 필요한 것은 특별한 재 능이나 자원이 아니다. 바로 자신을 다시 정의하는 의지다.

팔도, 다리도 없이 태어난 닉 부이치치가 그런 사람이다. 그는 태어날 때부터 '인간이 감당할 수 있는 한계'를 온몸으로 짊어진 채 세상에 나왔다. 왕따, 우울증, 자살 충동까지. 그의 삶은 시작부터 쉽지 않았다. 그는 "나는 누군가의 한계를 증명하기 위해 태어난 사람이 아니다. 나는 가능성을 증명하기 위해 살아간다."라고 말했다. 자신의 조건을 이유로 삼지 않겠다는 선언이다. 오히려 그 조건을 통해 더 많은 사람에게 희망을 전하기 시작했다. 한계를 넘는다는 건, '안 되는 이유'를 증명하는 삶에서 '가능한 이유'를 창조하는 삶으로 방향을 바꾸는 것이다. 그 전환은 조건이 아니라 관점에서 시작된다. 관점이 달라지면, 한계는 기준이 아닌 출발점이 된다.

에릭 와이헨마이어도 마찬가지다. 그는 태어날 때부터 시력이 약했다. 13살이 되던 해 완전히 실명하게 되었다. 그는 자신의 시각이 아닌 내면의 시선으로 세상을 보기 시작했다. 시력을 잃은 대신, 감각을 확장했다. 그 감각으로 산을 올랐다. 2001년, 그는 시각장애인 최초로 에베레스트 정상에 오르는 데 성공했다. '세계에서 가장 높은 산'이라는 물리적인 장애물과 '앞이 보이지 않는다.'라는 절대적인 조건을 동시에 넘은 것이다. 이후 그는 7대륙 최고봉을 모두 정복한 최초의 시각장애인이 되었다. 그는 "장애는 눈이 아니라 마음에 있다. 두려움은 우리가 스스로 만들어내는 벽이다."라고 말했다. 그는 자신을 시각장애인이 아니라 경험의 개척자로 정의한다. 세상은 그를 '앞을 보지 못하는 사람'으로 보지만, 그는 자신을 통해 "앞이 보이지 않아도, 방향을 잃을 필요는 없다."라고 말하고 있다.

몸이 없던 닉은 희망을 붙잡았고, 눈이 없던 에릭은 방향을 선택했다. 이 둘의 공통점은 자신에게 없는 것에 집중하지 않았다는 점이다. 닉은 팔다리가 없다는 사실보다 "내가 가진 언어와 마음으로 세상을 바꿀 수 있다"라는 가능성을 믿었고, 에릭은 시력을 잃은 대신, 감각과 신념, 팀워크를 활용해 산을 올랐다. 이들은 조건의 한계를 의식의 전환으로 넘어섰다. '왜 나에게 이런 일이 생겼을까'라는 질문을 '이것을 통해 무엇을 할 수 있을까?'로 바꿨다. 그 관점의 전환이 한계를 가능성으로 바꾸는 결정적 열쇠였다.

한계 앞에만 서면 작아지는 이유는 현실이 아니라 시선 때문이다. 어려운 상황에서 누군가는 벽이라 생각하고 멈춰버린다. 반면 다른 이는 그 벽을 디딤돌로 삼아 뛴다. 관점이 다르면, 행동도 결과도 달라진다. "나는 원래 그런 사람이야"라는 말에는 보이지 않는 선이 그어져 있다. 자신이 할 수 있는 일과 없는 일을 이미 구분 지어버린 것이다. 그런데 관점을 바꾸면 말이 바뀐다. "내가 원래 그런 사람이라면, 바뀌지 않을 이유도 없지 않은가?" 자신을 고정된 존재로 보는 사람은 실패 앞에 무릎을 꿇는다. 좌절에 굴하지 않고 당당하게 앞으로 나가는 사람은 자신을 성장하는 존재로 여긴다.

인생 리셋은 특별한 능력을 갖춘 사람이 아니라, 자신을 새롭게 바라보는 사람에게 주어진다. 한계를 넘어설 용기를 가진 그 순간, 자기 잠재력을 현실로 바꾸며 전혀 다른 인생을 살아가기 시작한다.

인생,
새 역사를 쓰기 위해

호사유피 인사유명(虎死留皮 人死留名)이란 말이 있다. 호랑이는 죽어서 가죽을 남기고, 사람은 죽어서 이름을 남긴다는 뜻이다. 수천 년 전부터 사람들은 자신의 존재를 어떻게 남길 것인가에 대한 질문을 품고 살아왔다. 그 질문은 지금도 여전히 유효하다. 누군가는 업적을, 누군가는 따뜻한 기억을 남긴다. 삶은 '어떻게 살았는가?'의 흔적이다. 그 모습이 곧 이름이 되기 때문이다.

심리학자 빅터 프랭클은 "인생을 두 번째로 살고 있는 것처럼 살아라. 그리고 지금 당신이 막 하려고 하는 행동이 첫 번째 인생에서 이미 실수했던 바로 그 행동이라고 생각하라."고 말했다. 실수를 되돌릴 수 있는 또 한 번의 기회를 받은 것처럼 지금, 이 순간을 살라는 얘기다.

실패한 사람들은 인생 역전을 꿈꾼다. 중요한 건 '역전'이 아니라 자신이 쓰고 있는 인생의 '이야기'다. 이름을 남기고 싶다면, 이야기를 다시 써야 한다. 그래야 반전이 일어나 새로운 삶의 이야기를 다시 쓸 수 있다.

실패를 통해 반전 있는 삶을 사는 사람들은 역동적이다. 절망 속에서도 '다시' 해보려는 행동이 보인다. 상처를 핑계로 삼지 않고, 실패를 변명으로 쓰지 않는다. 넘어져도 다시 일어난다. 말보다 실천이 앞선다. 현실보다 가능성을 먼저 보기 때문이다. 그들은 방향성도 목적도 확고하다. 인생의 새로운 페이지를 가득 채우기 위해 움직이니 역동적일 수밖에 없다.

반면, 반전 없는 삶을 사는 사람은 무기력하다. 실패가 오면 쉽게 주저앉는다. 한 번 무너졌다는 이유로 다시는 도전하지 않는다. 책임도 외면한다. 자신에 대한 기대도 없다. 발전할 수 없는 삶을 사니 더 나아갈 수 없다. 행보가 멈춰버리니 삶의 이야기도 멈춘다. 이름도 거취도 남지 않는다.

인생의 반전은 극적인 사건만으로 일어나지 않는다. 믿는 마음과 시도하는 용기, 다시 일어서는 결심이 역전을 일으켜 삶의 방향을 바꾼다. 그래야 평범한 이야기가 특별한 이야기로 바뀔 수 있기 때문이다.

그렇다면 삶의 이야기를 다시 쓰기 위해서는 무엇을 해야 할까?

의식적으로 새로운 환경에 도전해야 한다. 독일 철학자 하이데거는 "낯선 것과의 조우를 통해 이성이 시작된다."라고 말했다. 익숙한 것에서는 감각이 깨어나지 않는다. 무뎌진 감각으로는 새로운 생각을 만들 수 없다. 아침에 눈을 떠서 샤워하고 밥을 먹고 일을 한다면, 그날 대부분의 생각은 늘 하던 생각들로 채워질 것이다. 습관적 관성 속에서는 참신한 발상이 떠오르기 어렵다. 그러나 낯선 상황을 맞이하면 새로운 사고가 일어난다. 매일 오던 버스가 오지 않을 때 '무슨 일이지?'라는 생각이 드는 것처럼, 익숙하지 않은 자극이 있어야 의식이 흔들린다.

새로운 환경에 노출되면 행동이 바뀌고, 마음도 새로운 리듬을 만든다. 실패 역시 낯섦의 집합체다. 익숙한 삶의 리듬이 깨지고, 당연하던 것들이 당연하지 않게 된다. 주변의 시선이 변하고, 스스로에 대한 기대는 무너진다. 이 변화는 불편하다. 그것은 단순히 처음 겪는 상황이 아니라 '내가 잘 모르는 나'를 마주하는 체험이기 때문이다. 약한 자신, 두려워하는 자신, 흔들리는 자신을 발견해서다.

바로 그 낯섦이 깨달음의 문턱이다. 낯선 환경은 의식을 새롭게 정렬하게 만든다. 불편하고 낯선 자리에서 우리는 새로운 '나'로 깨어난다. 인생의 전환은 낯섦과 마주할 용기에서 시작된다.

그리고 이미 된 것처럼 행동해야 한다. 행동은 생각을 이끌고, 생각은 감정을 바꾼다. 감정이 변하면 현실을 움직일 수 있다. 이는 단순한 자기암시가 아니라 실질적인 행동의 힘이다. 이긴 것처럼 행동하면 머지않아 동기가 따라온다. '이미 된 것처럼 행동하라'는 말은 의식과 행동을 먼저 바꿔 현실을 끌어당기는 심리적 전략이다. 행동이 동기에 선행하기 때문이다.

많은 사람이 행동하기 전에 지나치게 생각한다. "이게 맞을까?", "실패하면 어쩌지?", "다른 사람은 어떻게 볼까?" 고민만 하다가 아무것도 하지 못한다. 생각이 행동을 가로막는다면, 그냥 하는 편이 낫다. 움직임이 쌓여야 비로소 삶이 달라지기 때문이다. 지금 상황이 여의찮더라도, 성공하거나 회복한 사람처럼 먼저 행동하면 뇌는 그것을 현실로 받아들이기 시작한다. 그리고 그에 맞는 사고방식,

감정, 기회, 사람을 끌어당긴다.

나 역시 그랬다. 처음에는 자신감이 없었다. '실패자'라는 표식에 당당함은 사라졌다. 채무자들의 압박감과 빚을 갚을 수 없을 것 같은 생각 때문이었다. 벌어진 일 수습을 해야만 했다. 채무자들을 일일이 만나 설득하면서부터 걸음걸이가 달라졌다. 그 후로 자신감이 생겼다. 타인의 시선도 신경 쓰지 않고, 당당해졌다. 빚은 엄청났지만 이미 갚았다고 생각하고 일에만 전념했다. 결연해진 것이다. 빚은 다 갚았고, 인생에 꼬인 매듭도 풀어지기 시작했다.

두려움이 있어도 문제를 피하지 않고 마주하면, 용기 있는 모습의 자신을 만나게 된다. 핵심은 자기암시가 아니라 행동이다. 많은 사람은 외부 환경이 변해야 행동이 바뀐다고 믿지만, 실제로는 행동을 먼저 바꾸면 환경도 서서히 따라온다. 행동은 앞서 달리는 기관차, 마음은 그 뒤를 따르는 객차다. 행동은 정체성을 바꾸고, 정체성은 운명을 바꾼다. 다시 쓰고 싶은 인생의 이야기가 있다면, 먼저 그렇게 행동해야 한다.

인생을 전환한 사람은 단지 실패를 극복하는 데서 끝나지 않는다. 그건 이전과는 완전히 다른 방식으로 삶을 살아가는 사람이 된다는 뜻이다. 이전의 이야기를 끌고 가는 것이 아니라, 이전의 이야기를 끊고 새로 쓰는 것이다. 지금이 어둡고 막막해도, 새로운 환경에서 이미 된 사람처럼 움직이면 삶이 조금씩 변하기 시작한다. 그런 하루가 쌓이면, 다른 인생이 만들어진다. 인생은 한 번뿐이지만, 실패한 인생은 수없이 새로 시작할 수 있다. 그 시작은 낯설고 불편하지만, 그 길을 걸을 수 있어야 한다. 새로운 인생은 누구에게나 다시 주어진다. 단, 그 삶을 진심으로 원하고 각오한 사람에게만 주어지기 때문이다.

내 인생을
책임지기 위해

세상은 날씨 같다. 내가 아무리 날씨를 바꾸고 싶어도 바뀌지 않는다. 대신 우산을 쓰고, 따뜻한 옷을 입을 수는 있다. 세상을 바꾸는 건 쉽지 않지만, 그 안에서 나를 바꾸는 일은 가능하다. '내 인생은 내가 책임진다.'라는 말은 뻔해 보이지만, 삶의 가장 깊은 통찰이 담긴 말이다. 실패로 바닥에 떨어졌을 때 누군가는 환경 탓을 하고, 누군가는 운명을 탓한다. 그러면서 한 발짝도 나아가지 못할 때, 바닥을 딛고 인생을 전환하는 사람들은 그 환경을 인식하면서도 그 안에서 길을 찾는다. 외부가 아니라, 자기 안에서 해답을 찾기 위해서다. 그들은 구조는 자신을 규정할 수는 있어도, 결정할 수는 없다는 생각이 강하다. 결정은 스스로 한다. 책임은 바로 그 결정에서 시작된다. 물론, 자기 인생을 책임진다는 건 쉽지 않다. 책임이란 말엔 무게가 있기 때문이다.

나의 어머니는 나에게 늘 당부하셨다. "네 인생 네가 책임져야 한다." 어머니는 삼십 대 초에 이혼하고 나와 동생 둘을 키웠다. 열 살도 안 된 어린 자녀 셋을 혼자 힘으로 키우기란 쉽지 않은 일이다.

더욱이 자녀 양육에 관한 어떤 도움도 이혼한 남편으로부터 받지 못한 상태에서는 더욱 그렇다. 주위에서는 아이들을 왜 데리고 왔냐고 했다. 스스로 이혼 결정을 한 어머니는 내 자식은 내가 키우겠다는 일념뿐이었다고 했다. 여느 부모처럼 아이 셋을 키우기 위해서는 밤낮 가리지 않고 무슨 일이든지 닥치는 대로 해야만 했다.

경제적 빈곤은 있었지만, 난 풍족하게 산 것 같았다. 초등학교 시절, 나와 동생들의 옷 입은 모습은 세련됐다. 양장을 곱게 차려입은 어머니 모습도 고상했다. 바나나를 좋아했던 나는, 귀했지만 매일 먹었던 기억도 가지고 있다. 어머니는 믿음이 깨져 이혼을 선택했지만, 자녀의 양육에는 책임을 다하고 싶었다고 했다. 누구의 도움도 받지 않고 온전히 자신의 힘으로 키워내길 바랐다. 삶이 힘들어도 자신이 선택한 인생에 후회는 하지 말아야 한다는 생각이었다고 했다. 어머니가 병석으로 돌아가시는 날까지 바람난 남편의 탓도 하지 않았다.

삶에서 실패라는 걸림돌에 걸려 넘어졌을 때 스스로 일어나야 한다. 탓을 해서는 안 된다. 탓 하는 순간 인생의 주도권은 사라진다. 왜일까? 남 탓을 한다는 건 "나는 아무 힘이 없었다."라는 말과 같기 때문이다. 힘없는 내 인생의 리모컨은 남의 손에 들어가 버린다. 오히려 "내가 선택했다."라고 말해야 한다. 그래야 인생의 핸들을 내가 쥘 수 있다.

사르트르는 "인간은 자유를 선고받은 존재"라고 했다. 주도권을 쥔다는 건 선택의 무게까지 책임진다는 뜻이다. 그 고초를 감당할 때 비로소 내 인생을 내가 이끌어갈 수 있다.

주체적으로 산다는 건 자기 생각과 기준이 서 있다는 것이다. 자신의 기준이 확실하면 남의 눈치를 보지 않는다. 세상의 평가에 흔들리지도 않는다. 오롯이 삶을 스스로 만들어간다. 그런데 대부분 사람은 그렇게 살지 못한다. 실패 앞에 흔들리고 남 탓, 제도 탓, 환경 탓을 한다. 핑곗거리를 찾다 보면, 결국은 한 발짝도 움직이지 못한다. 주체성은 그 순간에 드러난다. "그래, 내가 선택한 결과니까 내가 감당하자.", "다시 시작하더라도, 이번엔 내 기준으로 살아보자." 그런 결심 하나가 삶의 방향을 바꾼다.

내가 상담하던 한 대표의 이야기다. 대기업을 다니다 나와 창업했다. 주위에 사람도 많아 돈도 벌었다. 그러다 경기 침체로 거래처 여러 곳이 부도가 나면서 그도 무너졌다. 갚아야 할 채무만 수억 원에 달했다. 상담하는 내내 그의 전화기는 빚 독촉에 쉴 새도 없이 울려댔다. 법적 조언을 받으라는 말에 그는 이렇게 답했다. "법적 회생을 하면 빚에서는 자유로워질 수 있겠지만, 저를 믿고 일을 해준 협력사는 어려워지겠지요. 제가 벌인 일은 제가 어떡해서든 책임져야죠."

나 역시 책임이라는 단어를 몸으로 겪어야 했다. 무리한 사업 확장으로 실패했을 때 '인생 끝났다'라는 생각이 들었다. 신용불량자, 노숙자의 삶은 막다른 인생 그 자체였기 때문이었다. 더욱 힘들게 한 것은 수억이라는 채무다. 삶을 포기할 정도로 절망적인 채무였다. 주위에선 빚을 갚는 것은 불가능에 가깝다고 말했다. 그리고 포기하고 법적 조언을 받으라는 말도 했다. 은행 빚은 집 경매로 해결했다. 개인 채권자들은 일일이 찾아다니며 기다려달라고 했다. 과정은 쉽지 않았다. 설득 끝에 하루 중 절반 이상을 일에 매달렸다. 버는 돈 모두 빚 갚는 데 썼다. 일상생활은 피폐해졌고, 여유는 늘 없었다. '빚만은 해결하자'라는 생각이 강했다. 믿고 돈을 빌려준 사람에게 피해를 줘서는 안 된다는 생각에 한눈팔지 않고 노력했다. 불가능한 상황에서 나는 내가 해결할 수 있다는 것을 믿었기 때문이다.

애나 메리 로버트슨 모지스는 자신의 저서 《인생에서 너무 늦은 때란 없습니다》에서 "삶이 내게 준 것들로 나는 최고의 삶을 만들었어요. 결국 삶이란 우리 스스로 만드는 것이니까요."라고 말했다. 내 삶의 주인공은 나다. 어떤 평가를 하든, 인생은 각자의 몫이다. 삶의 해석도 오직 자신이 해야 한다. 세상은 실패한 사람을 낙오자, 무능력자, 한물간 사람으로 해석한다. 그 해석을 받아들이는 순간, 남이 만든 이야기의 조연으로 살아간다. 삶을 주연으로 사는 사람은 다르다. 넘어져도 다시 일어선다. 실패에서 배운다. 삶을 바꾸는 것은 특별한 기회 때문이 아니다. '내가 책임진다.'라는 주체적 태도다. 그 결심 하나가 인생의 전환점이 된다. 주체성은 실패를 막아주는 방패는 아니지만 실패 이후에도 다시 일어설 수 있는 의지다. 그 결심은 오직 '나로부터 시작된 삶'에서 나온다.

인생을 전환하고 싶은가? 그렇다면 어떤 악조건 속에서도 책임지고 다시 일어서야 한다. 상황을 탓하지 않고, 과거에 머물지 않으며, 오늘부터라도 삶을 다시 써야 한다. 인생을 전환한 사람은 그런 결심을 실천한 사람이다.

평범함에서
비범함을 찾기 위해

　파울로 코엘료의 책 《순례자》에는 "그렇게 그와 헤어지고 난 후 한참이 지나서야 난 그때의 경험이 내게 무엇을 가져다주었는지 깨닫게 되었다. 그리고 그 깨달음은 내게 가장 소중한 보물이 되었다. 비범한 것은 평범한 사람들의 길 위에 존재한다는 것이다."라는 말이 나온다.

　걷는 것은 너무나도 평범한 일이다. 그런데 평범한 한 걸음 한 걸음이 비범해지는 경우가 있다. 산티아고 순례가 그렇다. 순례길 목적지인 산티아고 데 콤포스텔라 대성당 앞에 다다른 순례자들을 보면 평범한 사람들이지만 비범함이 느껴진다. 어떤 사람은 하루하루 걷는 데만 몰두했을 거고, 어떤 사람은 순례자 여권에 세요(sello)를 찍기 위해 걸었을 것이다. 오로지 걷는 행위를 했을 뿐인데 왜 비범함을 느끼게 되는 걸까? 그들은 단지 길만 걸은 것이 아니다. 그 길 위에서 자신을 넘어서기 위해 도전을 했기 때문이다. 평범함 속에서도 도전을 한 사람만이 비범함을 가질 수 있다.

　누구에게나 평범한 일상은 똑같이 주어진다. 그런데 평범한 누군가의 삶과 자신의 일상적인 하루를 비교하며, 지금의 삶이 초라하게 느껴지기도 한다. '평범함'의 기준은 사람마다 다르다. 그럼에도 반복되는 일상, 변화 없는 하루를 '평범함'이라고 단정 짓는다. 평범함의 깊이를 오해한 데서 비롯된 것이다.

미키 사토시 감독의 영화 〈거북이는 의외로 빨리 헤엄친다〉라는 영화에서 스즈메도 그렇다. 평범함을 넘어서 존재감조차 흐릿했던 그녀는 우연히 발견한 스파이 모집 전단 하나로 스파이가 된다. 그녀의 첫 임무는 뜻밖이었다. '눈에 띄지 않게 평범하게 살 것.' 존재감이 없던 그녀였지만, 일부러 평범해야 하는 삶은 생각보다 어려웠다. 반면, 다른 스파이들은 완벽하게 임무를 수행하고 있었다. 그중한 명은 라면집 사장으로 위장하고 있었다. 그는 누구보다 맛있게 라면을 끓일 수 있었지만, 오히려 어디서나 흔히 먹을 수 있는 '그저 그런' 맛을 의도적으로 내고 있었다. 평범함이 얼마나 의도적이고 어려운 일인지 보여준다. 그뿐만 아니라 그 속에 숨은 비범함을 조용히 담아낸 영화다.

평범하게 보이는 것도, 노력의 결과다. '그저 그런 하루'도 수많은 선택과 절제, 균형으로 이루어진 정교한 삶의 결과다. 작가 빌 판덴 베르켄은 "우주는 $(10^{10})^{123}$분의 1의 확률로 존재하게 되었다."라고 말했다. 지금, 이 순간을 살아가고 있다는 것 자체가, 극히 낮은 확률 속에서 일어난 하나의 기적이라는 뜻이다. 그의 주장대로라면, 지금, 이 순간의 평범한 하루도 가장 비범한 일상이다.

사람들은 흔히 '평범한 일상'을 '성공적인 인생'과 동떨어진 것으로 생각한다. 일상적인 삶을 성실히 살아내는 일은 쉽지 않은 도전이다. 눈에 띄지 않는 자리에서 묵묵히 일상을 살아내는 일 역시 만만치 않다. 흔들리는 하루 속에서도 균형을 잡아가는 사람은 대단하다. 하루하루 꾸준히 일상을 살아내는 사람만이 비범함에 다가설 수 있다.

많은 사람은 주변이 모두 평범하다고 생각해 그 가치를 놓치고 있다. 하지만 평범함에는 누구에게나 가능성이라는 것이 열려 있다. 희망 있는 삶에는 강력하고 비범한 힘이 숨어 있다. 그 힘을 끄집어내기 위해서는 평범한 하루를 어떻게 살아가느냐가 중요하다.

세상에는 오랜 시간 사람들의 평범한 경험과 실패를 통해 만들어진 '삶의 틀'이 있다. 누구나 따라갈 수 있는 방향이다. 비범한 사람들은 평범한 틀 속에서 생활하면서 자신만의 인생 깊이를 만든다. 특별한 재능만으로 만들어지지 않는다. 오직 성실함과 일상을 대하는 태도의 차이가 결과를 만든다. 물론 재능은 중요하다. 다만 능력만으로는 삶이 변화되지 않는다. 오히려 재능에만 집착하다 보면, 일상의 틀을 가볍게 여기게 되기 쉽다.

비범함은 먼 곳에 있지 않다. 누군가처럼 되기 위해 과감히 길을 바꿀 필요도 없다. 그저 하루하루, 삶의 틀이 익숙해질 때까지 줄기차게 자신만의 균형을 잡아가면 된다. 성공과 실패에는 '꾸준함'이라는 기준이 늘 존재한다. 특별한 방식이나 정답을 찾기보다, 끊임없이 무언가를 해내는 것이 비범해지는 길이다. 한결같은 태도를 유지하는 것은 결코 쉬운 일은 아니다. 사람들이 실수하거나 실패하는 이유 대부분은, 꾸준하게 무언가를 하지 못하기 때문이다. 무슨 일이든 일상에서 반복하다 보면, 평균 이상의 실력에 도달하게 된다. 평범함의 반복이 비범함을 만들어내기 때문이다.

하버드 교수인 하워드 가드너는 비범한 사람들의 특징을 "비범한 사람들은 경험한 크고 작은 사건들을 자기 삶에 반영한다. 그리고 자신의 강점을 인식하고 개발한다. 그뿐만 아니라 때때로 실패를 경험하지만 포기하지 않고, 역경에서 무언가를 배우고자 하며, 패배를 기회로 전환하는 특징도 가지고 있다."라고 설명했다. 비범함은 처한 여건이나 갖춘 재능과 관계없이 이런 특징대로 살아가면 얼마든지 비범한 사람으로 거듭날 수 있다.

평범한 일도 꾸준한 태도로 지속하면 그 분야에서 자신만의 깊이를 가지게 된다. '낙수가 바위를 뚫는다.'라는 말에서 보듯이, 끊임없이 물방울이 같은 자리에 떨어지면 언젠가는 바위를 뚫을 힘을 발휘하기 때문이다.

간혹 강연하는 자리에서 어떻게 그 많은 빚을 갚았는지, 인생 전환의 비결을 알려 달라고 한다. 난감하기 그지없다. 비법이 없으니 알려줄 게 없다. 군이 말하자면 끊임없이 궁리하고 견디며 움직이다 보니, 빚도 하나씩 정리되었다. 평범한 움직임의 경험이 삶을 바뀌게 한 것이다. 다만, 마냥 견디기만 해서는 안 된다. 머리를 쓰고, 숙고하면서 더 나은 방식으로 움직여야 한다. 그래야 창의적인 행동으로 비범한 삶이 시작된다.

난 실패에 대한 두려움이 없다. 내일 당장 인생이 망한다고 하더라도 다시 일어설 힘이 있다. 이미 평범한 생활에서 수많은 경험을 했기 때문이다. 일상을 견디고 살아낸 삶이야말로 가장 비범한 삶이다. 살아가다 보면, 어느 순간 자신이 특별해졌음을 느끼게 되는 순간이 온다. 그것은 평범함을 예사롭게 지나치지 않았기 때문이다. 평범한 삶을 한결같은 마음으로 노력했기 때문이다.

아직도 비범해지려고 노력하는가? 하루 종일 평범함에 익숙해지고 거기서 최선을 다하면 어느 순간 비범해진다.

제6장

어떻게
인생 전환할 것인가?

사고의 틀을
뒤집어라

기존의 생각으로는 새로운 삶을 만들 수 없다. 사고가 바뀌지 않으면 인생은 바뀌지 않는다. 변화는 생각에서 시작되기 때문이다. 지금까지의 삶은 어제까지의 생각이 만든 결과물이다. 그렇다면 앞으로의 인생을 바꾸기 위해, 필요한 건 무엇일까? 당연히, 새로운 방식의 생각이다. 익숙한 사고의 틀 안에 머무는 한, 삶은 낡은 경로를 반복할 뿐이다. 틀을 벗어나야 길이 보인다. 실패한 속에서 새로운 길을 모색하려면 사유의 전환이 필요하다. 일상과 상식을 뒤집어야 생각의 역전 현상이 일어난다. 일상이 반복되면 자극이 없다. 자극 없는 삶은 싫증 나기 쉽다.

처음에 맛있던 음식도 계속 먹으면 질린다. 멋있는 옷도 처음 입었을 때는 근사해 보이지만 자주 입으면 싫증이 난다. 아름다운 여인을 처음 볼 때는 황홀해할 만큼 예뻐 보이지만 자주 보면 고운 자태도 싫어질 수 있다. 한 음악가의 음악도 처음에는 들을 만하지만, 그 곡만 줄기차게 듣고 있으면 염증이 난다. 물린다는 것은 같은 자극이 반복되면서 대상과 사물, 사람에 진력나기 때문이다. 진드기도 피에 식상하면 덜 뜯는 법이다. 비슷한 생각은 비슷한 결과만 가져온다. 고여 있는 사고로는 흐르는 삶을 새롭게 만들 수 없다.

사고가 식상하지 않기 위해서는 늘 새로운 생각을 해야 한다. 개그맨은 말과 연기에 늘 참신한 재미를 줘야 한다. 기업은 고객을 위해 이전에 없던 새로운 서비스를 개발해야 고객이 싫증을 내지 않는다. 컨설턴트는 맞춤 해결을 위해 새로운 자문과 조언을 제공해야 식상함에서 벗어날 수 있다.

식상함은 그 대상에 변화가 없어서 느끼게 될 수도 있지만, 같거나 비슷한 방식으로 생각하고 행동해서 겪게 될 수도 있다. 상식적으로 생각하다 보면 고만고만한 생각만 하는 것이다. 상식은 말 그대로 일상에서 누구나 알고 있는 지식이다. 비슷한 지식을 습득하면 생각과 행동이 비슷해져 일상적 삶도 싫증이 나기 쉽다. 상식을 뒤집고 관념을 벗어나야 한다.

남들이 '당연하다'라고 여기는 것이나, '지금까지 해온 방식'에서 벗어나야 한다. 익숙함 속에서 낯선 것을 찾아야 뒤집어 생각할 수 있다. 뒤집는다는 것은 단순한 반항이나 삐딱함이 아니다. 낡은 질서를 재해석하고 새로운 가능성을 모색하는 것이다. 세상을 오래 살아온 사람일수록, 많은 것을 아는 사람일수록 사고는 굳는다. 굳은 사고는 마치 오래된 콘크리트와 같다. 단단하지만, 유연하지 못하다. 굳은 마음엔 새싹이 피지 않듯 유연하지 못한 사고는 성장의 문이 열리지 않는다.

실패 속에서 인생의 문을 다시 열 수 있게 만드는 것은 생각의 차이다. 관점을 달리하는 순간, 새로운 생각이 밀려온다. 인생의 전환은 밖에서 오는 변화가 아니라 안에서 일어나는 반란이다. 그 반란의 시작이 바로 사고의 전환이다. 뒤집은 사유는 역경에 처했을 때 더 빛을 발한다. 감당할 수 없는 삶의 무게에 짓눌려도 섣불리 절망하지 않게 된다. 도저히 풀리지 않을 것 같은 문제도 뒤집어 생각하면 간단하게 해결될 때도 있다. 뒤집어 사유하면 인생 전환의 길이 보인다.

그렇다면 어떻게 해야 사고를 뒤집을 수 있을까?

문제를 다른 각도에서 봐야 한다. 인생을 바꾸는 사람은 공통점이 있다. 남들이 "그건 안 돼"라고 할 때, '왜 안 되지?'를 생각한다. 기존의 틀을 뒤흔드는 생각이 있어야 판을 뒤집을 수 있다. 그래야 답을 찾을 수 있다. 비틀어 보지 않으면 다르게 생각할 수 없다.

인생은 선택의 연속이고, 선택은 사고에서 비롯된다. 대부분 사람은 눈앞에 보이는 문제를 정면에서만 바라본다. 한 면만 보면 문제의 해결책이 나오지 않는다. 여러 방향으로 바라봐야 실체가 보인다. 문제는 입체적인데, 평면적으로 보기 때문에 오해하고, 헤맨다.

사람은 보고 싶은 것만 보고, 믿고 싶은 것만 믿는 경향이 있다. 그런 사람은 주관적이다. 주관이 강하면 객관에서 멀어진다. 사고는 편향되고, 시선은 왜곡된다. 한 방향에서만 본다는 건 사고의 폭이 그만큼 좁다는 뜻이다. 사고도 입체적으로 하기 위해 광각 렌즈가 필요하다.

여행을 떠나면 익숙한 틀에서 벗어나게 되어 입체적으로 모든 것을 보게 된다. 낯선 문화를 다각적으로 마주하면 그 나라 사람들이 당연하게 여기는 것들이 이상하게 느껴질 때가 있다. 예를 들어, 중국 장기를 보면 말의 크기가 모두 똑같다. 이름은 같지만, 우리와 다른 것은 말의 크기다. 이런 차이를 보면 '왜 그럴까?'라는 의문이 생긴다. 대부분 사람은 그냥 그런가 보다 하고 지나치지만, 관점을 전환하는 사람은 사소한 차이에 의문을 품고, 그 의구심에서 해답을 찾는다.

　시카고학파의 창시자인 사회학자 로버트 파크는 이민자 같은 주변인이 더 창의적이라는 통찰을 남겼다. 그들은 중심에 있지 않기 때문에 오히려 당연한 것에 더 많은 질문을 던진다는 것이다. 중심에 있는 사람이 당연하게 여기는 것들을, 바깥에서 보는 사람은 이상하게 본다. 이 '이상함'이 문제해결의 시작이다.

　인류의 역사에서도 마찬가지다. 큰 혁신은 언제나 경계에서 일어났다. 문명이 충돌할 때, 이질적인 생각이 부딪칠 때 세상은 요동쳤고, 거기서 새로운 것이 태어났다. 전쟁, 이주, 교류 이 모든 경계의 순간이 역사의 전환점을 만들었다. 위대한 업적과 발명도 그렇다. 모두 관점을 달리하는 데서 이루어졌다. 뉴턴은 사과가 떨어지는 걸 보고도 '왜 아래로 떨어지는가?'를 생각했다. 대부분은 '사과가 떨어졌구나!' 하고 지나친다. 위대한 창조는 대부분 엉뚱한 관점에서 시작된다. 다르게 본다는 건 세상을 다시 그리는 것이다. 세상을 바꾸는 사람은 평범한 것을 비틀고 꼬아서 보는 사람이다. 같은 것을 보고도 다른 생각을 하는 사람이다. 그런 시선과 질문이 창조를 낳고, 세상을 바꾼다.

　문제를 푸는 핵심은 해답이 아니라 질문이다. 질문이 바뀌면 답도

제2부 인생을 새롭게 설계하는 사람, 슈퍼 리파운더　　**181**

바뀐다. "왜 이게 문제인가?"가 아니라, "이게 진짜 문제인가?"로 바꿔야 한다. 애초에 문제 자체가 잘못 정의된 것일 수 있다. 그래서 질문부터 다시 봐야 한다. 진짜 문제를 찾는 눈은 바로 다른 각도에서 보는 안목이다. 같은 일상에서도 탈피한 시선이 필요하다. 변하지 않는 일상은 시선이 시종일관 같거나 익숙하다. 성장은 익숙함 속에 머물면 위축된다. 새로운 가능성은 낯선 불편함 속에서 나타난다. 삶을 전환하기 위해서는 익숙함에 문제를 제기해야 한다. 사고를 뒤집는다는 건 바로 그 불편함과 마주하는 것이다. 모든 혁신은 그렇게 시작된다.

그리고 상상이 이상을 품게 해야 한다. 삶이 어려운 사람일수록 상상을 자주 한다. 현실이 버겁고, 지금 이 자리가 너무 고통스럽기 때문이다. 그들에게 공상은 고통 속에서 피어난 '심리적 생존 전략'이다. 결핍은 오히려 상상을 자극한다. 상상이 쌓이고 쌓이다 보면, 언젠가는 그것이 현실이 되기도 한다. 수많은 예술가와 발명가가 그랬다.

반 고흐가 그린 노란 밀밭과 별이 흐르는 밤하늘은 그가 실제로 본 풍경이라기보다 그가 보고 싶었던 세계였다. 고흐는 현실이 비참할수록 더욱더 강렬한 색채로 세상을 그렸다. 그것은 상상이자 저항이었다. 현실을 견디지 못해 상상으로 대항했다. 그 상상이 예술이 되고, 세상을 울렸다. 상상은 단지 꿈꾸는 행위가 아니다. 변화의 씨앗이다. 고달픈 사람일수록 더 많이 상상해야 하는 이유다. 상상은 새로운 삶을 시작하게 하는 발화점이기 때문이다.

모든 혁신은 상상에서 출발했다. '해리포터' 시리즈를 쓴 작가 조앤 롤링은 "상상력이란 내가 경험해 보지 못한 경험을 공감하는 능력이다."라고 말했다. 상상은 처음에는 허무맹랑한 이야기로 들린다. 터무니없는 생각이 사람의 마음을 자극하고, 촉발된 가슴은 바람을 품고, 꿈이 된다. 희망을 품은 이상은 세상을 움직이게 한다.

상상은 아무 근거 없는 망상 같아 보이지만, '생각의 틀'을 벗어나게 한다. 형식에서 비켜나면 이상을 품게 된다. 막연한 상상은 도피지만, 이상을 품는 순간 도전이 된다. 상상과 이상은 실천하고자 하는 의지다. 이상을 가진 사람은 행동한다. '이렇게 되면 좋겠다.'라는 소망을 '이렇게 만들겠다.'라는 의지로 바꾸는 사람이다. 그래서 상상을 믿고, 움직이면 이상이 실현으로 이어진다. 현실은 생각보다 단단하지 않아 뒤집을 수 있다. 다만 상상력이 없으면 뒤엎을 도구조차 가질 수 없다. 그리고 왜 엎어야 하는지도 모른다. 상상할 때가 이상을 위해 행동할 때다. 공상에 머무는 것이 아니라, 이상을 실현해야 한다. 상상은 시작일 뿐, 그 끝은 반드시 이상을 품어 현실로 이루어 내야 한다.

마지막으로 몰입해야 한다. 무엇을 하더라도 몰입하는 사람은 다르다. 지루함이 없다. 단조로운 일상도, 반복되는 하루도 색다르게 경험된다. 왜일까? 행위 자체가 목적이 되기 때문이다. 몰입하는 순간, 결과는 중요하지 않다. 그 과정에서 깊은 기쁨과 만족감이 솟아나기 때문이다. 그 상태가 바로 몰입이다.

심리학자 미하이 칙센트미하이는 "몰입은 어떤 활동에 깊이 빠져서, 시간 감각과 자기 자신도 잊은 채, 그 행위 자체가 보상으로 느껴지는 최적의 경험 상태다."라고 말했다. 그는 몰입이라는 개념을 심리학적으로 정립한 대표적인 학자다.

몰입은 단순히 집중하는 것과는 다르다. 무엇에 푹 빠져 자기 자신도 잊어버릴 만큼 '나'와 '무엇' 사이에 경계가 사라진다. 이런 경험을 반복하는 사람은 삶의 밀도가 다르다. 그리고 결국엔 세상의 판을 뒤집는다. 몰입하는 사람일수록 행복하다. 왜냐하면 그들은 삶을 통제하고 있다고 느끼기 때문이다. 외부 상황에 흔들리지 않고, 자신의 삶을 운전하고 있다는 생각이 자존감을 높인다. 일상의 만족도를 한껏 끌어올리기도 한다. 그뿐만 아니라 창의성의 토대가 된다. 창의적인 생각은 무언가에 깊이 빠져들 때 떠오르기 때문이다.

삶이 바뀌지 않는 이유는, 사실 무언가에 덜 빠져 있기 때문이다. 어떤 것에 몰입하지 않으면, 삶에도 몰입하지 못한다. 몰입 없는 삶은 항상 피상적이고, 늘 지겹다. 반면 몰입하는 삶은 언제나 새롭다. 몰입하는 사람이 창조자가 되어 새로운 판을 짜고, 낡은 질서를 뒤집기 때문이다.

인생 반전의 시작은 '다르게 생각하기'에서 출발한다. 낡은 사고를 뒤엎는 순간, 낡은 삶도 뒤바뀌기 시작한다. 삶을 바꾸고 싶다면 생각부터 바꿔야 한다. 생각의 틀을 엎어야 판이 뒤집힌다. 판이 뒤바뀌면 삶도 역전이 된다. 사고의 전환은, 운명을 바꾸는 스위치이기 때문이다.

지금 바로 행동하라

데카르트는 "나는 생각한다. 고로 존재한다."라는 명제를 던졌다. 이 가설은 생각이 가장 중요하다는 믿음을 퍼뜨렸고, 사람들로 하여금 이성적 사고가 옳다고 여기게 했다. 작가 세르반테스는 돈키호테를 통해 "나는 행동한다. 고로 존재한다."라는 또 다른 명제를 던졌다. 소설에서 돈키호테는 세상을 바꾸는 것은 유토피아도, 광기도 아닌 정의로운 행동이라 했다. "마른 바지로는 송어를 잡을 수 없다."라는 말이 있다. 돈키호테는 자기 존재의 근원을 행동에서 발견했다. 이 두 명제의 차이는 단순한 철학적 사고가 아니라, 현재를 살아가는 방식에 대한 근본적인 전환을 의미한다.

아는 것이 힘인 시대는 지났다. 지금은 움직여서 무엇인가를 하는 것이 힘인 시대다. 예전에는 정보를 많이 아는 것이 경쟁력이었다. 지식이 적은 사람은 기회를 잃었고, 정보를 가진 사람은 그것만으로도 우위를 점할 수 있었다. 지금은 다르다. 검색 몇 번이면 누구나 정보에 접근할 수 있다. 중요한 건 '무엇을 아느냐'가 아니라, 그것을 가지고 '무엇을 하느냐'이다. 아는 것에만 머물러 있는 사람은 머릿

속에서만 인생을 설계하다 끝난다. 그러나 움직이는 사람은 작은 실천 속에서 가능성을 발견하고, 현실로 바꾼다. 정보는 획득하는 것이고, 지식은 이해하는 것이다. 인생을 바뀌게 하는 것은 체험이다. 아무리 많은 정보를 알고, 머리로 이해한다고 해도, 직접 경험하지 않으면 머릿속 이론에 불과하다. 몸으로 부딪치고, 시행착오를 겪으며 얻는 체험만이 사람을 성장하게 한다. 성장은 책상 앞의 앎이 아니라, 현장에서 부딪치며 느끼는 행동이다. 행동은 지식을 체험으로 바꾸고, 체험은 삶을 변화시킨다. 변화는 책 속에 있는 것이 아니라, 일상의 움직임 속에 있다.

실패한 사람과 성공한 사람의 차이는 능력이나 환경보다 행동의 여부다. 성공한 사람은 완벽해서가 아니라 일단 시작했기 때문에 그 자리에 도달한 것이다. 아무리 좋은 아이디어도 실천하지 않으면 공상에 불과하다. 탁월한 전략도 행동하지 않으면 허상이다. 루소는 "산다는 것은 호흡하는 것이 아니라 행동하는 것이다."라는 말을 했다. 인생은 움직인 만큼 바뀐다. 생각은 머리에서 시작되지만, 변화는 오직 몸을 움직일 때 비로소 이루어지기 때문이다. 실패에서 벗어나고 싶다면, 무엇보다 먼저 움직여야 한다. 행동하지 않는 한, 현실은 그대로다. 불안과 두려움만 머무른 채 아무것도 하지 않으면, 삶은 정체된다. 그런데 행동하는 순간, 모든 것이 달라지기 시작한다. 삶은 머릿속에서 역전이 되는 게 아니다. 손발이 움직이는 그 자리에서 전환이 시작된다.

이처럼 행동하기 위해서는 지체 없는 실천이 필요하다. 행동은 빠르게 할수록 힘이 생긴다. 아무리 좋은 의지와 계획이 있어도, 실행이 늦어지면 열정은 식고, 동력은 사라진다. 완벽하게 준비된 다음에 움직이겠다는 생각은 대부분의 실행을 무산시킨다. 완벽한 순간은 절대 오지 않는다. 완벽주의는 행동의 가장 교묘한 적이다. 시작이 늦어질수록 의심과 두려움이 커지고, 자신을 설득해 포기하게 만든다. 단념하지 않기 위해서는 빠른 행동과 실행이 필요하다. 즉각적인 실행은 완벽하지 않아도 괜찮다. 오히려 불완전한 시작이 예상치 못한 기회를 불러온다.

브라이언 체스키와 조 게비아가 그랬다. 에어비앤비의 창업은 빠른 실행에서 시작됐다. 창업 당시 체스키와 게비아는 집세를 낼 돈이 없을 정도로, 경제적으로 어려운 상황이었다. 우연히 도시에서 열리는 디자인 콘퍼런스로 인해 숙박 수요가 폭증한다는 소식을 듣게 되었다. 그리고 거실에 에어 매트리스를 깔고 외부에 방을 임대하자는 아이디어를 냈다. 그리고 단 이틀 만에 간단한 웹 사이트를 만들어 실행에 옮겼다. 무모해 보이는 실행은 곧 세 명의 고객을 유치하는 데 성공했다. 이후 그 경험은 전 세계인의 여행 방식을 바꾼 비즈니스 모델로 발전하게 되었다.

스타벅스의 창업자 하워드 슐츠도 마찬가지다. 1981년, 당시 작은 커피 원두 가게였던 스타벅스에 방문해 깊은 인상을 받았다. 얼마 뒤 스타벅스의 마케팅 책임자로 입사했다. 이탈리아 출장 중 에스프레소 바 문화를 경험하면서 새로운 아이디어를 얻었다. 커피를 파는 공간이 아닌, 문화를 파는 공간이라는 콘셉트를 만들어 직접 스타벅스를 인수해 실행에 나섰다. 그 빠른 실행은 스타벅스를 단순한 커피숍에서 제3의 공간이라는 문화를 파는 브랜드로 만들었다. 그는 "그때 조금이라도 주저하거나 타이밍을 놓쳤다면, 지금의 스타벅스는 없었을 것이다."라고 말했다. 행동과 실행은 '언제 하느냐'보다 '지금 당장'이 중요하다. 왜냐하면 더 나은 방향으로 나아갈 수 있는 추진력이 되기 때문이다.

그뿐만 아니라 행동에는 용기도 필요하다. 그래야 대담해진다. 담대한 행동은 두려움을 뚫고 나아가는 행위다. 무언가를 하기 전에는 늘 불안하다. 막상 해보면 생각보다 별거 아니라는 것을 안다. 도전은 두려움의 벽을 넘는 순간, 흥분과 희열로 바뀐다. 대담함은 두려움을 해결하는 강력한 해독제다. 사람은 본능적으로 행동에 따른 손실을 피하려는 경향이 있다. 뭔가를 얻는 기쁨보다 잃는 고통이 더 크게 작용하기 때문이다. 실패로 인한 많은 것을 잃을지 모른다는 불안감은 행동을 미룬다. 현재 상태에 머무는 것이 더 안전하다고 믿는다. 변화를 위험으로 느껴져서 그렇다. 작은 손해를 피하려다 더 큰 기회를 놓치는 이유다. 인생에서 큰 손실은 하지 않아서 놓친다. 삶은 시도하지 않은 사람에게 아무것도 주지 않는다. 그래서 의식적으로 대담해져야 한다. 변화는 용기가 필요하다. 그 용기는 결코 감정이 아니라 결단에서 시작된다. 행동을 결심한 순간, 모든 것이 달라진다.

일론 머스크는 페이팔을 매각한 뒤, 그 수익 전부를 우주 산업 스페이스X, 테슬라, 태양에너지 솔라시티에 투자했다. 당시 업계 전문가들조차 말도 안 되는 사업이라 했다. 스페이스X는 몇 차례 발사에 실패했고, 파산 직전까지 몰렸다. 그는 "실패할 수는 있어도 시도

하지 않는 것은 더 큰 실패"라고 말하며 네 번째 발사를 강행했고, 마침내 성공했다. 그 대담한 선택이 우주 산업의 패러다임을 바꿨다.

남아프리카공화국에서 27년간 투옥된 넬슨 만델라는 반 아파르트헤이트 운동을 전개하다가 투옥되어 27년을 감옥에서 지냈다. 석방된 후, 인종차별 정권을 상대로 보복하지 않았다. 그는 대담하게 화해를 선택했고, 백인과 흑인의 공존을 위한 진정한 통합을 추진했다. 그의 선택은 남아프리카공화국의 평화적 전환을 이끄는 전환점이 되었다. 가장 강한 변화는 가장 대담한 행동에서 시작된다.

담대한 행동은 역동적 행동에서 온다. 변화는 느리고 단조로운 실행보다 속도감 있고 역동적인 실행이 효과적이다. 정적인 움직임은 점점 무뎌지지만, 역동적인 행동은 생각지도 못한 기회를 불러온다. 인생은 준비된 사람보다 동적으로 움직인 사람에게 반응한다. 고속도로에서는 멈춰 선 차보다 방향이 틀려도 달리는 차가 더 멀리 간다. 역동적으로 움직인다는 것은 단순한 속도를 말하는 것이 아니다. 불완전한 상황 속에서도 끊임없이 방향을 잡고 나아가는 태도다. 그렇게 계속해서 움직일 때, 변화는 단순한 바람이 아닌 현실이 된다.

인생을 바꾸고 싶다면, 행동해야 한다. 움직이지 않으면 아무 일도 일어나지 않는다. 실패를 딛고 다시 일어서려면 과거에 머물러 있어서는 안 된다. 실패는 과거의 기억이지만, 행동은 미래를 여는 열쇠이기 때문이다. 오늘의 작은 시도가 내일의 새로운 삶을 만든다. 길은 스스로 나서는 자의 것이고, 기회는 도전 속에서 태어난다. 세상엔 생각만 하는 사람이 많고, 실제로 움직이는 사람은 극히 드물다. 인생을 반전시키는 사람은 단순히 고민만 하는 이가 아니다. 행동함으로써 새로운 판을 짜는 사람이다. 그렇게 해야 인생 전환은 가능하기 때문이다.

관심을 가져라

　심리학자 버러스 프레더릭 스키너는 어떤 환경에 반복적으로 노출되고, 어떤 보상을 받아왔느냐에 따라 그 사람의 행동 패턴과 삶이 영향 받는다고 주장했다. 상처로 인한 환경이 어려울수록 지금 처한 상황이 삶의 환경을 결정짓는다. 기회가 없거나 줄어들기 때문이다. 때를 감지하는 능력도 환경에 영향 받는다. 아무리 좋은 때가 와도 처한 상황이 곤란한 상태라면 시기가 왔는지 알 수 없다. 관심을 가지는 것조차 힘들기 때문이다. 무관심은 찾아온 기회도 한 번에 날려 버린다. 기회를 알아보고 포착하는 것은 관심에서 나오기 때문이다. 힘겨운 상황에서도 끊임없이 무언가에 관심을 가져야 타이밍을 기막히게 감지할 수 있다. 기회를 감지하기에는 관심만 한 게 없다.

　관심을 가지기 위해서는 촉각을 곤두세워야 한다. 세상에 수많은 기회가 떠다닌다 해도, 관심을 두지 않으면 좋은 기회도 스쳐 지나갈 뿐이다. 관심은 에너지다. 두는 방향으로 눈길이 가기 마련이다. 시선이 갔을 때 행동도 따라간다. 변화는 이때 일어난다. 관심의 안

테나를 세우지 않는 사람에겐 삶이 활력 없다. 무관심은 삶의 색을 지워버리는 침묵의 독이다. 생기 없는 삶에는 변화가 잘 일어나지 않는다. 시선도 행동도 무뎌지기 때문이다. 세상은 관심 있는 사람에게만 기회를 준다. 반전은 기회를 포착할 수 있는 더듬이가 민감한 사람에게만 일어나는 법이다. 관심의 촉각은 '찰나'의 관찰에서 얻어진다. 매일 같은 풍경을 지나치지만, 그 속에 뭔가 하나를 건져 올렸을 때 촉각은 깨어난다. 깨어 있는 촉각은 기회의 알아차림이다.

오래전, 시력과 청력을 모두 잃은 분들과 함께 협업 공연을 기획한 적이 있었다. 그들은 세상과 단절되어 있다고 생각했다. 그들과 무언가를 하기에는 힘들 것이라 여겼다. 그런데 유행하는 것이 무엇인지, 화제의 드라마는 어떤 것인지 세상 돌아가는 것을 정확히 알고 있었다. 심지어 나에게서 나는 향 내음과 주위의 자연 내음까지 즉각 반응했었다. 그들은 모든 감각을 곤두세운다는 사실에 놀랐다. 놀라워하는 모습에 대수롭지 않은 듯 "신이 우리에게 시각과 청각을 주지 못했지만, 강한 호기심과 관찰할 수 있는 예민한 감각을 주었어요. 우리 같은 사람이 살아갈 수 있는 유일한 방법은 모든 감각을 곤두세우고 마음의 눈으로 관찰해야 하거든요."라고 말했다. 관심의 감각이 민감하기 위해 끊임없이 관찰하지 않으면 어려운 환경에서 생활하기 힘들다는 얘기다. 어려운 환경일수록 기회를 감지하기 위해서는 '느끼려는 의지'와 '감각의 방향'을 위해 관찰해야 한다. 관찰은 관심의 시작이고, 인생을 바꿀 기회의 첫걸음이기 때문이다.

그렇다면 관찰하기 위해서 어떻게 해야 하는가?

낯선 경험을 기꺼이 즐겨야 한다. 비범하게 인생을 역전한 사람은 대수롭지 않게 여기는 생각들을 그냥 지나치지 않는다. 무엇이든 지속해서 눈길을 주고 관찰하는 사람이 삶을 전환한다. 익숙한 것에서만 머물러서는 새로움을 알지 못한다. "진정으로 보는 것은 눈이 아니라 마음으로 보아야 한다." 생텍쥐페리의 말이다. 중요한 것은 눈에 보이지 않는다. 마음으로 봐야 잘 보인다. 마음으로 본다는 것은 세상에 대한 열린 시선과 낯선 자극을 거부하지 않는 것을 말한다. 어려운 환경에서 인생을 전환하기 위해서는 무심코 지나칠 수 있는 순간들 조차에서도 시선을 줘야 기회를 감지할 수 있다. 사소한 낯섦에 관심을 품고, 관찰할 때 낯선 것을 두려워하지 않게 된다. 그래야 가능성과 인생의 기회를 잡을 수 있다.

그리고 모든 것에 관심을 가져야 한다. 관심은 마음을 여는 문이다. 가슴의 문을 활짝 열기 위해서는 한 곳에 국한되어서는 안 된다. 새로운 책도 읽고, 흥미 없는 주제를 다루고 있는 영상도 보고, 생소한 분야 권위자들의 강의도 들어야 한다. 다른 곳에 호기심을 기울일 때 혁신적인 생각이 발현되기 때문이다. 미국의 소설가 헨리 밀러는 관심에 대해 이렇게 이야기했다. "눈에 보이는 대로의 삶, 사람, 사물, 문학, 음악에 관심을 가져라." 모든 것에 눈길을 준다는 것은 세상과 끊임없이 연결 지으려는 의지다. 삶의 크고 작은 현상, 사람의 말투, 주변의 변화, 자신의 감정 반응까지도 유심히 들여다보겠다는 태도다. 그렇게 시선을 주는 사람만이 관찰할 수 있고, 기회를 감지할 수 있다. 기회를 알아차리는 능력은 정보나 지식보다 관심이다. 깊은 관심이 삶에서 보물을 발견할 수 있다. 인생에서 역전을 위한 보물을 캐내는 사람은 호기심으로 끊임없이 관찰하는 사람이다.

레오나르도 다 빈치, 스티브 잡스, 아리스토텔레스, 다산 정약용, 연암 박지원 공통점은 무엇일까? 다양한 방면에 호기심을 가진 사람이란 것이다. 시선이 한곳에만 머물면, 세상은 한 가지 모양으로만 보이기 마련이다. 관심 없는 사람은 자칫하면 시야가 좁아지기 쉽다. 좁은 시각으로는 혁신적인 생각을 할 수 없다. 혁신을 이룬 사람은 자신의 특별한 재능보다 끊임없는 호기심과 관찰 때문에 혁명적인 생각을 할 수 있었다. 비범한 사람은 사소한 생각도 통섭의 접근법으로 기회를 만든다.

기회는 사람에 관한 관심이 높아졌을 때 찾아오기도 한다. 세상은 사람으로 이루어져 돌아간다. 관심 있게 사람을 대해야 새로운 동력을 얻을 수 있다. 사람은 사람을 통해 성장하기 때문이다. 데일 카네기는 인간의 관심에 대해 "인생에서 가장 큰 어려움을 겪고 다른 사람에게 가장 큰 상처를 주는 것은 동료에게 관심이 없는 사람입니다. 모든 인간의 실패는 그러한 개인에서 비롯됩니다."라고 말했다. 또한 그는 "내일 전화를 받을 때 이를 기억합시다. 다른 사람에게 진정한 관심을 보이면 친구를 사귈 수 있을 뿐만 아니라 고객에게 회사에 대한 충성도를 높일 수 있습니다."라는 말도 했다. 타인에 대한 무관심은 삶에서 실패의 근원이 될 수 있지만 관심을 가진다면 삶의 다양한 혜택을 얻을 수 있다.

행사 장비를 대여하는 제일 종합 렌털의 정재일 대표는 사람에 관한 관심으로 어려웠던 시기에 기회를 잡을 수 있었던 사람이다. 내가 쓴 《1인 기업으로 다시 창업했습니다》에서 그의 일화를 옮겨본다.

"몇 년째 그와 거래하지 않고 있어도 때가 되면 사무실에 선물이 도착해 있다. 내 생일날에도 어김없이 선물이 집으로 배달된다. 미안한 마음에 어느 날 그에게 전화를 걸었다. "대표님! 잊지 않고 손 편지와 와인을 주시니 한편으로는 감사하고 미안합니다."라는 말을 전했다. 거래도 하지 않은 기업에 관심을 표하니 어찌 미안한 마음이 들지 않겠는가? 미안해하는 말에 그의 대답은 이랬다. "아닙니다. 오랫동안 저희와 함께하셨으니, 보답은 해야죠. 그리고 필요하시면 언제든지 불러주세요. 언제든지 대표님과 함께하겠습니다." 관심이 없으면 하지 못하는 일이다. 몇 년 동안 거래하다가도 잠시 소홀했다고 관계를 끊어버리는 냉정한 사업 관계에서 그의 그런 관심이 고맙게 느껴졌다. 얼마 전 제법 큰 행사를 맡게 되었을 때 그에게 행사를 맡겨 체면치레했다.

그는 한 번이라도 만난 사이라면 손 편지, 간단한 문자 메시지, 정성이 담긴 이메일을 보낸다. 내용도 '잘 들어가셨느냐?', '오늘 만나서 즐거웠다.', '편안한 하루를 보내시라'로 별 내용도 없다. 그런 관심 덕분에 감염병이 유행했을 때, 참사나 국가적인 재난에서도 그와 인연 맺은 사람들은 조그마한 일이라도 그에게 맡겼다. 기업가뿐만 아니라는 모든 사람은 사람에 관한 관심을 가져야 한다. 그리고 사람의 마음을 얻어야 한다. 사람과 사람 사이에서 기회가 만들어지기 때문이다.

나 역시 사람에 대한 관심이 많다. 사람 부자다. 예술인, 기업인, 종교인, 학자, 만나는 사람들도 다양하다. 내가 쓴 책 《1인 기업으로 다시 창업했습니다》는 경영서지만, 사람에 관한 이야기다. 그동안 만났던 다양한 사람들의 삶의 방식과 처신에 대한 보고서다. 그들을 만나고, 그들의 생각과 자세를 통해 내 삶의 방향을 정할 수 있었다. 나를 성장시킨 것은 사람에 대한 관심이 많아서다.

사람을 관찰하고, 관심을 가진다는 것은 사람의 생각과 마음, 서사에 귀를 기울이겠다는 깊은 태도다. 인간을 향한 따뜻한 관심은 감각을 열게 한다. 세상을 더 민감하게 인식하게 만든다. 그렇게 깨어 있는 사람만이 기회를 감지하고, 새로운 방향으로 한 걸음 내디딜 수 있다. 기회를 감지하는 능력은 인생을 전환하는 데 필요한 생존의 감각이다. 사소한 것 하나 놓칠 수 없는 이유다. 삶을 새롭게 디자인하기 위해서는 모든 것에 관심을 주고 관찰해야 한다.

당신은 지금, 스스로 감각을 어떻게 깨우고 있는가? 무감각 상태라면 관심의 관심을 가져야 한다. 관심이 없으면 기회는 존재하지 않는다.

집요하게
물고 늘어져라

　도끼를 갈아 바늘을 만든다는 뜻의 "마부작침(磨斧作針)"이란 말이 있다. 아무리 어렵고 힘든 일이더라도 끊임없이 노력하면 결국에는 성공할 수 있다는 거다. 세상에 어떤 것도 강한 의지를 대신할 수 없다. 의지와 끈기는 재능보다 앞선다. 사람이 성공하지 못하는 이유 중 하나는 끈기 부족으로 포기하기 때문이다.

　여성 전용 헬스클럽 커브스의 창업자 게리 헤이븐은 "어느 분야에서건 성공하고 싶다면 집요하게 끝까지 물고 늘어져야 한다."라고 말했다. 루이뷔통 모에 헤네시 그룹 회장인 베르나르 아르노 역시 "성공하려면 끈질기고 집요해야 한다."라는 말에서 집요함을 강조했다. 끊임없는 노력을 대신할 수 있는 것은 세상 어디에도 없다. 아무리 잘난 재능도 무언가를 파고들어 계속하면 성취할 수 있다.

　작가 박경리 선생은 대하소설 《토지》를 완성하기 위해 무려 26년이라는 세월을 바쳤다. 수백 명의 인물, 수십 년의 역사, 수많은 사건을 담아내기 위해 날마다 원고지 앞에 앉아 글과 싸워야 했다. 한 장, 또 한 장을 채우는 일은 고통이었지만, 멈추지 않고 이어진 그 고통이 마침내 위대한 결실을 낳았다. 집요하게 물고 늘어지지 않았다면, 《토지》는 세상에 존재하지 않았을 것이다.

가진 것이 없고 절박한 사람일수록 더욱 집요해질 수밖에 없다. 다시 시작할 여유가 없기 때문이다. 영화 〈슬럼독 밀리어네〉는 인도 뭄바이의 빈민가에서 자란 소년 자말이 퀴즈쇼에 나가 1천만 루피를 획득하는 과정을 그렸다. 자말은 놀라운 기억력과 끈기를 가졌다. 고통스럽지만 생생했던 삶의 경험이 퍼즐처럼 맞춰지며 문제의 해답을 끌어낸다. 사람들은 그저 '운 좋은 아이'라 불렀지만, 소년의 승리에는 집요하게 버텨낸 기억과 삶의 흔적이 있었다.

절박함에서 비롯된 집요함은 인류의 생존 본능이자 진화의 원동력이다. 성경에 나오는 한 과부 이야기다. 힘없고 가난한 과부가 있었다. 재판관에게 날마다 찾아가 송사를 제대로 해결해 달라고 애원했다. 처음엔 거들떠보지도 않던 재판관이 그녀의 끈질긴 요구에 판결을 내린다. 그녀가 얻은 것은 동정이 아니라, 집요함의 결과였다.

선택의 여지가 없다는 것은 절박한 사람에게는 오히려 유리하다. 물러설 길이 없기에 오직 앞으로 나아가야만 하기 때문이다. 그 절박함이 계속할 힘을 만들어 추진력이 된다.

뷰티 브랜드 기업가 마샤 킬고어가 그렇다. 무일푼으로 미국 뉴욕에 이주한 그녀는 작은 뷰티 살롱을 열었다. 고객이 만족할 때까지 손에서 피부에 관련된 제품을 내려놓지 않았다. 한 사람 한 사람의 변화를 꼼꼼히 기록하며 맞춤형 서비스를 제공했다. 작은 살롱은 세계적인 브랜드로 성장했다. 그녀의 성공은 자본이나 배경이 아닌, '계속하는 힘'에서 비롯된 결과였다. 가진 것이 많은 사람은 선택지가 늘어나 포기하거나 쉽게 방향을 틀 수 있다. 하지만 가진 것이 없는 사람이 물러설 수 없는 이유다.

내 삶 역시 다르지 않았다. 8년간 일한 시간은 52,560시간이다. 수면 시간은 11,680시간밖에 안 된다. 평균적인 시간으로 환산하면 16년을 8년과 4년으로 압축해서 산 것이다. 주변에서는 그렇게 일하다간 "한 방에 훅 간다."라고 걱정했다. 심지어 빚을 어느 정도 갚았을 때는 일을 줄이라는 조언도 들었다. 나는 빚을 모두 청산하기 전까지 멈추지 않았다. 절박했기 때문이었다. 모든 것에 여유가 없어 끝까지 물고 늘어졌다. 끝내, 마침표를 찍었다.

'쇠뿔도 단김에 빼라'라는 말이 있지만, 끝까지 고삐를 놓지 않는 것이 변화를 위해 필요하다. 역전은 단순한 반복이 아닌, 끈기 있는 반복에서 이루어지기 때문이다. 미국 작가 리타 메이 브라운은 "같은 짓을 반복하면서 다른 결과를 기대하는 것은 정신착란이다."라고 말했다. 나는 이 말을 "끈기 없이 행동을 반복하면서 인생이 바뀌기를 기대하는 것은 어리석은 착각이다."라고 바꾸고 싶다.

무언가를 역전시키는 가장 확실한 방법은 집요하게 물고 늘어지는 것이다. 인생을 전환하는 데 있어 가장 중요한 자세는 끈기다. 똑같은 문제를 겪더라도 어떤 사람은 해결하고, 어떤 사람은 계속 그 자리에 머문다. 이 차이는 악착같이 포기하지 않는 행동에서 비롯된다.

인생을 더 나은 방향으로 바꾸고자 끊임없이 고민하는 사람은, 그렇지 않은 사람과 완전히 다른 삶을 살아간다. 집요한 만큼 인생이 바뀌기 때문이다. 모두에게 똑같이 주어진 시간을 누군가는 50퍼센트만 활용하고, 또 누군가는 200퍼센트, 300퍼센트로 사용한다. 결국, 후자의 삶을 살아가는 사람이 인생 전환이라는 보상을 얻게 된다.

실패한 인생일수록 끈기를 유지하기 어렵다. 그러나 어떤 역경과 장애물에도 집요함을 잃지 않는다면, 인생은 놀라울 만큼 성장하고 변화할 수 있다. 어느 인터뷰에서 기자가 내게 "인생을 어느 정도로 보고 전환해야 할까요?"라고 물었다. 다소 추상적인 질문이었지만, 나는 "삶에는 끝이 있습니다. 그 끝은 마지막 숨을 거두는 순간입니다. 극단적으로 말해 내일 죽더라도, 그전까지는 인생을 변화시켜야 합니다. 숨이 붙어 있는 한, 인생 역전의 기회는 언제든 존재합니다." 라고 대답했다.

인생, 끝날 때까지 끝난 것이 아니다. 집요함은 절박한 사람의 유일한 희망이자 인생을 전환하는 가장 강력한 무기다.

일상에서 비상할 수 있는
길을 찾아라

　'일상'을 사전에서 찾아보면 '날마다 반복되는 생활'이라 정의되어 있다. 어제와 같은 오늘, 하찮게 느껴지는 하루지만 관심을 두고 들여다보면 그 안에도 비상할 수 있는 길들이 숨어 있다. 묻혀 있는 가능성을 찾기 위해 에디슨처럼 탐구하고, 괴테처럼 삶과 지식의 경계를 넘나들기는 쉬운 일은 아니다. 그러나 남들과 다를 바 없는 하루 속에도 새로운 길은 멀리 있지 않다.

　삶을 바꾸기 위해 대단한 조건은 필요 없다. 지금, 이 순간, 평범한 하루를 '그저 그런 날'로 넘기지 않는 것, 그것이 시작이다. 시선을 조금만 달리하고 하루의 흐름을 살짝만 비틀어 보면, 어제와는 다른 오늘을 살 수 있다. 진정한 전환은 익숙한 하루 속에서 색다른 시도를 통해 방향을 바꾸는 데서 이루어진다. 평범한 일상에도 도약의 씨앗은 숨어 있다. 그 끝에서 우리가 일상을 대하는 태도에 따라 인생의 방향이 바뀐다. 삶을 관통할 통찰은 책상 위에서가 아니라, 현실의 마찰 속에서 얻어진다. 경험은 실패한 인생을 다시 일으킬 수 있는 가장 강력한 연료이다. 그래서 물리적으로 평범해 보이는 하루 속에서도, 삶을 뒤흔들 통찰과 변화를 만들어낼 '체험의 가능성'을 찾아야 한다. 반복되는 하루 속에도 직접 부딪혀보는 용기를 낼 때, 삶은 서서히 방향을 틀기 시작하기 때문이다.

체스터필드 경은 "세상살이에 관한 지식은 세상과 벗했을 때 얻어지는 것이지, 책상 앞에서 얻을 수 있는 것이 아니다."라고 말했다. 세상살이의 지혜는 풍파를 직접 겪어야만 얻어진다. 곤경을 피한 채로는 절대 체득되지 않는다.

실패는 단순히 한 번의 좌절이 아니라 삶 전체를 뒤흔드는 사건이다. 무너진 삶을 다시 세우려면 머리로 아는 지식이 아니라, 몸으로 겪어낸 체험에서 길러진 통찰이 필요하다. 체험은 나침반처럼 방향을 바로잡아 주고, 다시 일어설 힘을 준다. 변화를 원하는 사람일수록 더 많이 부딪히고 더 많이 시도해야 한다. 눈으로 익힌 이론만으로는 결코 알 수 없는 것들이 있기 때문이다. 인생의 전환은 익숙한 일상 속이 아니라 예상치 못한 충돌 속에서 일어난다.

대부분의 하루는 똑같이 흘러간다. 특별한 성취도 없이 반복되는 일상을 마치 인생의 전부인 것처럼 받아들인다. "다들 이렇게 사니까…", "이게 현실이지"라는 말로 가능성과 상상력을 접어 버린다. 그 틀을 비트는 작은 변화에서 삶은 달라진다. 늘 가던 길 대신 다른 골목을 걸어보거나, 책 한 권을 하루에 끝내는 것, 낯선 사람에게 먼저 인사를 건네는 것. 그런 사소한 시도가 일상을 흔들고 감각을 깨우며, 새로운 방향으로 날아오를 힘을 준다.

난 8년간 같은 날이 반복되는 삶을 살았다. 그러던 중 우연히 티브이에서 한 택시 기사의 강연을 보게 되었다. 그의 이야기는 내가 겪고 있는 힘든 시기와 맞물려 유독 귀에 꽂혔다. 마치 그의 삶 속에서 나의 인생이 겹치는 듯했다. 문득 그를 직접 만나고 싶다는 생각이 들었고, 어렵게 연락처를 수소문해 무작정 연락을 취했다. 그리고 마침내 그를 만날 수 있었다. 그와 만남에서 그는 나에게 "당신도 강연을 해보라"라고 권했다. 그때부터 나는 여러 강연자의 강연을 틈틈이 찾아 듣기 시작했다. 택배를 배달하면서도 차 안에서 강연을 틀어놓았고, 신문을 배달할 때도 꼭 챙겨 들었다. 그렇게 우연히 본 미디어 속 강연이 내 일상의 변화를 주기 시작했다. 그리고 그 작은 선택 하나가 인생의 전환점이 되었다. 지금 나는 그처럼 강연하는 강연가로, 기업인으로, 글을 쓰는 작가로 삶을 전환해 살고 있다.

비상은 지금의 나를 벗어나, 더 나은 나를 향해 한 걸음 나아가는 것이다. 그 시작은 언제나 일상 안에 있다. 일상이 반복되면 심장에는 두근거림이 없다. 결코 인생을 뒤엎지도 못한다. 인생을 엎어 새롭게 개척하는 사람은 같은 일상을 같지 않게 만든다. 틀 안에서도 틀을 뒤집어봐야 삶을 뒤집을 수 있다. 당신은 하루를 지리멸렬하게 보내는가, 아니면 매일 반복되는 삶 속에서도 다르게 살려고 하는 사람인가? 일상에서 비상할 수 있는 길은 특별한 것이 아니다. 새로움은 언제나 일상에서 시작된다. 색다름을 선택할 용기를 낸다면 못 할 것도 없다. 우선 더 늦기 전에 다음과 같이 작은 것부터 시도해 보자. 지금 당장.

먼저 처음을 두려워하지 않고 시작하자.

처음 시작하는 일, 처음 만나는 사람, '처음'은 낯설이다. '처음'이란 단어 앞에서 망설이는 이유다. 처음은 원래 불안정하다. 처음 만나는 사람과 얼굴을 붉힐 수도 있고, 처음 하는 일이 기대에 못 미칠 때도 있다. 그건 실패가 아니다. 한 발짝 더 나아갔다는 증거다. 처음 시도한 사람만이 '다음 단계'로 갈 수 있기 때문이다. 인생의 전환점은 언제나 그 '처음'에서 시작된다. 나는 강연을 처음 시작했을 때 목소리가 떨리고 말문이 막히기도 했다. 그 처음이 있었기에 지금은 수백 명 앞에서도 당당히 내 이야기를 할 수 있다. 모든 것을 잘하는 사람은 처음엔 모든 것을 못 했던 사람이다. 처음이라는 문을 열지 않으면, 평생 그 문 앞에서 망설이기만 할 것이다.

그리고 '척'하는 용기를 갖자.

잘하는 척하면 잘하게 된다. 완벽하게 준비된 사람만 시작할 수 있다고 믿는 사람들이 있다. 세상은 '준비된 사람'보다 '보여주는 사람'을 더 빨리 기억하기 때문이다. 때로는 완벽하지 않아도 '척'하는 용기가 필요하다. '잘하는 척'은 위선이 아니라 연습이다. 처음부터 잘할 수 없기에, 잘해 보이려고 애쓰는 거다. 그렇게 '척'하다 보면 어느 순간 진짜 잘하게 된다.

난 처음 강연할 때 겁이 났다. 오히려 말 잘하는 척, 당당한 척을 하며 무대에 섰다. 그렇게 행동하다 보니, 어느 순간 진짜가 되어 있었다. 지금도 나는 "나는 아직 완벽하지 않지만, 잘하는 사람처럼 행동할 수 있어."라고 말한다. 그 행동이 나를 이끌었다. '척'이 변화를 만드는 첫 시작이다.

마지막으로 불편함에 익숙해지자.

불편함에 익숙해질 때, 진짜 변화가 시작된다. 사람들은 편한 걸 좋아한다. 성장은 불편한 곳에서 일어난다. 변화하고 싶은 이유도 지금이 불편하기 때문이다. 그런데 정작 불편한 행동은 피한다. 의도적으로 맞이한 불편함은 성장의 징후가 된다. 그걸 피하지 않는 순간, 인생이 달라지기 시작한다. 운동을 해본 사람은 몸이 아프고 근육통이 올 때, 그것이 곧 근육이 성장하고 있다는 신호라는 것을 안다.

나 역시 새로운 사람들을 만나는 것이 불편했지만, 억지로 만남의 자리를 만들며 세상이 확장되는 걸 경험했다. 글쓰기가 어렵고 낯설었지만, 매일 불편함을 감내하며 써 내려간 글이 지금의 나를 만들었다. 불편함은 장애물이 아니다. 오히려 더 크게 성장할 수 있도록 밀어주는 트램펄린이기 때문이다.

일상에서의 비상은 곧 인생 전체의 도약이다. 당신의 일상에도 비상할 수 있는 틈은 있다. 그 틈을 찾고, 뛰어오르는 순간, 더 이상 과거의 당신이 아니다.

무게를 견뎌라

살다 보면 누구나 걸림돌에 걸려 넘어질 때가 있다. 애써 세운 꿈 앞에 예상치 못한 장애물이 나타나고, 도무지 넘을 수 없을 것 같은 벽이 앞을 가로막는다. 그 순간은 괴롭고 혼란스럽지만, 돌아보면 그 시련이 사람을 더 단단하게 만든다. 만약 인생에 단 한 번의 고비도 없다면 얼마나 밋밋한 삶이겠는가? 난관을 경험한 사람일수록 삶의 어떠한 걸림돌도 잘 넘어간다. 실전에서 단련된 사람만이 순간의 위기 속에서도 길을 찾기 때문이다. 넘어진 경험이 있어야, 다음엔 어떻게 넘어서야 할지 감각이 생긴다. 시련은 인생을 인생답게 만든다.

어려움을 겪어보지 않은 사람은 어려움의 의미를 알 수 없다. 그 순간엔 그저 힘들고 괴로울 뿐이다. 시간이 흐른 뒤 돌아보면, 그 고통이 인생을 바꿔놓았음을 깨닫게 된다. 변화를 이끌지 못하는 사람들의 공통점은 시련의 무게를 견디지 못해서다. 좌절에서 빠져나오는 일은 원래 어렵다. 깊은 수렁에 빠지면 발이 닿지 않는다. 아무리 발버둥 쳐도 손에 잡히는 게 없다. 그럴수록 더 버텨야 한다. 견뎌내지 못하면 끝이다. 인내하는 것 자체가 능력이다. 고난을 이겨내는 힘은 그 무게를 묵묵히 견뎌낸 사람만이 얻을 수 있다. '견딤'은 단순한 인내가 아니라, 내면을 단련하는 과정이기 때문이다.

성공하는 사람들은 예외 없이 깊고 어두운 터널을 통과했다. 그들이 이룬 성취는 단순한 노력의 결과가 아니다. 수없는 시련과 역경을 견디며 꺾이지 않은 열정으로 버텨낸 시간의 결과다. 겉으로 드러나는 성공 뒤에는 보이지 않는 눈물과 고통, 그리고 포기하지 않은 의지가 있다.

인생 전환의 길 역시 다르지 않다. 힘든 벽을 넘고, 절벽 끝에 선 채 또 한 번 뛰어내릴 용기를 내야 하는 연속된 시험이다. 멈추면 끝이고, 다시 일어서는 사람만이 반전의 문을 연다. 절망이 깊을수록 전환의 가능성도 깊어진다.

인생 전환은 삶을 포기하려는 그 순간에 다시 한 번 도약을 선택하는 사람에게만 찾아온다. 삶에 남은 자취는 실패의 흔적이 아니라, 치열하게 살아낸 사람만이 지닐 수 있는 고유한 결이 된다. 그 결은 시간이 흘러도 변하지 않고, 오히려 사람들의 기억 속에 더 깊은 울림으로 남는다. 시련의 자취는 꿈과 성취의 결과로 다시 태어난다.

이러한 전환의 핵심은 반복된 선택과 견딤이다. 나는 어느 강연에서 "인생 전환은 단번에 이루어지지 않는다. 수없이 다시 선택하고, 견뎌내야 역전할 수 있다."라고 말했다. 실패한 삶을 단번에 역전시킬 수는 없다. 작은 발버둥, 미약한 진전, 그 반복이 인생을 바꾼다.

토인비는 "진정한 도전이란 단번의 성공이 아니라, 미약하더라도 지속적인 진전을 이루고, 성공 후에도 멈추지 않는 재도전의 의지"라고 말했다. 그는 이런 도전이 반복되려면, 매 순간 더 강해지는 내면의 힘이 필요하다고 강조했다. 문명의 발전과 개인의 성장을 이끄는 원동력은 위기 앞에서 굴복하지 않는 힘이다. 도전 앞에서 꺾이지 않고 다시 맞서는 능력, 바로 그것이 인생을 반전시키는 내면의 불꽃이다. 인생 역전한 사람들의 공통점은 도달 후에도 멈추지 않고 다시 도전한다는 점이다. 목표를 이뤘다고 거기서 멈추지 않는다. 거듭 자신을 던지고, 이전보다 더 깊은 내면의 힘을 끌어낸다. 그것이 인생 전환의 본질이다.

해안의 바위틈에 뿌리 내린 소나무는 거센 파도와 바람 속에서도 꺾이지 않는다. 척박한 땅에 뿌리박고, 긴 시간 견디며, 마침내 절벽 위에서도 푸르게 자란다. 눈에 띄는 속도로 크지 않지만, 그 자리에선 시간은 바람보다 강하다. 기적은 견뎌낸 자에게만 허락된다. 흔들리면서도 무너지지 않는 시간, 그 축적이 인생을 바꾸는 전환점이 된다. 단단한 전환은 단단한 견뎌냄에서 비롯된다.

정호승 시인은 '견딤'이 '쓰임'을 결정한다고 했다. 견딘 만큼 쓰일 수 있고, 오래 견딜수록 오래 쓰인다는 것이다. 삶에서 위대한 변혁은 우연히 이뤄지는 것이 아니다. 그것은 고통의 시간 속에서 쌓인 내면의 깊이와 열정이 적절한 시기를 만나 피어나는 결과다. 빅터 프랭클은 인간이 고통을 피할 수 없다면, 그것을 어떻게 받아들이고 의미를 찾는지가 인생의 전환을 결정한다고 말했다. 고통을 직면하고도 무너지지 않는 사람은 그 시련을 통해 인생의 목적을 다시 발견하게 된다.

나는 그 사실을 체험으로 배웠다. 좌절로 누구에게도 기대기 어려웠다. 모두 잃은 바닥의 삶에서 할 수 있었던 일은 단 하나, '견디는 것'뿐이었다. 하루하루를 버티는 일, 포기하지 않는 일, 그것만이 유일한 선택이었다. 사람들은 흔히 "당신이니깐 가능했겠죠."라고 말한다. 그 말은 틀렸다. 어려운 환경에서 조금 더 오래 견뎠을 뿐이다. 끝까지 견디면 바뀌는 것이 있다는 것을 증명했을 뿐이다.

'끝'은 더 이상 절대적인 종결이 아니다. 시간이 흐르면 그 끝조차도 새로운 의미로 다시 읽히게 되기 때문이다. 모든 것이 끝난 듯한 순간에도, 거기서 끝내지 않고 '그리고'를 붙일 수 있어야 다음 장을 써 내려갈 수 있다.

견딤은 끝을 받아들이는 것이 아니라, 끝에 또 다른 가능성을 더하는 의지에서 비롯된다. 절망의 문 앞에서 용기를 내는 사람만이 전환의 문을 열 수 있다. 인생을 바꾸는 것은 '끝났다고' 생각한 순간, 다시 시작을 선택하는 '그리고'에 있다. 그래야 End가 In The End로 바뀐다.

끝은(End) 좌절이지만, 결국에는(In The End) 희망이다. 고통의 시간이 아무 의미 없이 끝나는 것이 아니라, 결국엔 새로운 의미와 방향으로 이어질 수 있다는 것을 믿게 된다. 믿음이 생기면 견뎌낼 수 있다. 실패에도 굴하지 않는 사람은, 끝에서 새로운 시작을 발견한다. 인생을 바꾸는 힘은 포기하지 않고 끝까지 버틴 이들에게 주어지는 선물이다.

그러니 견뎌라, 그 무게만큼 인생 전환의 깊이는 더 깊어진다.

변화를 다져 나가라

"사람은 고쳐서 못 쓴다." "사람이 갑자기 변하면 죽을 때가 된 것이다." 이런 말들이 오래도록 전해 내려오는 이유는 변화가 그만큼 어렵기 때문이다. 오랫동안 굳어진 습관, 반복된 생각, 무의식 속에 자리한 감정은 쉽게 바뀌지 않는다. 많은 사람이 변화를 갈망하면서도, 결국엔 다시 제자리로 돌아가곤 하는 이유다.

하지만 인생을 다시 쓰는 혁명은 '전환'에서 시작된다. 변혁은 성공의 정점에서 일어나지 않는다. 모든 것을 잃은 바닥, 더 내려갈 곳조차 없는 그 지점에서야 비로소 삶은 방향을 틀 수 있다.

변화는 언제나 가장자리에서 먼저 감지된다. 지진이 땅의 끝자락에서 미세한 흔들림으로 시작되듯, 인생의 전환도 안정과 질서가 아닌 혼란과 불확실성 속에서 움트기 시작한다. 그래서 역설적으로 바닥이야말로 변화의 가능성을 품고 있는 시작점이다.

밑바닥은 변화의 진원지다. 그곳은 삶의 반전이 시작되는 자리다. 바닥으로 떨어졌다는 것은 새로운 방식으로 다시 시작할 수 있다는 뜻이다. 독수리는 먹잇감을 놓치면 대충 중간에서 다시 시작하지 않는다. 다시 가장 높은 곳으로 날아올라 처음부터 먹잇감을 찾아 조준한다. 인간도 마찬가지다. 바닥은 기존의 흐름을 끊고, 완전히 다른 방향으로 나아가기 위한 출발점이다.

진정한 전환을 위해서는 변해야 할 이유를 바닥에서 다시 찾아야 한다. 어정쩡한 위치에서 머뭇거리기보다, 맨바닥에서 움직이고 부딪히며 변화를 찾아야 한다. 밑바닥에서의 시간은 고난을 이겨내는 힘을 길러주고, 다른 누구와도 다른 이력을 만들어준다.

극작가 조지 버나드 쇼는 어린 시절 가세가 기울어 정규 교육을 받지 못했다. 기본 교육만 마친 그는 영국에 건너가 평범한 일을 하며 생계를 이어갔다. 그는 좌절하지 않았다. 박물관 열람실에서 책을 읽고 글을 쓰며 지식을 쌓아, 세계적인 작가로 성장했다. 불리한 환경에 맞서고 자신을 밀어붙인 그의 태도가 변화를 만들어낸 것이다. 밑바닥은 끝이 아니라, 새로운 이야기가 시작되는 자리다.

그렇다면 어떻게 변화 만들고 다져나가야 하는가?

먼저 작은 변화라도 만들고 시작해야 한다. 모든 것은 한 줄로부터 시작된다. 소설 한 권도 한 문장에서 시작되고, 인생의 전환도 아주 작고 조용한 실천에서 시작된다. 별것 아니지만 지속 가능한 한 걸음부터 시작하면 된다. 매일 아침 10분 일찍 일어나 보는 것, 일상의 루틴에서 단 하나의 행동을 바꿔보는 것, 습관처럼 흘러가던 하루에 의도적인 '멈춤'을 만들어보는 것. 물방울이 바위를 뚫듯, 작은 변화는 시간을 만나면 돌처럼 단단한 현실도 조금씩 바꾼다. 물방울은 단단하지 않지만, 지속은 단단함을 이긴다. 반복된 작은 행동은 습관을 만들고, 습관은 그 사람의 정체성을 구성한다. 처음엔 낯설고 서툴고 불편하지만, 의도적으로 만든 '작은 차이'는 반복을 통해 '나의 일부'가 된다. 반복되는 행동으로 만들어진 변화는 자신도 눈치채지 못하는 사이에 정체성이 서서히 바뀐다. 정체성의 변화는 '어떤 일을 잘하게 되는 것'이 아니라, '나는 이제 이런 사람이다'라는 내면의 확신이다. 정체성이 바뀌면, 인생의 방향도 달라진다. 인생을 바꾸는 거창한 도약은 없다. 작고 꾸준한 변화, 그것이 삶을 다시 세우는 가장 현실적인 방식이다.

그리고 절대 포기할 수 없는 변화의 이유를 찾아야 한다. 변하고 싶다는 마음만으로는 인생 전환하기 어렵다. 힘든 순간은 언제나 결심을 흐릿하게 하고 마음먹은 것을 쉽게 포기하게 만든다. 삶의 변화를 준다는 것은 어려운 일이다. 삶을 역전 시킨 사람들은 이유가 분명하다. 더 나은 사람이 되기 위해, 무너진 자존감을 다시 세우기 위해, 혹은 새로운 인생을 살기 위해⋯⋯. 이유가 분명한 사람은 힘들어도 버텨낸다.

내가 쓴 《1인 기업으로 다시 창업했습니다》에서 "절실하면 문제를 해결할 수 있는 대안을 만들어낸다. 결핍으로 인해 절실함이 생기면 모든 것이 모자람을 해결하려는 쪽으로 연관하여 생각하기 때문이다. 결핍이 만든 열정은 쉽게 사라지지 않는다. 열망은 강력한 에너지다. "목마른 사람이 우물을 판다."라는 말이 괜히 생긴 게 아니다. "성공하기 위해 무엇을 해야 하는가?" 누군가 물어본다면 "절실해야 한다." 망설이지 않고 말할 수 있다. 절실함을 해결하다 보면 성공에 가까워질 수 있기 때문이다."라고 말했다.

나는 변화의 이유를 '절실함'에서 찾았다. 절박함을 해결해야 지금의 인생이 조금 변화가 있을 것 같다는 생각이 들었기 때문이다. 끝내 변화를 끌어냈고, 인생 전환에 성공했다.

변화의 이유는 남이 대신 줄 수 없다. 스스로 찾아야 한다. 그걸 찾는 순간, 변하지 않으면 안 되는 진짜 이유가 생긴다. 변화는 기술이 아니라 태도다. 태도는 이유에서 나온다. 변화를 지속하게 만드는 가장 강력한 동력은 이유다. 절대 포기할 수 없는 이유를 품은 사람은, 천천히 가더라도 끝까지 간다.

마지막으로 변화를 루틴으로 만들어야 한다. 변화는 결심이 아니라 습관이다. 한순간 불타오른 의지로는 인생을 바꾸지 못한다. 인생을 전환 사람과 그렇지 못하는 사람의 차이는 자신의 역량을 계속 유지할 수 있느냐 없느냐에 달려 있다. 어떤 상황에서도 일관성 있게 집중을 유지할 수 있어야 한다. 어떤 날은 괜찮고 어떤 날은 그렇지 않다면 변화는 늘 제자리일 것이다. 그런 의미에서 일정하게 변화를 만들어낼 수 있는 역량을 집중할 수 있는 환경을 만들고 마음가짐도 갖추어야 한다. 하고 싶을 때 하고, 내키지 않으면 하지 않는 마음으로는 결코 인생의 변화를 만들어낼 수 없다. 작은 변화라도 반복이 일상이 되도록 꾸준해야 한다. 핵심은 루틴이다.

작가 무라카미 하루키는 새벽 4시에 일어나서 글을 쓰기로 유명하다. 새벽 4시부터 오전 10시까지 6시간을 집필에만 몰두한다. 오후에는 취미 활동으로 시간을 보내고 저녁을 먹은 뒤 책을 읽다가 저녁 10시쯤 잔다. 그는 매일 일정하며 충실한 루틴으로 생활한다. 디즈니의 최고경영자 밥 아이거, 펩시콜라의 최고경영자 인드라 누이, 트위터의 최고경영자 잭 도시도 그들만의 루틴이 있다.

나 역시 그렇다. 새벽 3시면 하루가 시작된다. 일용직 일을 여러 가지 하면서 몸에 밴 습관이다. 더 자고 싶어도 허리가 아파서 잠을 잘 수가 없다. 직업병인 셈이다. 남들보다 이른 시작에 서류를 만들거나 글을 쓴다. 서류는 그날 하게 될 서류이거나, 제안서, 기획안, 정산서 등이다. 어떤 문서들은 만드는 데 많은 시간이 필요하다. 한 장으로 만들어진 문서라도 공들여 만들기 위해 몇 시간을 투자한다. 한창 활동할 시간에 문서 작성에만 매달리는 건 있을 수 없는 일이다. 생산적인 일을 하지 못하게 돼 포기할 일이 생기기 때문에 새벽에 그런 일에 매달린다. 창업하고 나서부터 지금까지 12년 동안 유지하고 있는 습관이다.

루틴은 특별할 필요 없다. 작은 것이라도 좋다. 그 작은 실천이 쌓여, 사람을 바꾸고 인생을 역전시킨다. 루틴이 만들어지면 결심은 필요 없다. 고민하지 않아도 몸이 먼저 움직인다. 매일 아침 뭔가를 하기로 결심한다면 그 자체로 이미 실패다. 억지로 하는 결심은 에너지를 빼앗기기 때문이다. "하는 일에 대해 생각하는 힘을 길러서는 안 된다. 오히려 정반대여야 한다. 문명은 무엇을 하는지 생각하지 않고 행동할 때 그리고 그런 횟수가 많아질 때 진보해 왔다." 위대한 철학자 화이트 헤드의 말이다.

매 순간을 의식적으로 하는 행동보다 무의식적인 나름의 습관을 실천할 수 있는 것이 루틴이 핵심이다. 그 지점까지 가야 변화는 멈추지 않고 계속된다. 변화가 더 이상 의무가 아닌, 삶의 일부가 되어야 한다. 변화는 거창한 결심이 아니라, 평범한 일상의 반복 속에서 완성되기 때문이다.

얽매이지 마라

도전하는 사람은 틀에 갇히지 않는다. 나이라는 숫자에도, 주변의 시선에도, 기존의 규칙과 상식에도 얽매이지 않는다. 눈치 볼 이유도 없다. 세상의 모든 위대한 성취는 이처럼 자유로운 사람들의 손에서 나왔다. 그들은 관습보다 가능성을 따랐다. 남들이 '당연하다'라고 여기는 틀을 의심했다. 틀을 의심한 사람만이 새 길을 만들 수 있다. 고정된 생각에 얽매이지 않고, 스스로 결정하고 행동하는 이들이 혁신가다. 틀을 벗어난 용기에서 모든 변화는 시작되기 때문이다.

사회적 통념도 그렇다. 보편적 개념에 얽매이지 않을 때 혁신적인 생각들이 샘솟는다. 내 주위에는 예술인들이 많다. 그들과 만나면 늘 틀 밖이라 색다르다. 그중 신은미 작가는 한국화를 그리는 화가다. 그녀가 그림 그리는 행위는 여느 한국화 화가와는 다르다. 그림을 그리는 행위가 마치 춤을 추는 듯하다. 또 다른 하나의 행위 예술이다. 몸짓과 그림의 조화는 가히 아름답고, 환상적이다. 대부분 한국화 화가는 여느 화가처럼 정적으로 그림을 그리지만 그녀는 동적으로 그림을 그린다. 지금은 그러한 한국화 화가들이 있지만 15년 전 그녀를 만났을 때는 그렇게 그리는 화가는 없었다. 통념을 깬다고 규칙을 어기는 것은 아니다. 기존의 통념을 자기 능력에서 필요한 부분만 적용하면 자기만의 방식이 생겨나기 때문이다.

'낚시맨 스윙'으로 자신만의 영역을 구축한 골퍼 최호성도 마찬가지다. 비거리를 내기 위해 기존 스윙 방식을 바꿨다. 이를 두고 정통 스윙을 고수하는 전문가들은 14세기부터 시작돼 600년 동안 이어온 스윙의 정석을 깬 골프 이단아라고 평가절하했다. 그뿐만 아니라 그의 스윙을 '미친 스윙'이라고 혹평했다. 반면 프로골프계의 대부 임진한 프로는 최호성 선수의 스윙은 공을 치는 지점, 즉 임팩트 구간에서 정확한 스윙이라고 말했다. 골프 선수는 자세만으로 우승하지 못한다. 누구나 고유의 타법이 있기 때문이다. 최호성은 자신만의 고유의 타법으로 자신의 방식이 옳다는 것을 증명했다.

샘 월튼 월마트 회장은 "물살을 거슬러 헤엄쳐가라. 다른 길로 가라는 것이다. 사회적 통념은 무시하라. 모든 사람이 똑같은 방법으로 일하고 있다면 정반대 방향으로 가야 틈새를 찾아낼 기회가 생긴다. 수많은 사람이 당신에게 길을 잘못 들었다며 말릴 것에 대비하라. 살아오면서 내가 가장 많이 들은 것은 '인구 5만 명이 되지 않는 지역에선 할인점이 오래 버티지 못한다'는 것이었다."는 말을 했다.

나 역시 그랬다. 빚을 해결 하겠다고 마음먹었을 때 주위에서는 그냥 파산이 답이라 했다. 빚 많은 사람은 재기하기 쉽지 않다는 말을 많이 들었다. 일반적으로 실패해서 빚 많은 사람은 파산으로 개인의 심리 무게를 줄이는 것이 통상적인 생각이다. 파산하면 빚에는 자유로워지겠지만, 나를 믿고 투자한 사람들에게는 못 할 짓이라는 생각이 들었다. 이것이 수면 시간을 줄여 가며 일한 이유다. 그렇게 번 돈은 모두 빚 청산에 썼다. 빚을 갚고도 재기 할 수 있을 거라는 믿음을 버리지 않았기 때문이다. 다시 실패한다고 해도 지금도 여전히 같은 생각이다. 나는 그런 보편적 생각에 자유롭기 때문이다. 기성의 규범에 휘둘리지 않으면 비주류에서 주류가 될 수 있다.

  사회적 신분도 그렇다. 내가 택배 일을 했을 때 일이다. 물류의 상차와 하차를 담당하는 작업자가 며칠도 못 가 그만두는 것을 보았다. 그 뒤로도 그런 일들이 번번이 벌어졌다. 일이 힘들어서인지 하나같이 한 달을 버티지 못하고 도망치듯 그만둔다. 그들이 했던 일은 겸임교수, 퇴직한 경찰공무원, 중견 기업 대표로 모두 다 힘깨나 썼던 사람들이다. 평생 갑의 위치에 있던 사람은 을의 위치에 있지 못한다. 뻣뻣해 숙일 수 없어 힘들어한다. 이런 사람들은 죽을 때까지 사회적 신분에 얽매인다.

  사회적 신분에 얽매이지 않는 사람은 시야가 넓다. 생각도 자유로워 새로운 신분에 완벽하게 적응한다. 부산대학교에서 오랫동안 교수로 재직했던 강인준 명예교수가 그런 분이다. 지금은 대학을 떠나 유튜브 크리에이터로 활동하고 있다. 그런데 내가 그분을 부르는 호칭은 '존'이라 부른다. 처음 만났을 때부터 그렇게 불러달라고 했다. 그냥 영어 이름이 있는가 보다 했는데, 나중에야 교수였다는 사실을 알게 됐다. 왜 교수라는 호칭을 부르지 못하게 하는 이유를 물었다. 그는 "교수라는 직함이 특별하다고 생각하지 않아요. 그런 타이

틀이 붙으면 사람을, 있는 그대로 못 보게 돼요. 선입견이 생겨 진짜 가치는 가려지죠. 사람은 그냥 사람으로 대해야 해요. 어떤 일을 했든, 어떤 직함을 가졌든 인간관계에서는 그게 중요하지 않거든요."라고 말했다. 사회적 신분보다 사람됨을 먼저 읽어야 한다는 그의 생각이 존경스럽다.

나이도 마찬가지다. 나이에 지나치게 얽매이면, 제대로 할 수 있는 일이 없다. "조금만 젊었다면…", "예전 같지 않아서…", "이 나이에 무슨…" 기회가 있을 때마다 나이 탓을 한다. 심지어 주변 사람들조차 나이를 들먹이며 주저하게 만든다. 마치 열정과 용기는 젊음의 전유물인 양 말이다. 재취업자를 대상으로 강의하다 보면 "새로운 일에 도전하고 싶지만 나이가 많아서 겁부터 납니다.", "이 나이에도 가능할까요?"라는 말을 자주 듣는다. 놀랍게도 많은 사람이 나이를 어떤 일의 기준이나 한계로 여긴다. 물론 새로운 도전 앞에서 나이가 장벽이 되는 경우도 있다. 그렇지만 나는 수없이 많은 사례를 통해 성공은 나이와 상관없다는 것을 보아왔다.

얼마 전, 일흔을 바라보는 나이에 신인 가수로 데뷔한 한수성 가수가 그런 분이다. 그는 〈아빠, 힘내세요〉를 만든 작곡가이기도 하다. 적지 않은 나이지만, 자신의 나이를 전혀 의식하지 않는다. 버스킹을 하겠다며 손수레에 음향 장비를 싣고 거리를 누비는 모습은 열정 그 자체다. 그런데 사람들은 "그 나이에 무슨 버스킹이야, 그냥 노래방이나 가지.", "이제 나이도 있는데 좀 자중해야지.", "그 나이에 그러고 싶냐?"라고 말했다. 그는 항상 "나이가 밥 먹여 주냐? 하고 싶은 일 있으면 나이 따위는 신경 쓰지 마. 인생은 해도 후회, 안 해도 후회야. 그럴 바엔 하고 후회하자."라고 말을 한다. 하고 싶은 일은 많지만, 나이 핑계로 술잔만 기울이는 어른들에 비하면 더없이 멋진 분이다.

나이 때문에 꿈을 포기해야 한다는 생각은 하지 말아야 한다. 꿈을 이루기엔 이른 나이도, 늦은 나이도 없다. 나이를 이유로 불안해할 필요는 없다. 나이가 든다는 것은 단순히 시간이 흐른 것이 아니라, 잘 익어가는 것이다. 삶이 천천히 숙성되고 있다는 뜻이다. 현대 영화사의 최고 감독이라 불리는 잉그마르 베리만은 "나이가 든다는 것은 거대한 산을 타는 것과 같다. 올라가는 동안 힘이 점점 빠지지만, 동시에 시야는 더욱더 자유로워지고, 더 넓어지며, 더 고요해진다."라고 말했다. 이 말은 '나이 듦은 시야를 바꾸는 선물이다.'라는 의미다.

지금 내가 나를 가두는 건 무엇인가? 무엇에 얽매이고 싶은 일을 미루고 있지는 않은가? 얽매임을 벗어날수록 도전은 가벼워지고, 전진은 더 신나진다. 혁신적인 사람은 묶인 것을 끊어내는 사람이다. 그리고 세상의 틀보다 자기 확신의 나침반을 따라 나아간다. 그런 사람이 혁신적으로 변할 수 있다.

TO,
지금, 삶의 전환을 꿈꾸는 당신에게

그저 그런 인생으로는 남은 인생이 달라지지 않습니다. 변화 없는 하루는 어제와 똑같은 내일을 반복하게 만듭니다. 오늘을 적당히 살고, 내일도 그럭저럭 견디고, 그러다 어느새 시간이 흘러버립니다. 마음 한편에선 '이대로 살아도 되는가?'라는 생각도 듭니다. 막상 일상을 바꿀 용기는 쉽게 나지 않습니다. 그러나 분명한 건, 지금 이대로 삶에 안주하는 순간, 인생은 정체됩니다. 더 이상 새로운 가능성은 찾아오지 않습니다. 인생을 바꾸고 싶다면, 지금까지의 삶에 반기를 들어야 합니다. 반복했던 안전한 선택들, 타인의 기준에 맞춘 결정들, 하루를 버티기 위한 습관들… 이제는 그 모든 것에 반기를 들어야 할 때입니다. 변화는 그저 그런 삶에서 반항하는 데서 시작됩니다. 타성에 젖어 들기 전에 갈아엎어야 합니다.

삶을 뒤집어엎기 위해서는 자신을 믿는 마음이 먼저입니다. 좌절을 경험한 사람들은 원하는 대로 삶을 재창조할 수 있다고 생각하지 않습니다. 실패는 회의감을 갖게 만들기 때문입니다. 괜한 의심은 인생을 더 전진하지 못하게 합니다. 밑바닥에서 솟구치기 위해선 자신을 박차고 일어서는 수밖에 없습니다. 잠재력이 있음에도, 에너지로 바꾸지 못하는 이유는 '자신에 대한 확신'이 부족하기 때문입니다. 확신 없는 삶은, 스스로 삶을 무너뜨리고 맙니다. 자신을 믿는다는 것은 상황이 아니라 결단에서 비롯됩니다. 자신을 믿겠다는 결심이 행동하게 만듭니다. 행동을 수반한 믿음은 삶에 활력을 불어넣어 줍니다. 심리학자 로버트 아벨슨은 "신념은 일종의 소유물과 같은 것이다. 확신은 개인이 큰일을 정열적으로 하거나 목표, 프로젝트, 소원, 소망 등을 달성하게 하는 훨씬 가치 있는 소유물이다." 라고 했습니다. 어떤 일을 하던 행동으로 신념을 한껏 끌어올리면 하지 못하는 일은 없습니다. 확신은 모든 장애물을 뚫고 나가도록 하는 힘을 가졌기 때문입니다. 밑바닥에서 자신의 인생을 구할 수 있는 유일한 길은 확신을 가지는 것입니다.

니체가 남긴 말 중에 "삶의 이유를 아는 사람은 삶의 그 어떠함도 견딜 수 있다"라는 말이 있습니다. 이 말을 "확신을 갖는 사람은 삶의 그 어떠함도 견딜 수 있다"로 바꿔보면 그 뜻은 깊어집니다. 이러한 삶의 실제적 증거가 된 사람이 스티븐 호킹입니다. 그는 20대 초반에 희귀한 근육병에 걸렸습니다. 그에게 남은 시간이 얼마인지는 의사도 정확히 말할 수가 없었습니다. 상태가 점점 안 좋아질 거라는 얘기만 했습니다. 그럼에도 그는 76년을 살았습니다. 그의 삶은 모든 의학적 예측을 뛰어넘는 기록이 되었습니다. 그 기간 사지가 마비된 천체물리학자가 세계사에 남긴 업적은 건강한 연구자가 남긴 것이라고 해도 믿기 어려울 정도였습니다. 동시대에 가장 영향력 있는 물리학자이자 작가였습니다.

과연 그를 굳건하게 만든 것은 무엇일까요? 그는 살면서 병세가 나아지는 기적적 치유도 경험하지 못했습니다. 오히려 근위축성 측삭경화증이라 불리는 루게릭병은 그의 몸을 가차 없이 나무 막대기처럼 뻣뻣하게 만들었습니다. 신경 손상으로 근육 조절력도 없어졌습니다. 목소리도 빼앗아 갔습니다. 40대 되어서는 휠체어에 몸을 의지해야만 했습니다. 그가 죽기 전 30년간은 컴퓨터 음성 합성기의 도움을 받아야지만 말을 할 수 있었습니다. 불치병 진단을 받았을 때 그는 '이제 끝이구나.' 싶을 만큼 충격을 받았습니다. 그의 회고록에 당시 상황에 대해 "마치 내가 비극의 주인공이 된 것처럼 느껴졌다."라고 말하고 있습니다. 물리학자, 석학으로서 그는 운명에 굴복하지 않았습니다. 오히려 중병에 시달리고 있음에도 학문에 대한 열정과 유머 감각은 그가 살아야 할 확신을 얻기에 충분했습니다. 그가 케임브리지 대학으로부터 석좌교수로 초빙되었을 때 휠체어에 앉아 자신의 상황을 역설적으로 "나는 지금 아이작 뉴턴의 의자에 앉아 있다. 그런데 완전히 달라진 의자다. 지금, 이 의자는 전기로 움직인다."라고 농담 섞인 말을 했습니다.

그는 위대한 학자였지만, 몸 하나 제대로 움직이지 못했습니다. 그런 한계 속에서도 글을 쓰며 움직이고, 생각했습니다. 절망보다는 천체물리학적 주제들 속에서 그가 살아야 할 이유와 확신을 가졌던 것입니다.

사람은 자신이 어떤 문제라도 해결할 수 있다는 믿음을 가지면 아무리 어려운 여건이라도 극복할 수 있습니다. 그렇다면 확신은 어떻게 만들어낼 수 있을까요? 계기를 찾거나 스스로 만들어야 합니다. 계기를 기다리기만 하면 인생은 달라지지 않습니다. 변화는 우연히 오지 않기 때문입니다. 스스로 움직여야, 변화가 따라옵니다. 움직이면 보이고, 행동하면 확신을 가지게 됩니다. 위기는 계기의 탈을 쓰고 온다는 사실을 잊지 말아야 합니다.

실패는 계기를 만들 수 있는 재료입니다. 예를 들어, "실패를 딛고 일어서겠다."라고 생각해 본들 계기가 없으면 일어설 수 없습니다. 계기를 만들지 못하면 마음은 조급한데, 몸마저 움직이지 않습니다. 머릿속에는 "어떻게 해야 할지 모르겠다."라는 생각뿐입니다. 이럴 때 필요한 건 거창한 동기가 아니라 작고 소소한 기회를 만들면 됩니다. 아주 작은 변화라도 만들어 실행하면 어느 순간 확신이 듭니다.

난 사업 실패로 모든 걸 잃었습니다. 많은 빚과 무너진 좌절감으로 어떠한 확신도 가질 수 없었습니다. 무엇을 해도 다시 실패할 것 같았기 때문입니다. 한동안 방황했지만 '이대로 살 수는 없다'라는 생각을 했습니다. 그 생각이 계기였습니다. 동기가 생기니 무엇이라도 해야겠다는 생각이 들었습니다. 그렇게 시작한 생계형 일들이 '다시 해볼 수 있다'라는 확신을 심어주었습니다. 그리고 다시 실패한다고 해도 좌절하지 않을 확신도 생겼습니다. '다시 일어설 수 있다'라는 자신감이 생겼기 때문입니다. '다시 시작할 수 있다'라는 내 확신의 씨앗은 계기를 찾고 행동으로 이어졌기 때문에 만들어진 것입니다.

변화는 변화해야 하는 이유를 찾아내는 것에서 시작됩니다. 그리고 그 이유는 스스로 만들어야 합니다. 지금 당신의 삶에 필요한 건 타이밍이 아닙니다. 확신과 결심입니다. 그것들이 계기가 되고, 방향을 만들고, 인생을 바꾸게 됩니다.

제3부

변화를 통한
슈퍼 리파운더의 새로운 시작

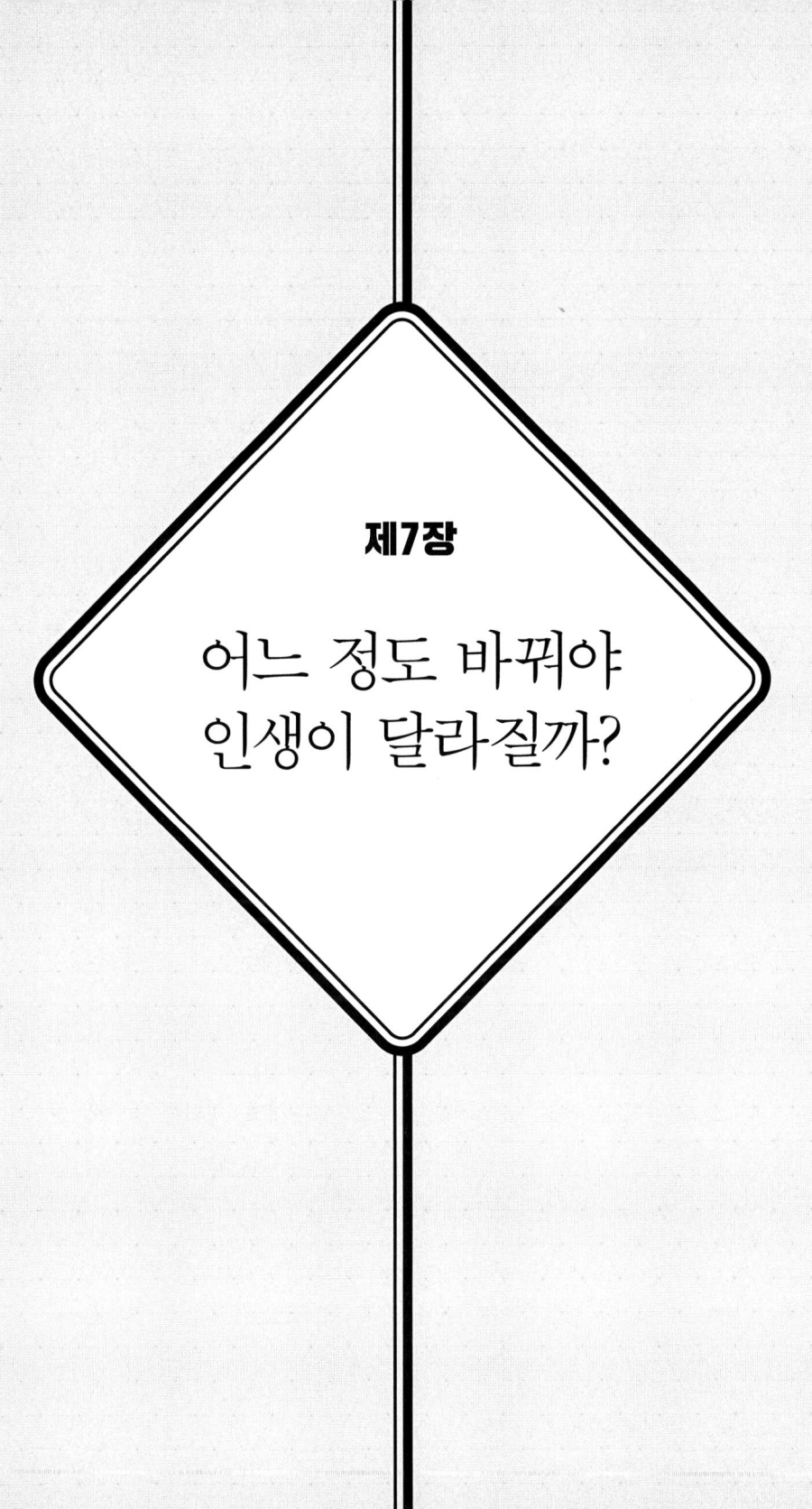

제7장

어느 정도 바꿔야
인생이 달라질까?

방향을 틀 정도

골프는 방향의 스포츠다. 힘보다 중요한 건 방향이고, 속도보다 중요한 건 정확한 시선이다. 어깨가 조금만 열리거나 손목이 살짝만 틀어져도 공은 엉뚱한 곳으로 날아간다. 공이 얼마큼 날아가든, 원하는 홀 앞에 도달하는지를 결정짓는 건 각도다. 훌륭한 선수는 실수를 두려워하지 않는다. 방향이 빗나가면 다시 중심을 잡고, 다음 샷에 집중한다.

인생도 이와 다르지 않다. 누구나 어긋난 방향에서 다시 출발할 수 있다. 많은 사람이 인생의 '거리'를 채우는 데 집중한다. 얼마나 오래 일했는지, 얼마를 벌었는지, 얼마나 많이 이뤘는지에 열중한다. 정작 가는 방향이 잘 가고 있는지는 생각지 않는다. 인생은 지금까지 달려온 거리보다, 앞으로의 방향을 바로잡는 일이 더 본질적이다. 그래서 지금이라도 내 인생의 클럽을 다시 잡고, 정확한 방향으로 셋업 하는 용기가 필요하다. 인생을 바꾸기 위해서는 방향을 잡는 작은 정렬에서 시작된다.

인생은 방향이 정해져 있는 것이 아니라 스스로 결정하는 것이다.

대부분 사람은 그 결정을 내리지 못한 채 살아간다. 왜냐하면 충분히 다양한 시도를 해보지 않고 살기 때문이다. 이런저런 도전 끝에 비로소 정체를 드러내는 것이 방향이다. 처음부터 자기 길을 찾아가는 사람은 드물다. 여러 시행착오와 우여곡절, 삶의 굴곡이 있어야 길이 보이기 시작한다.

실패가 그렇다. 실패는 몸의 감각을 세워 궤도를 찾아가기에 좋은 기회다. 직접 몸을 부딪쳐가면서 시도할 때 좌절에서 벗어날 수 있다. 살면서 잘되고 있을 때는 삶의 궤적에 대해 신경 쓰지 않는다. 그러나 삶이 뜻대로 풀리지 않을 때 비로소 삶의 길에 대해 생각하게 된다. 고통스럽지만, 가장 솔직하게 자신의 길을 묻고 생각하게 만드는 경험이 좌절이다.

실패하다 보면 생각의 각도가 틀어지기 시작한다. 관심의 의문을 품고 이제까지 던지지 않은 질문을 던지는 이들에게만 방향이 뒤틀려 역전의 기회가 온다. 생각의 방향이 인생의 방향을 결정짓기 때문이다. 조엘 오스틴은 "우리 생각이 오랫동안 특정한 패턴을 이루는 것은 강을 깊이 파서 물이 한 방향으로만 흐리게 만드는 것과 같다. 비관적인 생각을 할 때마다 부정적인 방향으로 향하는 물길의 바닥을 점점 더 깊이 파고 있는 것이다. 다행히도 우리는 마음먹기에 따라 긍정적인 방향으로 향하는 새로운 물꼬를 틀 수 있다. (……) 별것 아닌 듯해도, 부정적인 생각을 거부하면서 꾸준히 물줄기의 방향을 바꿔 나가면 마침내 큰 변화가 일어난다. 우리의 생각에는 막대한 힘이 있다. 우리 삶은 평상시에 생각한 그대로 펼쳐진다. 우리 인생의 방향은 생각의 방향과 정확히 일치한다."라고 말했다. 인생의 물줄기를 바꾸는 건 생각이 틀어지는 데서 전환이 시작된다는 얘기다.

생각의 물꼬를 어떤 각도로 비트느냐에 따라 삶의 방향이 거기에 맞게 흘러간다. 바람이 부는 방향을 보고 서 있으면 역풍이지만 바람을 등지면 순풍이 된다. 인생의 순풍과 역풍은 마음먹기에 따라 달라진다. 기대와 달리 방향을 바꾸는 데는 생각만으로는 충분하지 않다. 생각이 움직이려면, 가슴이 먼저 뛰어야 한다.

신영복 교수는 세상에서 가장 먼 여행이 '머리에서 가슴까지'라고 했다. 머릿속에 아무리 여러 가지 해법이 있다고 해도 가슴을 움직이지 못하면 쓸모없다. 마음이 가지 않는 걸음은 헛걸음이다. 정확한 이론이나 철저한 계획보다 사람을 움직이게 하는 것은 두근거림이다. 방향은 머리로 계산하는 것보다 가슴이 이끄는 곳에서 더 끌린다. 생각만으로 바른 궤도를 잡는 것은 불가능하다. 마치 설계도를 그려놓고 벽돌을 쌓지 않는 것과 같기 때문이다. 생각을 행동으로 바꾸는 것은 가슴 뛰는 일에 먼저 몸을 맡기는 것이다. 그래야 새로운 궤적을 만들어낸다.

마음 가는 일에는 행동으로 대답해야 한다. 아무리 미미해 보이는 일이라도, 직접 몸을 움직이면 방향은 점점 구체화한다. 스스로 걷지 않으면 보이지 않던 길도 망설임을 넘어서면 길이 보인다. 그 흐름 속에서 확신을 가지고 조금씩 방향을 틀면 된다. 인생의 변화는 생각과 행동에서 시작되기 때문이다.

나 역시 가슴이 이끄는 방향을 따라 움직였다. 여유가 없는 일상에서도 대중 강연을 들으면서 배움에 관심이 생겼다. 배움에 투자한 돈을 아내에게 줬다면 무척 사랑받는 남편이 되었을 거다. 중형차 한 대 값을 투자했으니 무뚝뚝한 아내라 하더라도 나를 잘 대해 줬을 거다. 배움에 들어간 돈을 빚 갚는 데 사용했으면 좀 더 일찍 빚의 늪에서 탈출할 수 있었을 것이다. 10개의 민간 자격증과 1개의 국제공인 자격증은 가슴에 이끌려서 취득했으니, 후회도 없다. 오히려 잘 활용하고 있으니 말이다.

지금도 다양한 것을 배우고, 익힌다. 시간이 맞지 않으면 독학해서라도 배운다. 홈페이지 디자인, 일러스트 디자인, 영상 편집 기술, 글쓰기, 잘하지는 못하지만, 웬만큼 한다. 처음에는 무척 힘들었다. 디자인하는 것도, 코딩과 편집하는 것도, 글쓰기도 쉽지 않았다. 근데 어느 순간 나 자신이 성장했다는 것을 느낀다. 디자인을 보는 안목도 생겼고, 시대의 흐름을 읽어내는 힘도 길러졌다. 글도 나름 체계적이다. 배움 덕분에 일정 경지에 올랐기 때문이다.

작지만 의식적인 행동이 쌓일수록 삶은 더 나은 방향으로 가기 시작한다. 어떤 방향으로 살고 있는가는 하루하루의 작은 선택들이 말해준다. 아침에 눈 뜨자마자 하는 행동, 매일 사용하는 언어, 이 작은 선택들이 삶의 궤적을 만든다.

사람들은 종종 인생을 바꾸기 위해 큰 도약을 꿈꾼다. 물론 비약적인 도약도 중요하다. 하지만 꾸준한 작은 행동 하나만으로도 인생의 방향을 틀어 새로운 각도를 잡을 수 있다. 작고 지속적인 변화야말로 가장 멀리 나아가는 힘이다. 이처럼 작은 변화 하나가 삶 전체의 방향을 바꿀 수 있다. 나침반이 조금만 틀어져도 전혀 다른 곳에 도착하듯, 오늘의 작은 변화는 내일의 전환점을 만든다. 그때가 남은 인생 새로운 방향을 잡을 시기다.

인생에서 빠르게 달리는 것보다 중요한 건, 내가 제대로 된 방향을 보고 가고 있는지를 살피는 일이다. 논어에 "하루에도 여러 번 나는 자신을 돌아본다. 해야 할 일은 충실히 실행하였는지, 또 친구들에게 신의를 잃는 행동을 하지 않았는지, 또 내가 배운 것을 몸소 실행에 옮겼는지 말이다."라는 구절이 있다. 사람들은 목적지에만 집중한다. 정작 궤적을 돌아보지 않는다. 삶이 잘 풀리지 않을수록 걷는 길을 자주 멈추고 돌아봐야 한다.

인디언들이 말을 타고 세차게 달리다, 이따금 언덕에 올라서 자신들이 달려온 길을 되돌아본다고 한다. 그것은 자신의 영혼이 따라오는가를 보기 위함이다. 그리고 자신이 달려온 길을 바라보면서 잘 달려왔는지, 말은 지치지 않았는지, 목적지에 도착하려면 어떻게 달려야 하는지 등을 생각한다고 한다. 효과적인 활동을 했으면 조용히 되돌아보아야 한다. 되돌아보면 앞으로 나아갈 수 있는 방향을 틀 수 있게 된다. 인생의 방향을 바꾸는 사람에게는 공통점이 있다. 멈추지 않고 배우고, 주저하지 않고 행동한다는 점이다. 누구에게나 실패는 찾아온다. 그 실패를 통해 자신을 돌아보고 다시 걸어갈 방향을 정립하는 사람만이 변화를 맞이한다. 방향을 틀 수 있는 용기는 특별한 사람에게만 주어지는 게 아니다. 매일의 선택을 돌아보며, 지금보다 조금 더 나은 방향을 향해 움직이는 그 마음에서 시작된다. 나 역시 그렇게, 조금씩 삶의 방향을 바꾸어왔다.

지금 당신은 어디로 가고 있는가? 속도보다 중요한 건 방향이다. 방향을 바로잡는 일이야말로 남은 인생을 바꾸는 가장 확실한 시작이다.

대안을 만들 정도

토끼는 달아날 구멍을 세 개는 파 놓는다. 천적에 대비해 미리 준비해서 언제나 빠져나갈 길을 마련해 두는 것이다. 삶에서도 만일을 대비해 대안을 준비해야 한다. 삶을 아무리 철저하게 계획을 세워도 그대로 되지 않기 때문이다.

아주 오래전에 아내와 첫 데이트를 했을 때다. 첫 데이트라 하루의 계획을 철저하게 준비했다. 근처 야외에 나가서 장미 축제를 보고, 분위기 좋은 레스토랑에 가려 했다. 갑작스러운 비로 모든 계획이 엉망이 되었다. 데이트 고수들은 남다르다. 모든 것이 철저하다. 여러 대안을 만들어 여자의 환심을 산다. 심지어 날씨까지 대비한다. 우산이나, 수건, 손 담요까지 챙긴다. 그 작은 차이가 상황을 바꾼다.

일상에서 대안을 잘 준비한 데이트 고수처럼, 비즈니스 현장에서도 이 같은 준비가 성패를 가르기도 한다. 최근 내가 상담한 두 명의 사장의 이야기가 그렇다.

김 사장은 7년 전 무심코 커피를 마시러 들어간 커피전문점을 인수해 운영했다. 이유는 단순했다. 주거지역이 많아 젊은 고객들이 많이 찾았고, 카페 주인이 외국에 이민을 가게 되었기 때문이었다. 몇 년 동안 자신만의 방식으로 장사가 잘되었다. 근처 커피전문점은 단 두 곳뿐이어서 주변에서도 성공할 거라 했다. 그런데 주위에 커피전문점들이 하나둘씩 생기기 시작했다. 심지어 일대 사람들의 커피 취향도 달라지기 시작했다. 처음엔 금방 지나갈 유행이라 생각했다. 오히려 가게 인테리어에 더 투자했다. 독특한 인테리어로 손님이 많이 찾아올 거라 판단했기 때문이었다. 결과는 정반대였다. 다른 가게들은 손님의 취향을 고려하는 동안 내부 환경에만 신경 썼던 그는 폐업의 위기에 처했고, 이를 해결하려고 상담했다.

그리고 송 사장은 4년 전 커피전문점을 열었다. 그는 평범한 직장인이었다. 단지 커피가 좋아, 다니던 직장을 그만두었다. 1년간 커피에 관한 공부도 했었다. 이미 커피 시장은 포화 상태였지만 주위에서도 그의 커피에 대한 열정을 인정했었다. 시간이 흐르면서, 주위에 더 저렴하게 커피를 제공하는 경쟁 가게들이 늘어나기 시작했다. 그는 과감히 커피 추출 방식을 달리해 색다른 커피를 제공하기로 했다. 가공 방식이 달라 어렵고, 이윤이 남지 않더라도 기존 추출기를 활용해 문제해결에 매달린 것이다. 다행히 시그니처 커피로 인기가 치솟았다. 그는 기존의 커피 경험과 새로운 추출 방식과 색다른 원두의 첨가물 배합을 활용해 새로운 방식으로 문제를 해결했다. 지금은 이를 상용화할 수 있는 시스템에 대한 연구 개발에 몰두하고 있다.

승승장구하던 두 가게 모두 시장의 변화에 따른 위기의 순간을 맞이했다. 그런데 왜 김 사장은 폐업을 고민하고 있고, 송 사장은 지금도 잘 나가고 있을까? 두 가게의 운명을 가른 원인은 무엇일까? 늘 잘될 것이고 장애가 없을 것이고 계속해서 지금 같은 상황이 이어질 것이란 생각에 계획을 세웠는데 다른 변수가 생겼기 때문이다. 그리고 그 변수를 상수나 악수로 만든 것은 대안을 만들지 않았기 때문이다.

《승자의 편견》을 쓴 미국의 컨설턴트 데이비드 코드 머레이는 "오랫동안 성공을 안겨다 준 검증된 '플랜 A'가 더 이상 효력을 발휘하지 못할 때, 적용할 수 있는 '플랜 B'가 있어야 변화의 바람에 휩쓸려 내려가지 않는다."라고 주장했다. 그도 그럴 것이, 모든 것이 빠른 속도로 변화하고 있는 시대다. 수십 년이던 제품의 수명 주기가 몇 년, 심지어 몇 달로 단축되었다. 맛도 취향도 달라졌다. 새로운 것도 오래되면 경쟁력이 떨어진다. 지속하고 성장하고 발전하는 것은 생각보다 훨씬 어려운 일이다.

성공하는 사람은 안 될 가능성을 늘 염두에 두고, 대안을 마련해 둔다. 반면 실패하는 사람은 최악의 경우를 생각지 않고 상황을 낙관해 무모하게 밀어붙이다 지쳐 포기한다. 나폴레옹은 "작전을 세울 때 나는 세상에 둘도 없는 겁쟁이가 된다. 상상할 수 있는 모든 위험과 불리한 조건을 과장한다. 그리고 끊임없이 '만약에'라는 질문을 되풀이한다."라고 말했다. 전쟁에서 이기려면 가능한 모든 위험 요인을 찾아내 그에 대한 대비책을 마련해야 한다는 말이다. 전쟁에서는 '반드시 이긴다.'라는 믿음뿐 아니라 최악의 상황을 염두에 두고 대안을 만들어야 승리할 수 있다.

인생도 마찬가지다. 누구나 목표와 전략을 세우고, 계획을 실행하며 원하는 인생을 만들어 나가고자 노력한다. 하지만 세상일은 알 수 없다. 언제 어떤 일이 벌어질지 몰라 원하는 인생을 만들어 나가기가 어렵다. 미처 예상하지 못한 일들이 곳곳에 도사리고 있기 때문이다. 운이 나빠 사업에 실패하기도 하고, 지구 반대편에서 시작된 경제 위기가 내 일자리를 빼앗아 가기도 한다. 심지어 실패한 인생에 또 다른 실패가 오기도 한다. 노력과 상관없이 언제라도 불행을 다시 마주할 수 있다. 그래서 대비책을 준비해야 한다. 그래야 또 다른 좌절을 막을 수 있다.

나같이 큰 실패를 겪고 일어선 사람들에게 가장 큰 위험은 자신감이다. 뭐든 할 수 있다는 근거 없는 긍정적 생각은 최악의 경우를 생각지 않게 만든다. 지나친 자신감이 위험한 것은 그걸 핑계 삼아 대비책을 만들지 않는다는 것이다. 대안도 없으면서 자신감 하나로 밀어붙이기 때문이다. 난 대안에 대해 늘 생각하고 만들어 놓는다. 내가 배움에 투자한 것도 그런 이유에서다. 이는 마치 분산 투자 원칙과도 같다. 여러 가지 상품에 나누어 투자하면 손실률이 줄어든다. 그런데 이런 원칙은 잘 알고 있는 똑똑한 사람들도 일할 때는 해결책 마련에 허술한 경우를 자주 본다.

한번은 벤처 기업을 설립한 대표가 찾아와 사업에 대한 조언을 구했다. 그는 자금을 조달하기 위해 투자자를 물색 중이었다. 그런데 그의 사업 계획에는 최악의 상황에 대비한 대안이 없었다. 모든 일이 순조롭게 진행될 거라고 확신한 나머지, 자금이 모자라거나 인력 운영에 차질이 생겼을 때 필요한 대응책이 없었다. 안전망 없는 투자처에 돈을 베팅할 투자자는 어디에도 없다.

실패한 인생에서 대안을 만든다는 것은 생존 전략이다. 한 번 무너졌던 길에 계속 매달리는 것은 같은 실패를 반복하게 만드는 지름길이다. 같은 방식으로 살면 결과는 달라지지 않는다. 과거와는 다른 선택을 해야 비로소 인생이 역전된다. 그 전환의 출발점이 바로 대안을 세우는 일이다. 삶은 언제나 또 다른 가능성이 있다. 단지 그것을 미처 보지 못할 뿐이다. 대안을 준비하는 사람만이 그 가능성을 볼 수 있고, 다시 일어설 수 있다.

농부가 농사가 잘되었다고 안심할 수 없다. 가격이 떨어질 상황을 먼저 예상하고 저장시설을 준비해야 한다. 훌륭한 감독은 모든 것을 대비해 대안을 염두에 두고 선수를 기용한다. 뛰어난 협상가도 상대편이 제안을 거부할 때 제시할 수 있는 히든카드를 손에 쥐고 협상 테이블에 앉는다. 대안이 있으면 원안대로 돌아가지 않아도 실패는 줄어든다.

인생은 뜻대로 되지 않는다. 과거의 방식만으로는 더 이상 생활하기 힘들다. 인생에는 반드시 대안이 필요하다. 지금의 길이 무너지더라도 다시 설 수 있는 또 다른 길은 필요하다. 밑바닥인 삶에서 대안은 대비책을 넘어 삶의 전환을 만들기 위한 생존 무기다.

경험을
영감(靈感)의 무기로 만들 정도

　생활 속 달인들을 보면 노동의 경험을 행동으로 증명해 낸다. 그들의 행위는 제각기 살아온 저마다의 색다른 방식으로 만들어낸 필사적인 노력의 산물이다. 직접 겪고 깨지고, 부딪힌 체험적 동작에는 그 누구도 따라 하기 어려운 자신만의 필살기가 있기 때문이다. 〈낭만 닥터 김사부〉라는 드라마의 주인공 김사부는 "서전은 경험이 깡패야!"라고 말했다. 맞다. 경험은 자신이 증명할 수 있는 가장 강력한 무기다.

　글을 쓰는 작가도 그렇다. 소설가 허먼 멜빌은 어린 나이에 학업을 중단했다. 상점의 잔심부름, 농장일 등을 하다가 젊은 나이에 포경선의 선원이 되었다. 그는 포경선에서의 체험을 소설 《백경》으로 썼다. 프란츠 카프카는 보험국에서 14년간 일했다. 그는 거대한 조직 속 소외된 인간의 모습을 《변신》과 《성》 같은 작품에 담아냈다. 우체국장이 되려다 실패하고 대신 세관에서 일상을 보내던 나다니엘 호손은 세관의 해묵은 서류철 사이에서 소설 《주홍 글씨》를 썼다. 또 찰스 디킨스는 아버지가 감옥에 갔던 어린 나이부터 공장에 다니면서 노동해야 했다. 그는 어린 시절의 경험 덕분에 《올리버 트위스트》라는 역작을 탄생시켰다. 이들 모두는 자신의 노동, 환경, 실패와 같은 현실적 경험을 글의 원천으로 삼았다. 그들의 상상력은 체험에서 길어 올린 것이다. "경험은 글을 잘 쓰는 모든 이들의 안주인이다." 레오나르도 다 빈치의 말이다. 이 말을 바꿔 말하면, "경험은 모든 이들의 안주인"이기도 하다.

경험은 누구에게나 주어지지만, 아무나 그것을 무기로 삼지는 못한다. 난 배달만 8년 했다. 신문 배달을 오래 하다 보면 배달할 곳을 몸이 기억한다. 배달할 집의 명단을 적으라면 적지 못한다. 그런데 아파트 승강기만 타면 배달할 층을 손가락이 기억해 낸다. 심지어 1호인지 2호인지도 손목이 기억한다. 아파트 300여 집을 배달하는 데 채 두 시간도 걸리지 않는 이유다.

경험은 언제나 물리적인 시간이 필요하다. 그러나 시간이 많다고 해서 모두 달인이 되는 것은 아니다. 단지 오래 했다는 이유로 성장하고 탁월해진다면, 세상의 모든 사람이 이미 성장했을 것이다. 고수가 되기 위해서는 '얼마나 오래 했는가'가 아니라 '그 시간을 얼마나 의식적으로 보냈는가'다. 의식적인 경험만이 반복 속에서 배움을 만들고, 배움이 쌓여 통찰로 이어진다.

경험에서 배운다는 것은 분명 많은 장점이 있다. 삶 전반에 걸쳐 직관을 형성하고, 새로운 환경에 적응할 수 있다. 그리고 어려움을 버티는 데도 큰 힘이 된다. 경험은 삶에서 끊임없이 의지하게 되는 지혜의 원천이자 길잡이다. 그렇다고 해서 모든 경험이 소중한 것은 아니다. 잘못된 경험, 무의식적인 반복은 달인이 아니라 습관의 포로로 만들 수 있다. '습관의 포로'란, 생각 없이 몸이 시키는 대로만 움직이는 사람을 말한다. 이들은 경험의 덫에 갇히기 쉽다. 한번 학습한 방식을 버리거나 수정하기 어려워서다. 경험이 쌓일수록 관성은 더 견고하게 굳어진다. 상황이 바뀌어도 과거의 경험에 발이 묶여 적응하지 못하기도 한다.

그렇다면, 습관의 포로가 되지 않기 위한 경험은 무엇일까?

어제와 다른 경험이 필요하다. 반복되는 행동은 표면적으로는 경험을 쌓는 것처럼 보이지만, 그렇지 않다. 철학자 들뢰즈는 성장은 '같은 것의 반복'이 아니라, 차이를 생산하는 반복에서 온다고 주장했다. 단순히 하루를 똑같이 살아서는 변화가 일어나지 않는다. 어제와 다른 오늘을 보내야 한다. 똑같은 행위 속에서 다른 감각을 포착하고, 다른 시도를 꺼내야 성장한다. 그러므로 경험은 축적을 넘어 진화해야 한다는 말이다. 신문 배달조차도, 익숙한 동작을 무심히 넘기지 않고 느끼고 살펴보는 순간 발전이 시작된다. 그 작은 차이를 인식하고, 해석하며 새롭게 조합할 수 있을 때 경험은 영감으로 진화된다. 필살기는 무작정 오래 해서 생기지 않는다. 차이를 감지하고 축적해야만 창조성을 갖게 된다. 경험이 무기가 되기 위해선, 그 안의 차이를 알아차릴 줄 아는 감각이 필요하다. 탁월함은 반복의 총합이 아니라, 차이를 감지해 낸 흔적들의 총합이기 때문이다. 그렇게 진화된 경험은 인간을 단순한 숙련자가 아닌 창조적 존재로 변화시킨다.

경험이 결정적 무기가 되려면 영감을 얻어야 한다. 20세기 지휘자의 대가인 헤르베르트 폰 카라얀에게 지휘자의 꿈을 꾸게 한 것은 발전기 레버였다. 그는 여섯 살 때 수력 터빈으로 작동하는 발전기의 긴 레버를 아래로 잡아당기는 일을 도왔다. 발전기에서 굉음이 울리고, 어둠 속에서 섬광이 번쩍이며, 도시에 빛이 들어오는 장면이 너무나 강렬했다. 그때 레버를 잡아당긴 동작처럼 인간에게 최고의 음과 빛을 선사할 수 있는 직업, 그게 바로 여섯 살 체험에서 얻은 '지휘의 영감'이었다.

영감은 인간의 내면에 불이 켜지는 순간이다. 영감이 쌓이고, 일상적 체험이 비범한 통찰로 연결되기 시작하면, 인간은 어느 순간 기존의 자기 한계를 넘어선다. 고수라 불릴 만한 새로운 차원의 존재로 나아가는 것이다. 경험에 바탕을 둔 사유가 농축되어 내면에서 자극이 일어날 때, 진정한 성장이 시작된다. 그 성장을 흘려보내지 않고 배움의 자산으로 삼는다면, 달인의 경지에 닿게 된다.

달인은 영감을 얻은 경험주의자다. 단순한 경험주의자는 반복과 익숙함에 안주하며 '해봤다'라는 것에 머무른다. 영감을 얻은 경험주의자는 같은 경험을 통해 새로운 통찰을 길어 올린다. 그뿐만 아니라 일상을 예술처럼 다루고, 순간을 재료 삼아 삶을 재설계할 줄 안다.

영감은 우연히 오는 번뜩임이 아니다. 매일의 경험을 성찰하고, 그 안의 감각을 깨어 있는 눈으로 바라보는 사람에게만 찾아온다. 똑같은 길을 걸어도 어떤 이는 길에서 아무것도 얻지 못하고, 어떤 이는 새로운 방향을 찾는다. 인생 전환은 감각의 전환에서 시작된다. 영감을 무기로 삼은 사람은 자기 경험을 단순한 지나간 일이 아니라, 미래를 다시 그릴 수 있는 자산으로 만든다. 그렇게 인생은 변화한다. 탁월한 삶도 그렇게 빚어진다.

　영감을 받은 경험주의자는 삶을 재설계하고 전환해 앞으로 나아갈 수 있다. 경험을 단순히 기억만 하지 않고 그것을 재해석하고, 의미를 다시 부여하기 때문이다. 그들은 겪은 경험을 삶의 언어로 바꾼다. 그 언어가 자기 서사를 써 내려가는 힘이 된다.

　난 실패라는 경험을 재해석했다. 8년 동안 경험한 것들이 미래를 위한 발판으로 삼기 위해 새롭게 의미를 부여했다. 인생 재개발 또는 인생을 전환한 사람을 슈퍼 리파운더(Super Refounder)라 부르기 시작했다. 실패한 경험도 내 손에 들어오면 새로운 이야기로 거듭났다. 경험을 해석하는 방식이 곧 삶을 다시 쓰는 방식이 되었기 때문이다.

　사람들은 환경이 바뀌어야 삶이 바뀐다고 믿지만, 사실은 경험을 대하는 관점이 바뀔 때 삶이 바뀐다. 삶의 방향을 바꾸고 싶은가? 당신은 경험을 그냥 흘려보내고 있는가, 아니면 그것을 붙잡아 해석하고 있는가? 경험에서 영감을 얻고, 그것을 진화시켜야 한다. 그래야 당신의 삶도 바뀐다.

몸으로 느낄 정도

몇 년 전에 만난 배우가 나에게 "배우가 무대에서 연기를 잘하려면 상대 연기자의 모든 것을 느껴야 합니다. 그래야 전율이 일어나 열정적으로 연기할 수 있습니다."라고 말했다. 이후 내가 만든 강연 클래스에 부산에서 활동 중인 배우를 교수진으로 모신 적이 있었는데, 그도 "강연을 잘하려면 느껴야 합니다."라며 같은 말을 했다. 분위기, 흐름, 청중의 반응을 온몸으로 감지할 때, 설명할 수 없는 전율이 올라와 그것이 강한 에너지로 전환된다는 것이다.

니체는 "기억보다 감각이 먼저고, 생각보다 느낌이 진실하다."라고 말했다. 삶의 진정한 변화는 머리로 이해하는 순간이 아니라, 몸으로 전율을 느끼는 순간에 시작된다. 기억은 생각에 저장되지만, 감각은 몸에 기록되기 때문이다.

채운 선생의 《느낀다는 것》에는 "경험하지 않아도 알 수는 있지만, 느낄 수는 없다."라는 구절이 있다. 아는 것과 깨닫는 것 사이에는 큰 틈이 있다. 삶을 바꾸는 감각은 이론에서 나오지 않는다. 그것은 살아 있는 몸이 체득한 경험으로 익히는 것이다. 돌 지난 아이가 걷기 시작할 때 누가 걷는 법을 가르쳐주는 것도, 아이가 이론적으로 계산하는 것도 아니다. 본능과 호기심, 수많은 시도를 통해 두 발을 떼고 중심을 잡는다. 넘어짐의 반복 끝에 아이는 마침내 걷는다. 걷는 법은 설명으로 배우는 것이 아니라, 몸의 기억으로 익히는 것이다. 그 감각은 시간이 흘러도 사라지지 않는다. 왜냐하면 그것은 생존에 새겨진 감각이기 때문이다.

사람은 살아가면서 수없이 넘어지고 다시 일어난다. 그리고 그때마다 몸이 먼저 움직인다. 머리는 계산하고 분석하느라 느리지만, 몸은 직관으로 반응한다. 위험한 상황에서 몸이 먼저 움찔하는 것은 그 때문이다. 감정적으로 끌리는 대상을 보면 설명은 못 해도 '좋다'고 느끼는 것도 그렇다. 느낌은 언제나 생각보다 빠르다. 탁월함은 머리로 쌓는 게 아니다. 몸으로 체화되는 것이다. 익혀진 감각과 반복 속에서 감지된 미세한 차이로 만들어지기 때문이다. 머리로 생각하는 것보다 온몸으로 체험하는 깨달음이 더 오래 남는 이유다. 머리에 쌓인 생각이 감각적 체험과 결합할 때 더 깊게 각인된다.

나는 실패를 통해 이를 배웠다. 수많은 부딪침과 쓰라림 속에서 몸이 먼저 반응하기 시작했다. 생존을 위한 감각, 방향을 알아채는 본능, '이건 아니다' 싶은 육감. 그 모든 것이 몸에 체화되었다. '몸으로 느낄 정도'라는 말은 단순히 감정을 말하는 것이 아니다. 삶이 내 안에 각인되어, 설명 없이도 반응할 수 있을 정도의 체험을 말한다. 그 정도로 삶을 살아내야, 변화가 시작된다.

나는 강의 중 "백 번 듣는 것보다 한 번 보는 것이 낫고, 백 번 보는 것보다 한 번 해보는 것이 낫다. 그리고 여러 번 해본 것보다 진정으로 한 번 전율이 날 만큼 느끼는 것이 더 낫다."라는 말을 자주 한다. 아무리 훌륭한 전략도, 몸이 전율하지 않으면 실제로 움직이지 않는다. 생각이 세상을 바꾸지 않는다. 세상을 바꾸는 것은 몸을 움직이게 하는 감각의 진동이다. 전율이 있는 행동만이 세상을 바꾼다. 이론보다 현장에서 부딪힌 경험이 더 강한 이유다. 변화는 끊임없이 움직이고 반복하는 실천을 통해 몸서리쳐질 정도도 느껴야 가능하다. 진짜 변화는 머리에서 시작되지 않는다. 그것은 몸이 먼저 떨릴 만큼, 삶이 온몸에 새겨질 때 시작된다.

몸으로 느끼고 체험한 결과를 통해 탄생하는 지식이야말로 가장 강력한 배움이다. 책에서 배운 이론이나 강의에서 들은 정보는 쉽게 잊힐 수 있지만, 직접 부딪히며 얻은 깨달음은 몸에 새겨져 오래도록 남는다. 손에 물집이 잡히고, 마음에 멍이 들어야 비로소 알게 되는 지식이 있다. 각인된 지식은 경험에서 솟아오른 통찰이다. 현실 속에서 검증된 진리다. '안다'라는 것을 머리로만 정의하지만, 진정한 앎은 삶과 맞닿아 있을 때 비로소 의미가 있다. 살아본 사람의 한마디가 수십 권의 책보다 깊은 울림을 주는 이유도 여기에 있다. 몸으로 부딪치고, 실수하고, 다시 일어서며 얻게 되는 지식은 단단하기 때문이다. 단단한 지식은 누구에게 강요받지 않아도 자신을 움직이게 만든다. 변화는 바로 이런 지식에서 시작된다. 정보는 들을 수 있다. 그러나 지식은 살아봐야 얻어진다.

난 뭐든지 직접 해보고, 몸으로 느끼고, 깨닫는다. 내가 쓴 책《1인 기업으로 다시 창업했습니다》에는 다양한 성공 전략들이 있다. 책을 읽으면서 '이거다!' 싶은 것들을 그대로 행동으로 옮긴 실천서다. 난 책도 그냥 눈으로 읽지 않는다. 몸으로 느끼며 읽는다. 그래야 행동으로 이어질 수 있기 때문이다. 수없이 들었던 강연도 마찬가지다. 활자와 음성의 내용이 마음과 몸에서 전율이 왔다면 그대로 실천에 옮긴다. 직접 움직이기 시작하면서 뭔가 달라진다. 머리로는 몰랐던 것들이 하나씩 느껴진다. 몸이 반응하고, 감각이 기억하면 변화가 온다. 반전의 인생을 만들어낸 이유다.

지금도 책에서 배운 것을 직접 부딪쳐서 느낀 것들이 내 안에 깊이 남았다. 아직도 몸이 기억하고 반응한다. 주위에 많은 사람에게 "한번 해보면 안다"라는 말을 자주 하는 편이다. 이 말은 누구나 할 수 있는 말이 아니다. 행동으로 바뀌었다는 것을 증명한 사람만이 할 수 있는 얘기다.

인생을 바꾸는 것도 몸의 느낌이다. 아무리 좋은 말, 감동적인 책, 탁월한 조언을 듣는다 해도 몸에 느낌이 없으면 행동은 일어나지 않는다. 변화는 이해로 시작되지 않는다. 느낌이 먼저고, 그 느낌이 몸을 자극해 반응이 일어나야 삶이 움직이기 시작한다. 인생을 바꾸고 싶다면 먼저 느껴야 한다. 가슴이 뛰고, 손이 떨리고, 등줄기로 전율이 흐를 정도로 뭔가가 와 닿을 때, 어제와 다른 방향으로 발걸음을 내디딜 수 있다. 사람은 생각대로 사는 게 아니라, 느낌대로, 몸이 반응한 대로 살아간다. 생각은 방향을 제시할 수 있어도, 실제로 길을 걷는 것은 몸이다. 땀이 흐르고 숨이 차고 근육이 욱신거리는 그 과정에서, 인생의 방향은 조금씩 바뀌어 간다.

책상 앞에서 인생을 바꾸려 하지 마라. 길 위에서, 현장에서, 부딪히는 그 자리에서 몸으로 느낄 때까지 부딪혀야 한다. 지금까지 해오던 대로 해서는 인생을 역전 시킬 수 없다. 남이 하던 대로의 모방 전략이 더 이상 통하지 않는다. 누군가 찾아놓거나 정해놓은 답이 아니라 나만의 방향, 나만의 답을 몸으로 느끼고 찾아야 한다.

중심을 옮길 정도

쇼펜하우어는 인간을 '즐거움의 무게 중심'에 따라 세 가지 유형으로 분류했다. 무게 중심이 바깥에 있는 평범한 사람, 안과 밖에 걸쳐 있는 중간 수준의 사람, 그리고 중심을 자기 내면에 둔 정신적으로 탁월한 사람이다.

첫 번째 유형은 인정과 보상, 지위 같은 외적 기준으로 자신의 가치를 판단한다. 두 번째 유형은 외부 기준에 흔들리지만, 내면의 가치를 추구하려는 갈등 속에서 중심을 잡고자 노력한다. 마지막 유형은 자기 내면에 중심을 둔다. 이들은 외부의 변화에 흔들리지 않고, 내면의 평정 속에서 삶의 의미를 찾는다. 삶의 무게 중심을 어디에 두느냐에 따라 인생의 방향이 바뀐다. 대부분 사람은 외부에 중심을 두고 살아간다. 세상은 끊임없이 변하고, 기준은 자주 바뀐다. 외부에 중심을 두면 변화에 따라 흔들릴 수밖에 없다. 반면, 내면에 중심을 두면 흔들림 속에서도 자기 자리를 지킬 수 있다. 인생을 근본적으로 전환하고 싶다면, 중심을 외부가 아닌 내면으로 옮겨야 한다.

중심을 옮긴다는 것은 타인의 시선을 기준으로 삼지 않겠다는 것이다. 보이는 것이 기준이 아닌, 내면에서 느껴지는 진실을 따라 살겠다는 다짐이다. 그렇게 내면에 중심을 둘 때 비로소 '온전한 나'로 살아갈 수 있기 때문이다. 물론, 그 길은 쉽지 않다. 내면은 눈에 보이지 않기 때문이다. 사람은 대개 가시적인 것에 반응한다. 성과나 직함, 수치화된 기준은 당장 보이는 결과로 판단하기 쉽다. 반면, 감정이나 가치, 신념 같은 내면의 기준은 추상적이고 설명하기 어렵다. 사람들이 익숙한 외부 기준에 의존하는 이유다. 눈에 보이고 비교할 수 있기 때문이다. 그러나 외부 기준만을 좇으면 주체적인 삶을 살 수 없다. 내면에 중심을 두는 일이 어렵더라도 그 과정을 견뎌내면, 삶을 지탱해 줄 신념과 철학이 생긴다. 물론 외부의 시선을 완전히 배제할 수는 없다. 다만, 그것에 삶을 의지하지 않는 것이 중요하다. 중심이 내면에 있을 때, 환경이나 타인의 반응에 쉽게 무너지지 않는다. 실패 앞에서도 주저앉지 않게 된다. 내면에 중심이 있는 사람은 자신만의 축을 지니고 있기 때문이다.

나 역시 처음부터 중심이 내 안에 있었던 것은 아니었다. 성과에 집착했고, 숫자에 일희일비했다. 일이 풀리지 않으면 환경 탓을 하며 자신을 방어했다. 그렇게 사는 것이 나를 지키는 유일한 방법이라 믿었기 때문이다. 그 믿음은 사업이 실패하면서 무너졌다. 의지하던 모든 외적 기준이 사라지자, 나라는 존재감마저 흔들렸다. 큰 실패를 겪으면 사람은 자기 부정을 하게 된다. 나 역시 그랬다. '나는 안 돼'라는 생각이 깊어졌고, 새로운 시도를 주저했다. 그 실패는 단지 나를 무너뜨린 것에 그치지 않고, 과거의 모든 경험까지 부끄럽게 만들었다.

사업이 잘될 땐 방송도 병행했다. 막상 망하고 나니, 그 방송 경력이 오히려 짐이 되었다. 사람들의 시선을 두려워했고, 그들의 평가를 스스로 짐작하며 움츠러들었다. 자신감은 점점 사라져 갔다. 날마다 숨듯 살아야 했다. 그때 깨달았다. 외부에 두었던 무게 중심이 얼마나 나를 연약하게 만들었는지를. 그 시점부터 나는 중심을 안으로 옮기는 법을 배워야 했다.

그러던 어느 날, 뜻밖의 일이 내 안에 잠들어 있던 자존감을 흔들어 깨웠다. 정수기 수리를 위해 한 고객의 집에 방문했을 때였다. 수리하고 있는데 티브이에서 예전에 내가 출연했던 방송이 재방송되고 있었다. 고객은 나를 빤히 바라봤고, 나도 쑥스러운 듯 웃으며 말했다. "저예요." 그 순간, 이상하게 마음이 편해졌다. 숨기고만 싶던 과거가, 내 일부로 다시 자리 잡는 느낌이었다. '그래, 나 실패했다. 그런데 그게 뭐 어때서?'라는 생각이 들었다. 그날 이후, 나는 당당해지기 시작했다.

인생의 무게 중심을 한 번에 옮기기란 쉽지 않다. 서핑을 처음 배울 때가 그렇다. 보드 위에 올라 균형을 잡는 일은 단순해 보이지만, 실제로는 쉽지 않다. 수없이 넘어지며 몸의 중심을 어디에 두어야 할지 스스로 체득해야 하기 때문이다. 앞쪽으로 기울여 보기도 하고, 뒤로 무게를 실어보기도 한다. 그러다 마침내 '여기다' 싶은 지점을 찾으면, 그곳에 중심을 두고 파도에 몸을 맡기게 된다.

삶도 그렇다. 외부 환경은 끊임없이 흔들리고, 의지하던 기준은 수시로 바뀐다. 그런 속에서 내면의 중심을 잡는 일은 단순한 결심만으로는 이뤄지지 않는다. 익숙했던 외부 기준을 내려놓고 자신만의 기준을 세우기까지는 시간이 필요하다. 처음에는 자꾸 흔들리고, 다시 외부의 시선으로 돌아가기도 한다. 하지만 그 과정을 반복하며 점점 중심이 안으로 향한다. 서핑을 하며 몸이 파도에 적응해가듯, 삶도 그렇게 내면에 중심을 두는 법을 배워가는 것이다.

인생은 '오뚝이처럼'이라는 말이 있다. 오뚝이는 넘어져도 다시 일어난다. 그 회복력은 단지 탄성 때문이 아니다. 오뚝이가 다시 일어서는 이유는 무게 중심이 안에 있기 때문이다. 바닥 깊숙한 곳, 보이지 않는 중앙에 묵직한 중심이 잡혀 있기에 어떤 방향으로 쓰러져도 제자리로 돌아오는 것이다.

인생의 전환은 내면의 중심에서 시작된다. 실패로 인한 회복력은 내 가치에 무게를 둘 때 갖게 된다. 인생, 살면서 수 없이 넘어진다. 몇 번이 넘어져도 다시 일어설 수 있게 만드는 것은 무게 중심이 내면에 단단히 뿌리내리게 하는 것이다. 인생의 전환은 외부가 아닌 내 안에서 시작되기 때문이다.

철이 들 정도

　니체는 "인간은 늘 껍질을 벗고 새로워진다."라고 말했다. 또 그는 "어떤 보석 채굴장에서든 나 자신은 맨 마지막에야 발견되는 보물이다."라는 말도 했다. 인간의 숨겨진 잠재력을 누구보다 강조한 철학자다운 얘기다. 결국 자신을 완성해야 스스로가 보물임을 증명할 수 있게 된다는 인문학적 사유다. 그러면 껍데기를 과감하게 벗어던져서 자신을 완성하는 길은 무엇인가? 내일의 나로 태어나는 것이다. 다시 말해 철이 들어야 한다.

　철은 봄, 여름, 가을, 겨울을 말한다. 계절별로 해야 할 일이 있고 그 일은 모두 다르다. 봄에는 씨앗을 뿌린다. 여름에는 열심히 땀을 흘리고 김을 맨다. 가을에는 거두어들인다. 겨울에는 마무리하면서 다음 해를 준비한다. 순리와 조화로운 현상이다. 뿌리지 않으면서 거두려는 것은 순리에 맞지 않은 행동이다. 때를 모르고 덤비는 행동으로는 새로운 나로 다시 태어날 수 없다. 지금의 내가 해야 할 역할을 잘 알아야 변신할 수 있다. 니체의 말처럼, 껍질을 벗고 보물을 찾아가는 과정은 자기 역할을 잘 수행한 사람만이 찾을 수 있기 때문이다.

사람이 철이 들어 자신을 완성해 보물로 만드는 과정은 네 개의 단계로 나누어진다.

첫 단계는 성장의 단계다. 성장은 변화다. 기존의 나를 벗고 '처음 보는 나'를 만나는 단계다. 낡은 것들을 부숴야 이전까지 굳게 닫혀 있던 껍질을 벗겨낼 수 있다. 껍질에서 벗어나지 않으면, 알맹이는 세상 밖으로 나올 수 없기 때문이다. 그 과정은 점진적으로 시간이 걸릴 수밖에 없다. 하루아침에 작은 씨앗이 큰 나무로 성장할 수 없다. 성장의 본질은 '고통'이다. 생각, 행동, 관계 속에서 익숙함을 버리는 과정에서 불편함을 느낀다. 그 어색함은 나쁜 것만은 아니다. 나무의 성장만 봐도 그렇다. 나무의 성장은 나이테에 그대로 반영된다. 나이테가 자라기 위해 옹이의 불편함을 견뎌야 한다. 그런 고통이 나무를 더욱 튼실하게 성장할 수 있게 하는 원동력이기 때문이다.

맷집이 강하면 한방에 쓰러지지 않는다. 작은 상처에도 쉽게 무너지지 않는다. 고통이 반복될수록 내면의 탄력성이 자라나기 때문이다. 넘어지는 순간보다 다시 일어설 수 있는 회복력은 성장 단계에서 만들어진다.

둘째는 성숙의 단계다. 철은 외형적 성장보다는 내면의 성숙을 통해 들어간다. 성숙은 '깨닫는' 과정이다. 알아가는 과정은 서서히 이루어진다. 단풍은 한순간에 물들지 않는다. 아주 천천히 물이 들어간다. 성숙에 이르는 길에 지름길은 없다.

성숙의 본질은 '변화'다. 작은 열매가 과일로 거듭나는 과정이다. 싱싱하지만 아직 신맛과 떫은맛이 강하다. 사람도 마찬가지다. 밖을 향하던 시선을 안으로 돌려 자신을 조율하는 단계다. 겉모습이 아닌 내면의 목소리에 귀를 기울여야 한다. 조용히 나 자신을 돌아보는 시간이 길어질수록, 말보다 침묵이, 속도보다 균형이 중요해진다. 겉사람이 되기 위함이 아니라 속사람으로 자라기 위함이다. 오롯이 자신과 마주하게 돼 부딪힘은 사라진다. 그 과정은 힘들다. 그래도 참아야 한다. 기다림에 애를 써야 그 단계에 이르게 된다. 조급함으로는 도달할 수 없기 때문이다. 그렇게 시간이 지나야 비로소, 무르익음의 문턱에 도달할 수 있다.

세 번째는 원숙 단계다. 철은 무겁게 드는 것이 아니라 가볍게 들어야 한다. 사람들은 무게 잡는 것을 좋아한다. 무게 잡는 사람의 특징은 내려올 줄을 모른다는 것이다. 다른 사람은 가볍게 여기면서 자신은 너무 무겁게 여긴다는 것이다. 다른 사람은 하찮게 여기면서 자신은 너무 소중하게 생각한다는 것이다. 체스터턴은 자신의 책 《정통》에서 "위대한 성자들의 특징은 가벼워질 수 있는 능력이다."라고 말했다. 또한 그는 "천사들이 날 수 있는 것은 그들 자신을 가볍게 여길 수 있기 때문이다."라고도 말했다. 사람은 조금만 가볍게 만들면 더 큰 무게감을 주게 되는데 그것을 모른다.

낙엽은 그렇게 매력적이지 않다. 때로는 사람들의 눈에 잘 띄지도 않아 관심 밖에 있다. 하지만 때가 되면 자신을 가볍게 만들어 내려올 때를 정확히 안다. 내려온 후에는 겨울바람에 자신을 맡겨 진정한 자유를 만끽한다. 낙엽은 부는 바람을 따라 어느 땅에 떨어진 후에, 사람들에게 밟히기도 하고 불에 태워지기도 한다. 끝내 땅에 썩어 나무들을 위한 거름이 된다.

낙엽처럼 자신을 가볍게 여기면 화날 일이 없다. 섭섭할 일도 없다. 남을 비판하고 비난하지도 않는다. 자신을 가볍게 여김은 겸손을 의미한다. 자신의 가치를 알면서도 스스로 자신을 가볍게 여기는 것이 겸손이다. 겸손이 깊어지면 자신을 내줄 줄 안다. 그래서 원숙은 내려올 줄 아는 지혜다. 가볍게 되려는 용기다. 그렇게 자신을 내려놓을 수 있을 때 진짜 어른이 될 준비가 된다.

마지막 네 번째는 어른의 단계다. 누가 어른인가? 나이가 든 사람일까? 나이가 많다고 다 어른이 아니라는 말은, 물리적 어른이 되지 말자는 뜻이다. 마음과 정신이 제대로 된 어른이 되자는 말이다. 주위에 철들지 않은 어른들을 자주 본다. 나이를 먹는 것은 생물학적 현상이다. 나이와 어른이 되는 것과는 별개다. 어른의 단계는 철이 응축되어 있다. 성숙한 내면, 절제된 힘, 깊은 책임감이 하나로 압축되어 있다. 어른은 조용하고, 강하다. 자신의 선택에 책임을 지고, 자신을 다스릴 줄 안다. 그러니 삶이 단순하면서 지혜롭다. 내면의 중심을 잘 잡고 있으니 당연하다. 단순함은 지혜의 상징이다. 소중한 것을 위해 덜 소중한 것을 정리한다. 외적으로는 더욱 단출하게 하고 내적으로는 풍요롭게 사는 방식이다.

힘도 응축되어 있다. 쓸 때 안 쓸 때 가려서 쓴다. 괜히 힘을 여기저기 쓰다 보면 정작 쓰고 싶을 때 사용하지 못 한다. 괜히 어깨에 힘주고 다니는 사람이 있다. 철없는 사람이다. 힘이 모든 것을 해결해 줄 거로 생각하는 어른답지 못한 사람이다. 그뿐만 아니라 품이 있어 존재감도 다르다. 사람을 감싸안을 수 있는 품, 불완전함을 이해하고도 받아들일 수 있는 여유가 있어 기품도 있다. 이 모든 단계를 거친 끝에야 비로소, 어른, 철든 사람의 자리에 이르게 된다.

　처음부터 철든 사람은 없다. 뭐든지 어느 날 갑자기 이뤄지는 것은 없기 때문이다. 니체는 "언젠가 나는 법을 배우고자 하는 자는 먼저 서는 법, 걷는 법, 달리는 법, 기어오르는 법, 춤추는 법부터 배워야 한다. 처음부터 날 수는 없는 일이다!"라고 말했다. 철은 일정한때를 거치면서 변화하고, 깨달으면서 들어야 한다. 그래야 서서히 변화하는 자연의 이치처럼, 인간도 서둘지 않고 자기 속도로 철들 수 있기 때문이다. 니체가 지향하는 최고의 인간은 '위버멘쉬'다.

　위버멘쉬란 '인간을 넘어섬', '인간을 극복함'이란 의미를 담고 있다. 다시 말해 작은 존재를 뛰어넘어 더욱 큰 존재로 확장되어 가는 것을 의미한다. 나는 그것을 '철든 사람'으로 해석한다. 어른 흉내 내지 않고, 어른인 척도 하지 않고, 진짜 철든 어른이 되는 것. 그것이 자신의 한계를 넘어선 어른이다. 자기 한계를 넘어선 어른의 단계가 인생을 다시 일으켜 세우는 슈퍼 리파운더이기 때문이다.

역경이
경력으로 바뀔 정도

역경을 사계절에 비유하면 차가운 겨울이다. 사람들은 봄처럼 희망을 품고, 여름처럼 열정을 불태우며, 가을의 평온을 기대한다. 삶에는 예고 없이 겨울이 찾아온다. 시련과 고난은 겨울바람처럼 마음을 얼어붙게 하고, 의지마저 움츠러들게 만든다. 계절은 돌고 돌듯 겨울이 지나면 곧 따뜻한 봄이 찾아오기 마련이다. "만일 우리에게 겨울이 없다면, 봄은 그토록 즐겁지 않을 것이다. 우리들이 이따금 역경을 맛보지 않는다면, 성공은 그토록 환영받지 못할 것이다." 시인 앤 브래드스트리트의 말이다.

역경에 처하면 모든 상황이 불리하게만 보인다. 해로움만 치유하려고, 험한 산속을 헤매며 약초를 찾듯 해결책만 찾는다. 더욱이 약초는 고난 속에 숨어 있다는 사실을 모른다. 인생은 역설적으로, 가장 쓰라린 순간이 가장 강력한 치유제로 작용하기도 한다. 고난을 견디고 나면, 내면이 강해진다. 삶의 근육도 이전보다 단단하게 다져진다. 그래서 곤경에 처한 삶은 인생을 새롭게 조율하기 위한 처방전이다. 처방의 효과를 발휘하려면 단순한 인내를 넘어 행동과 책임이 수반되어야 한다.

시인 오비디우스는 "참고 버텨라. 그 고통은 차츰차츰 너에게 좋은 것으로 변할 것이다."라고 말했다. 이 말은 힘든 상황도 시간이 지나면 나아질 수 있으니 참고 견디라는 말이다. 이 말은 그저 가만히 앉아 운명이 바뀌기만을 기다리라는 뜻은 아니다. 헌신과 해야할 일을 다 하면서 때를 기다리다 보면 좋은 날이 올 것이란 뜻으로 난 해석한다.

인생이 변화하길 바라면서도 정작 아무런 노력을 하지 않는다면, 그 바람은 헛된 기대일 뿐이다. 자신의 몫을 다하지 않은 채 시간을 흘려보내는 이에게 다가올 것은 혹독한 겨울뿐이다. 씨앗을 뿌리지 않은 밭에서 수확을 기대하는 것은 어리석은 일이다. 봄에는 씨를 뿌리고, 여름에는 땀 흘려 가꿔야 가을에 열매를 거둘 수 있다. 시인 오비디우스의 말은, 자기 의무를 다한 이들에게만 위로가 된다. 시련을 경력으로 바꾸고 싶다면, 역경의 계절에 반드시 땀을 흘려야 한다. 그렇지 않으면, 그 고통은 성장의 발판이 아닌 시간의 낭비로 남고 만다.

그렇다면, 시련이 경력이 되기 위해 어떻게 해야 하는가?

먼저 땀을 쏟아야 한다. '땀'은 무언가에 집중하고, 몸을 움직일 때 흐른다. 매일 일정한 시간에 꾸준히 움직이며 어떤 일에 몰두하다 보면, 어느 순간 경지에 도달한다. 만약 이 정도의 땀조차 흘리는 것을 주저한다면 역경은 그저 고난으로만 평생 남게 된다. 몸을 움직이며 땀을 흘리다 보면, 그 속에서 '때'가 왔음을 자연스럽게 깨닫게 된다.

그리고 눈물을 쏟아야 한다. 실패를 딛고 일어서기 위해서는 자존심을 버려야 한다. 이것저것 재고 따지기 시작하면, 아무것도 할 수 없다. 이때 흘리는 눈물은 곧 자존심이다. 비참해서, 더 이상 무엇을 바랄 수 없어서, 때로는 원통해서 흘리는 눈물이기 때문이다. 눈물을 흘릴 각오가 없다면, 차라리 일찌감치 포기하는 편이 낫다. 차라리 바닥에 주저앉은 채 전전긍긍하는 것이 편할 수도 있다. 사는 것 자체가 눈물 나는 일이다. 한 동이의 눈물을 흘릴 정도로 간절한 마음이 있어야 한다. 그래야 역경이 경력으로 바뀐다.

하키 선수인 에릭 르마르크는 땀과 눈물로 역경을 경력으로 바꾼 사람이다. 그는 올림픽에 출전할 만큼 기량이 뛰어난 선수였지만 영광은 곧 삶의 나락으로 이어졌다. 선수 생활이 끝난 후, 삶의 방향을 잃고 약물 중독에 빠져들었다. 약물을 복용한 채로 알프스산맥에서 스노보드를 타다 조난하여 구출되었다. 대가는 컸다. 양쪽 다리를 동상으로 절단해야 했다. 실패와 방황, 중독의 시간은 조난한 그때처럼 혹독하게 보내야만 했다. 그러다 그는 혹독한 인생에서 삶의 리셋 버튼을 눌렀다. 의족을 단 채 다시 스포츠에 도전했고, 자신의 약물 중독 치유 사례로 강연과 치유 활동가로 삶을 살게 되었다. 고통을 견디는 것만으로는 변화가 일어나지 않는다. 그 안에서 자신을 다시 세우고, 제구실을 다 할 때 전환이 일어난다. 어려움 앞에서 움츠러들지 않고 대담하게 뚫고 나간다면 변화를 막는 장애물은 대부분 사라진다. 그러기 위해서는 어려움에 힘듦을 감수해야 한다. 감내한 역경은 어느 순간 경력으로 바뀌게 된다.

바닥에 떨어져 본 사람만이, 밑바닥에서 힘겹게 삶을 이어가는 이들의 고통을 이해할 수 있다. 왜 그들이 움직임이 적은지, 자기 동굴에 갇혀 나오지 못하는지를 겪어보지 않은 사람은 결코 알 수 없다. 나는 그들의 아픔을 누구보다 잘 안다. 인생의 바닥을 쳐봤기 때문이다. 나락으로 떨어진 순간, 어려움을 마주하고 싶지 않았다. 도망치고만 싶었다. 만만찮은 물질적, 정신적 시련이 한꺼번에 몰려왔기 때문이다. 고통과 괴로움은 견디기 힘들 정도로 버거웠다. 고통을 이겨내기 위해서는 마주해야 한다는 단순하지만 냉혹한 현실 앞에 서야 했다. 윈스턴 처칠은 "비관주의자는 모든 기회에서 역경을 보고, 낙관주의자는 모든 역경에서 기회를 본다."라고 말했다. 그의 말처럼, 지금의 어려움을 새로운 기회로 바라보기 시작했다. 그 순간부터 부딪혔다. 두려움 속에서도 한 발 한 발 앞으로 나아갔다. 더뎠지만 멈추지 않았다. 인생의 변화는 그렇게 시작됐다.

소상공인 재기 프로그램 '희망리턴패키지' 컨설턴트 면접에서 "곤경의 경험이 있는 사람만이 역경에 처한 사람에게 진짜 해결 방법을 알려줄 수 있습니다."라고 말한 적이 있다. 어느덧 실패한 이들의 재기를 도운 지 5년이 되어간다. 내가 실패한 사람들에게 도움이 될 수 있었던 것은 역경을 통해 얻은 통찰 때문이다. 인생에서의 어려움은 경험할수록 자양분이 된다. 자양분을 먹고 자란 경험은 나를 더 나은 사람으로 만들어주었다.

난 역경을 다른 각도에서 해석해 '슈퍼 리파운더(Super Refounder)'라는 새로운 개념을 만들었다. 실패를 전환의 자산으로 만드는 사람. 그게 바로 나였고, 지금 나는 그렇게 살아가고 있다. 그런 점에서 역경은 나에게 가장 혹독하면서도 가장 현명한 스승이었다. 고난은 나를 산산이 부수었지만, 다시 단단하게 빚어주었기 때문이다. 역경이 없는 사람은 새로운 것을 시도해 본 적이 없는 사람이다.

작가 찰스 린드버그는 "리스크 없는 삶은 살 가치가 없다."라고 말했다. 사는 것 자체가 역경이 따르는 일이다. 역경을 피하는 데 소비하는 시간의 반만이라도 역경을 이겨내는 방법을 배우는 데 쓴다면 삶에서 그만큼 좋은 경력은 없을 것이다.

인생에서 성공만이 당신을 더 나은 사람으로 만들어준다고 생각하는가? 성공만이 진정한 경력이라고 믿는가? 진정으로 더 나은 사람은 역경을 이겨낸 사람이다. 그래야 진짜 공감할 수 있는 경력이 만들어진다. 역경 없는 인생은, 영광 없는 성공과 같다.

힘을 빼서
오히려 힘을 얻을 정도

나는 어느 대학 강연에서 "힘 빼고 하세요! 그래야 오래 합니다."라는 말을 했다. 무언가를 이루기 위해 너무 잘하려 하면 욕심과 함께 엉뚱한 곳에 힘이 들어간다. 때론 무엇인가 이루어질 듯한 순간, 너무 많은 기운을 쏟다 보면 욕심이 생긴다. 욕심은 욕망과 집착으로 바뀌게 된다. 강한 욕망과 집착은 목적지에 이끌어 주기도 하지만 넘치면 낭패를 부르기도 한다. 이를 막기 위해서는 힘을 빼야 한다.

'힘'의 사전적 의미는 '어떤 일을 할 수 있는 능력이나 역량'이다. 하지만 사전적 의미만 있는 것이 아니다. 힘은 긴장을 의미하기도 한다. 어느 정도의 긴장은 득이 되지만 과도한 긴장은 오히려 독이 된다. 힘을 빼면 긴장감이 줄어든다.

농구 만화 〈슬램덩크〉에 "왼손은 거들 뿐"이라는 말이 나온다. 이 말은 오른손으로 공을 던질 때 왼손은 힘을 빼고 균형을 잡아야 한다는 뜻이다. 농구에서 골대를 향해 공을 던질 때는 어깨나 손에 지나치게 힘이 들어가선 안 된다. 힘이 과하게 들어가면 몸이 경직되고 움직임이 둔해져 정확도가 오히려 떨어진다. 더욱이 왼손은 제대로 힘을 빼야 공을 밀어낼 수 있다. 운동하다 보면 "힘 빼라"라는 말을 수도 없이 듣게 된다. 그래야 기술이 제대로 걸리기 때문이다. 농구뿐 아니라, 모든 운동에 적용되는 힘의 역설이다.

힘 빼기는 세월이 흐르면 어느 정도 해결된다고 생각하는 사람이 있다. 세월 가도 힘을 빼지 못하는 사람이 오히려 많다. 국회의원이 그렇다. 한번 국회의원은 평생 국회의원이라는 말을 듣는다. 교수도 마찬가지다. 사람들은 자기 앞에 힘쓸 만한 타이틀이 붙으면 끊임없이 힘을 준다. 그래서 힘을 빼기는커녕, 세월이 흐를수록 더 단단히 경직된다. 힘을 한 번이라도 줘 본 사람은 힘 빼기가 어렵다. 그 힘이 자기를 증명하기 때문이다. 그래서인지 컨설턴트로 활동하면서도 힘이 전부인 것처럼 행동하는 대표들을 많이 목격했다. 그들의 힘주기가 얼마나 위험할 수 있는지도 많이 봐왔다.

한 업체를 방문했을 때 의아한 광경을 보게 되었다. 업체의 대표가 큰 차에서 내리는 순간 직원들 서너 명이 도열해 허리를 숙여 인사하는 광경이었다. 대표는 뻣뻣한 자세로 인사받는 모습이 흡사 대기업 총수 같아 보였다. 그뿐만 아니라 넓은 대표실에는 고급 집기들이 가득했다. 초기 자금이 여의찮아 상담받는 업체가 맞나 싶을 정도로 여기저기 힘을 준 게 표가 났다.

이 회사는 과도한 채무금에 자본 잠식 상태였고, 직원들의 급여는 몇 달째 지급하지 못한 상황이었다. 외형은 힘 넘치는 스타트 업체로 보였지만 내실이 부실했다. 창업 기업의 현실이라 여기고 싶었지만 불안해 보였다. 기업을 운영하려면 어느 정도 힘이 있어야 한다. 그러나 너무 힘주면 오히려 실패할 확률이 높다. 기업가는 힘을 적절히 써야 한다. 그런데 그 대표와 대화할수록 그 인식이 더 우려되었다. 당연히 지급해야 할 것을 하지 않거나, 과하게 사용하는 것만 봐도 그런 인식이 들었기 때문이다.

나는 실패로 인해 힘이 빠졌다. 그런데 힘 빠진 채로 이일 저일 하다 보니 어느새 힘이 빠진 것이 도움이 되었다. 그래서인지 나는 지금도 조그만 사무실이 전부다. 물건도 오래 사용한다. 물건을 오래 사용하는 습관은 사업을 하다가 망해 생긴 습관이다.

사업을 정리하면서 직원들 밀린 급여를 주기 위해서 돈 될 만한 집기는 모두 처분했다. 힘줘서 구매한 것들이 정리하고 남은 건 부서진 낡은 집기 몇 개뿐이었다. 그 후부터 힘을 빼기로 했다. 아껴 쓰고, 고쳐 쓰는 것이 몸에 뱄다. 1인 기업 15년 차, 지금도 될 수 있는 대로 집기 사는 것을 자제한다. 망하고 나니 모든 것이 쓰레기에 불과하다는 걸 알았기 때문이다.

간혹 주위에선 농담 삼아 이런 얘기를 한다. "그 정도 벌고 그러면 차도 바꾸고, 좋은 사무실도 얻어야 하는 거 아니야?" 물론 다들 그렇게 한다. 그런데 한번 망하고 나면 낡은 서류 가방을 들고 다녀도, 사무실이나 집기가 볼품없어도, 사업하는 데 문제가 되지 않는다는 것을 알게 된다. 오히려 겉모습만 요란하게 힘줘 꾸며대는 사업체를 보면 걱정된다. 그런 곳에 힘줘 봤자 쓸데도 없다는 걸 알게 되기까지 그리 오랜 시간이 걸리지 않았다. 힘을 빼야 할 때는 빼는 것이 오히려 도움이 된다.

힘을 빼기 위해서는 비워야 가능하다. 내가 쥐고 있는 것을 내려놓아야 한다. 욕심을 줄이는 것이 비우는 길이다. 그렇게 힘을 빼면, 오히려 내 안의 중심이 단단해진다. 스스로 중심을 잡은 사람은 혼들리지 않는다. 무림의 고수는 힘을 빼고, 오히려 상대의 힘을 이용해 싸운다. 힘을 쓰지 않아도 외부에서 느껴지는 힘을 받아들여 그 힘만으로도 기가 느껴진다.

엘리자베스 퀴블러 로스의 《인생 수업》을 보면 어느 40대 여성의 자동차 사고에 대한 경험담이 나온다. 어느 날 그녀가 친구들과의 약속 장소로 가기 위해 평범하게 고속도를 달리던 중 갑자기 앞 차들이 정차하게 되었다. 당연히 그녀도 차를 멈춰 섰다. 그런데 뒤따르던 차 한 대가 멈추질 않는 것이었다. 순간, 그녀는 본능적으로 운전대를 잡은 손에 잔뜩 힘이 들어갔지만, 잠시 후 운전대에 손을 놓고 온몸에 힘을 뺐다. 온몸의 긴장을 풀고 흐르듯 사고를 받아들였다. 그런데 믿기 어려운 일이 일어났다. 그렇게 끔찍한 충돌이었음에도, 그녀는 생명을 건졌고, 심각한 부상도 없이 사고에서 살아남았다. 사고 순간 온몸의 힘을 뺀 것이 기적을 일으킨 것이다.

나도 그런 사고가 있었다. 몇 년 전 산악자전거를 타기 위해 산을 올랐다. 한참을 달리다. 실수로 제법 높은 언덕에서 낙상사고가 있었다. 떨어지는 순간 나도 모르게 몸에 힘을 뺐다. 자전거는 완전히 망가졌지만, 나는 가벼운 찰과상만 입었다. 늘 힘을 빼고 살았기 때문에 힘 빼는 것이 습관이 되어 가능했던 일이다. 강한 힘에 똑같이 맞서면 부서지는 쪽은 자신이다. 그럴 땐 힘을 빼고 받아들이는 게 오히려 자신을 지키는 길이다.

우지현 작가는 힘 빼기에 대해 이렇게 말했다. 그녀의 말을 옮겨본다. "더 이상 힘을 내는 건 무리다. 우리가 가지고 있던 힘은 소멸

하였다. 그럼에도 우리는 과도하게 힘을 내며 살아간다. 힘쓰고, 힘 주고, 없는 힘까지 만들어내며 살고 있다. 힘내는 게 습관이 된 나머지 힘 빼는 법을 잊어버린 것만 같다. 어떻게 하면 힘을 뺄 수 있는 것일까. 그 방법을 온몸으로 보여주는 이가 있다. 세르게이 피스쿠노프의 〈꽃무늬를 입은 소녀〉의 그림 속 여자다. 그녀는 양팔을 든 채 수면에 떠 있다. 그녀에게는 물에 대한 공포도 없다. 가라앉으리라는 의심도, 빨리 가고자 하는 욕심도 보이지 않는다. 그저 담담하게 물에 몸을 맡기고 있다. 그녀가 수영계의 최상급 실력자라거나 강심장의 소유자라서가 아니다. 그녀는 힘을 빼면 떠오른다는 이치를 깨달은 사람이다. 힘을 빼야 힘을 얻을 수 있다."

　인생 밑바닥은 힘을 빼기에 가장 좋은 때다. 더 이상 내려갈 곳이 없을 때, 사람은 비로소 내려놓는 법을 배운다. 자존심도, 욕심도, 체면도 의미가 없어지기 때문이다. 붙잡고 있던 힘이 실은 나를 더 무겁게 만들었음을 그제야 깨닫는다. 그래서 오히려 진짜 '힘 빼기'가 가능해진다. 그 순간부터 흐름이 바뀐다. 힘을 빼면 물 위에 떠오르듯, 삶도 다시 뜨기 시작한다. 억지로 버티던 힘을 빼면 새로운 가능성이 보이고, 마음의 틈이 열리면 배움이 들어온다. 밑바닥은 끝이 아니라, 인생을 다시 설계할 수 있는 출발점이다. 힘을 뺀 자리에 다시 나를 채우면, 그다음은 훨씬 더 단단한 삶이 시작된다. 이것은 너무나 당연하지만, 알아차리지 못하는 삶의 원리 중 하나다. 힘을 빼야 힘을 얻는다. 인생도 물 위처럼, 힘을 빼야 떠오르기 때문이다.

생각보다
몸이 먼저 반응할 정도

<버킷 리스트>라는 영화가 있다. 죽음을 앞둔 두 사람의 이야기다. 자신들에게 남은 시간 동안 꼭 해보고 싶은 일을 병실에서 뛰쳐나가 하나씩 실행한다는 내용이다. 파스칼은 "인간은 생각하는 갈대다"라는 말을 했다. 인간으로서 자아와 이성을 강조한 얘기다. 인간의 이성에 대한 자각은 사유가 맞다. 하지만 생각만으로는 이루어지지 않는 게 현실이다. 오히려 행동으로 옮기는 사람이 성공하고 위대해진다. 머릿속에 아무리 지식이 들어 있어도 행하지 않으면 무용지물이다. 그래서 "인간은 행동하는 갈대다"가 되어야 한다. 변화의 시작은 행동이다. 시작하지 않고서는 변화를 기대할 수 없기 때문이다.

니체는 "과거에 얽매이지 않고 아래에 있는 인간과 비교해 자신을 칭찬하지 마라. 꿈을 즐거운 듯이 입으로만 내뱉을 뿐 아무 노력도 하지 않고 그럭저럭 현재에 만족하며 주저앉지 마라. 쉬지 말고, 앞으로 나아가라. 더욱 높은 곳을 향해 나아가라!"라는 말을 했다. 이 말의 의미는 생각만 하지 말고 용기 있게 행동하라는 얘기다. 그의 말처럼 늘 머릿속으로 꿈만 꾸며 주저앉아 있는 사람은 그 무엇도 이룰 수 없다. 어떤 길을 갈 것인지 단호하게 판단을 내렸다면 용기 있게 행동해야 한다.

경영 이론에 72대1 법칙이 있다. 마음먹은 일을 72시간 이내에 시작하지 않으면 단 1퍼센트도 성공할 수 없다는 뜻이다. 결심을 하고 3일 이내에 행동으로 옮기는 것은 말처럼 쉽지 않다. 작심삼일이라는 말이 괜히 있는 말이 아니다.

얼마 전 난 헬스장 등록을 했다. 아내가 몇 달 동안 운동을 하면서 언제 등록할 거냐는 말을, 운동을 시작하면서부터 얘기했었다. "어! 운동은 해야지 곧 등록할 거야" 말만 하고 차일피일 미루고 있는 게 벌써 몇 달째다. '조금 있다가 하면 돼', '내일 등록 하지 뭐!' 같은 속마음이 있었기 때문이다. '조금 있다' '다시' 하겠다는 것은 잡히지 않는 바람을 붙잡으려는 것과 같다.

무언가 이루고 싶다면, 먼저 시작해야 한다. 시작 없는 성취는 존재하지 않는다. 그렇다면 시작은 어떻게 해야 하는가? 방법은 간단하다. 그냥 시작하면 된다. 많은 사람이 시작을 위한 준비에 지나치게 집착한다. 어떻게 시작할지, 어떤 방식이 효과적일지, 완벽한 출발이 가능한지 고민만 하다가 시작도 못 한다. 그러나 완벽한 시작이란 없다. 준비만 하다 인생이 끝나길 바라는 게 아니라면, 지금 바로 해야 한다.

시작에는 정해진 방식은 없다. 생각이 많아질수록 염려스러워 아무것도 하지 못하게 된다. 시작이 두렵다면 차라리 아무것도 하지 말아야 한다. 움직이지 않으면 시험도, 시련도 찾아오지 않는다. 얼마나 평탄한 인생인가. 그러나 시험과 시련을 통과하지 않고는 인생을 전환할 수 없다. 늘 같은 자리에만 머무는 삶은 변화가 일어나지 않아 인생을 바꿀 수 없다. 시험과 시련을 이겨낸 사람만이 비로소 변화할 수 있다. 변화하기 위해서는 지금 움직여야 한다. "시작이 반이다"라는 말을 "시작이 전부다"라는 말로 고쳐 써야 한다. 시작만 하면 무엇이든 할 수 있기 때문이다. 시작해야 몸이 움직인다. 준비가 미흡해도 몸이 먼저 반응해야 한다. 노먼 빈센트 필의 "행동이 자신감을 회복시킨다. 행동하지 않는 것은 두려움의 결과이자 원인이다. 행동이 성공을 보장한다. 어떤 행동이든 하는 것이 하지 않는 것보다는 낫다."라는 말이 이를 잘 보여준다.

나는 사람들을 만날 때마다 움직임의 중요성을 강조한다. 몸이 동적(動的)이면 결과를 만들어낼 수 있고, 습관이 만들어지고, 생각을 바꿀 수 있고, 인생이 역전이 되고…… 등등을 얘기한다. 무엇보다 실패했을 때, 좌절로 바닥을 쳤을 때 많이 움직여야 한다고 강조한다. 대부분 고개를 끄덕이지만, 실제로 실천하는 사람은 드물다. 다들 행동이 삶을 변화시킨다는 것은 알지만 쉽게 첫발을 내딛지 못한다. 그들은 마음만 먹으면 언제든지 실행할 수 있는 걸로 생각한다. 나는 동의하지 않는다. 결심만으로 몸이 먼저 반응하지 않는다. 강한 의지가 있어야 한다. 의지가 없는 마음은 현실을 바꾸지 못하는 공허한 다짐에 불과하기 때문이다.

집을 짓는 것도 그렇다. 단 한 장의 벽돌도 놓지 않으면 집을 지을 수 없다. 집을 지으려면 설계를 바탕으로 땅을 다지고, 벽돌 하나부터 쌓아야 한다. 그게 순서다. 생각만으로는 집이 만들어지지 않는다. 아무리 좋은 집을 지으려고 머릿속에서 '기둥을 이렇게 세우고', '벽을 이렇게 세우고……' 밑그림을 그려도 기둥과 벽은 세워지지 않는다. 머리만으로는 평생 기초 공사조차 시작하지 못한다. 시작은 미완의 설계지만, 실천은 그 설계를 현실로 바꾸는 것이기 때문이다.

인생을 전환하는 사람은 집 짓는 방식이 다르다. 설계가 이루어졌다면 곧바로 시작한다. 벽돌을 올리다 무너지면 다시 쌓고, 기둥이 흔들리면 구조를 보완한다. 완벽한 설계도라고 해도 집을 짓기 위해서는 지금 당장 첫 벽돌을 올리는 실행이 중요하기 때문이다.

스위스의 생활 사상가 카를 힐티는 "무엇보다 과감한 시작이 중요합니다. 책상 앞에 앉아 이제부터 일하겠다는 마음을 먹는 것이 가장 중요하고 어렵습니다. 한 번 펜을 들어 첫 글자를 쓴다던가, 괭이를 들어 밭을 한번 내리치면 그때부터 일은 수월하게 풀려나갑니다. 그런데 사람들은 준비만 하면서 시작하지 않는데 그 안에 게으름이 숨어 있습니다. 그렇게 우물쭈물하다가 마감이 다가오면 이번에는 시간이 모자라 초조해하면서 정신뿐 아니라 육체까지 병들게 됩니다. 그리고 그것으로 일을 또 방해받습니다."라고 말했다. 이 말은 생각만 하지 말고 일단 움직여 시작해야 한다는 얘기다.

움직임에는 계기가 있어야 한다. 실패는 강한 의지를 품기에 최적의 상태다. 실패한 사람들이 강한 의지로 행동하면 무엇을 이룰 확률이 높다. 자신의 인생에 대한 책임감이 있기 때문이다. 그들이 마음을 먹고 반응하면 인생이라는 새로운 집을 지을 수 있다.

난 인생을 전환하고 나서부터 머리보다 몸이 먼저 반응한다. 자동차는 처음 출발할 때 가장 많은 에너지를 쓴다. 정지 상태에서 움직이기 시작하는 순간 연료를 많이 사용하기 때문이다. 하지만 속도가 붙고 나면 작은 연료로도 계속 달릴 수 있다.

그래서 매일 생각을 머릿속으로만 해선 안 된다. 그런 사람에게는 인생의 변화는 오지 않는다. 변화를 이루기 위해서는 일단 시도해야 한다. 몸이 먼저 반응할 정도로 변화하면 그다음의 움직임은 일상화된다.

TO,
이제, 당신의 차례입니다

변화는 '조금만 여유가 생기면', '상황이 나아지면', '때가 되면' 이루어지는 것이 아닙니다. 그런 '때'는 쉽게 오지 않습니다. 때를 기다리는 사이 오늘이 어제와 같고, 내일이 오늘과 같은 날이 반복될 뿐입니다. '때가 되면'이라는 말은 자신의 삶을 이끌고 갈 힘이 없다는 것을 실토하는 셈입니다. 그렇게 말하는 사람은 자기 삶이 변화하려면 주위가 먼저 변해야 한다고 생각합니다. 그런 마음으로는 한 발짝도 앞으로 나아갈 수 없습니다. 삶을 바꾸고 싶다면, 먼저 변해야 할 것은 '지금의 나'입니다. 나를 가두는 생각들이야말로 가능성을 가장 먼저 가로막는 벽입니다. 그 벽을 무너뜨릴 수 있는 사람은 자신뿐입니다.

심리학자 아브라함 매슬로는 "우리는 우리가 가진 최고의 가능성을 두려워한다. (……) 우리는 가장 완전한 시간, 가장 완벽한 조건, 그리고 용기로 가득 찬 시대에야 어렴풋이 볼 수 있는 어떤 것이 되고자 한다. 우리는 최고의 순간에 우리 앞에 나타난 가능성을 바라보며 소름 끼치도록 즐거워한다. 하지만 동시에, 똑같은 가능성 앞에서 역한 모습을 보이고 경외심을 갖다 못해 두려워하며 벌벌 떤다."라고 말했습니다. 이 말은 사람들이 변화 앞에서 왜 머뭇거리는지를 설명해 줍니다. 가능성은 빛나는 동시에 낯설어서, 빛에 다가가는 대신 뒤로 물러서게 된다는 얘기입니다.

고요한 파도는 바다 밑을 뒤엎을 수는 없습니다. 폭풍우에 화난 파도라야 바다 밑을 갈아엎을 수 있습니다. 변화는 흔들리고 부딪치고 무너지는 과정에 일어납니다. 그래야 새로운 자신을 만날 수 있습니다. 자기 인생의 문을 여는 열쇠는 밖이 아니라 내 안에 있습니다. 자기 내면의 깊은 곳에서 우러나는 목소리로 '내 삶이 변하기 위해서는 내가 변해야 한다.'라고 스스로에게 이야기해야 합니다. 그렇게 한 발씩 나아가다 보면, 인생을 바꾸는 문 앞에 도달하게 될 것입니다.

변화는 누가 만들어주는 것이 아닙니다. 내가 결정하는 것입니다. 내면의 각성과 결단이 이끄는 내적 변화가 있어야 인생이 전환됩니다. 내적 변화에는 부작용이 없습니다. 그것은 자신을 인정하는 데서 시작되기 때문입니다. 인정한다는 것은 나의 결함과 가능성, 상처와 잠재력까지 모두 끌어안는 일입니다. 부분적인 수용이 아니라, 온전한 나 자신으로 삶과 하나 되는 순간입니다. 삶의 변화는 바로 그때, 나 자신과 완전하게 만나는 그 자리에서 시작됩니다. 그 변화는 겉으론 조용하지만, 삶의 가장 깊은 뿌리에서 조용히 다시 써지기 시작합니다. 자신을 바꾸면 세상은 그대로일지라도, 세상을 바라보는 시선이 달라집니다. 같은 현실 속에서도 희망을 발견하고, 같은 상황 속에서도 기회의 틈을 읽어냅니다. 내면이 단단해질수록 외부의 흔들림에 쉽게 무너지지 않습니다. 그 모든 변화는 내 안에서 비롯되었기에, 흔들리지 않고 지속됩니다. 내면의 변화는 삶의 방향과 깊이, 속도까지 바꿔 놓습니다.

내적 변화로 인생을 전환 시킨 사람은 탁월한 길을 걷습니다. 나는 그것을 '인생 전환의 공식'이라 부릅니다. 이 공식의 첫 번째 단계는 자신의 목표를 명확하게 아는 것입니다. 변화는 질문에서 시작합니다. "나는 무엇을 원하는가?"에 대해 정확하게 정의를 내려야 합니다. 모호한 목표는 모호한 결과를 낳습니다. 명확한 목표는 행동의 방향을 잡아주기 때문입니다.

두 번째 단계는 행동하는 것입니다. 생각만으로는 변화가 일어나지 않습니다. 변화는 발걸음에서 시작됩니다. 작은 실행이 머릿속 맴도는 수천 개의 생각보다 강합니다.

세 번째 단계에서는 자신의 취한 행동을 관찰해야 합니다. 잘되고 있는지, 어긋난 건 아닌지를 스스로 점검해야 합니다. 파악하지 않으면 원하는 결과를 얻을 수 없습니다. 주시(注視) 감각이 살아 있어야 변화의 궤도를 잡을 수 있습니다.

그리고 마지막 단계는 변화할 때까지 전략적 유연성을 가지는 것입니다. 처음 정한 방향이 언제나 옳을 수는 없습니다. 방향이 틀렸으면 수정해야 합니다. 이 길이 아니면 다른 길로 갈 수 있는 유연성이 필요합니다. 고집이 아니라 진화가 성공적인 변화를 이끕니다.

나는 실패로 수억 원의 빚을 지고 신용불량자가 되어, 노숙자의 삶을 살았습니다. 어떡해서든 인생을 반전시키고 싶었습니다. 하루에 네 가지 일은 단순한 일용직 노동이었지만 강도 높은 일이었습니다. 혹독한 밑바닥에서 엄청난 노동을 통해 살아남는 법을 배웠습니다. 보통 사람이라면 하루 중 18시간 이상의 노동을 버텨내기 힘듭니다. 나 역시 그러했습니다. 그렇지만 버텨내야만 했습니다. 내가 원하는 것은 빚을 갚고 다시 인생을 바꾸겠다는 것이었습니다. 빚은 갚았지만, 인생은 달라지지 않았습니다. 바닥에서 허우적대며 궁핍한 생활은 계속되었습니다. 노동 집약적인 일은 내 인생을 구원해 주지 못했습니다. 다시 하고 싶은 것을 하기로 마음먹었습니다. 하고 싶은 일을 한지 15년 차, 나의 인생은 달라졌습니다. 바닥의 경험을 공유하며 어려움을 겪는 사람에게 용기를 줄 수 있는 사람이 되었습니다.

내가 한 것이라고는 인생 전환의 공식을 따랐을 뿐입니다. 내가 원하는 것을 알고, 그것을 해결하기 위해 행동했습니다. 그뿐만 아니라 나의 행동이 원하는 결과에 도달할 수 있을까 항상 주시했습니다. 그리고 변화하기 위한 다른 전략도 썼습니다. 내가 만나봤거나, 책을 통해 알게 된 사람들은 모두는 같았습니다. 인생 전환의 공식을 적용해 원하는 변화를 이루어 냈고, 성공까지 했습니다.

그러니 더 이상 삶의 변화를 머뭇거리지 않기를 바랍니다. 더 나은 인생은 선택의 순간마다 '지금 여기의 나'를 바꾸려는 작은 결심에서 비롯됩니다. 그 결심 하나가 방향이 되고, 길이 됩니다. 인생은 누구에게나 기회를 줍니다. 그 기회를 자신의 것으로 만들기 위해서는 변화를 두려워해서는 안 됩니다. 자신의 가능성을 믿고 한 발 내디뎌야 합니다.

철학자 헨리 데이비드 소로는 "세상은 변하지 않는다. 변하는 것은 우리이다."라고 말했습니다. 이제 스스로 변해야 할 때입니다.

만약 지금 자신 안에 작은 떨림이 있다면, 그건 이미 변화가 시작되었다는 뜻입니다. 그 떨림을 잡아야 합니다. 그 떨림은 자신 안의 깊은 자아가 보내는 마지막 신호이기 때문입니다.

에/필/로/그

어렵기에 더 의미 있는 변화

3개월 동안 열심히 썼는데, 마지막 에필로그만 남겨 놓은 상태에서 글이 써지지 않았다. 출판사 대표를 만나 마무리를 짓기 힘들다고 말했다. 그럴 때는 쉬는 것도 도움이 된다고 했다. 하루, 일주일, 어느덧 3주가 흘렀다. 이대로는 안 되겠다는 생각에 노트북을 켰지만 커서만 깜박이고 진도가 나가지 않았다. '좀 더 쉬어야 하는 건가?'라는 생각에 영화를 봤다. 올리버 스톤 감독의 〈7월 4일생〉이란 영화였다. 영화를 보는 내내 느끼지 못했던 감정이 다 보고 나서야 느껴졌다. 그제야 에필로그에 담겨야 할 내용이 떠올랐다.

영화 〈7월 4일생〉은 변화가 얼마나 잔인하고도 불가피한 것인지를 충격적으로 보여준다. 주인공 론 코빅은 '애국'이라는 신념 하나로 스스로 군에 자원입대한 인물이다. 그는 나라를 위해 싸우는 것이 가장 고귀한 선택이라 믿었고, 전쟁에서 영웅이 될 것이라 확신했다. 전장은 정반대로 그를 배신했다. 하반신 마비라는 치명적인 부상으로 귀향했지만, 그를 기다리던 건 '국가의 영웅'이 아니라 '사회의 짐'이라는 냉대였다.

모든 것을 잃은 그는 깊은 절망에 빠졌다. 자신의 이상과 신념이 산산이 부서진 그 순간, 론 코빅은 완전히 무너졌다. 이 지점에서 중요한 질문 하나가 떠오른다. 그는 왜 바뀌어야만 했을까? 정답은 명확하다. 바뀌지 않으면 살아남을 수 없었기 때문이다. 전쟁은 단지 육체의 상처만 남긴 것이 아니었다. 그것은 그의 세계관을 철저히 해체했다. 국가에 대한 맹목적인 믿음, 애국심에 대한 확신 그 모든 것이 붕괴한 뒤에도 그는 살아야 했다. 하지만 다른 방식으로 살아야 했다. 그는 자신을 다시 조립해야 했다.

변화는 결코 일직선의 과정이 아니었다. 그는 오랜 시간 분노와 자책, 고립 속에서 자신을 파괴하며 살아갔다. 과거에 매달린 채 망가져 갔다. 그것이 가져다주는 고통은 변화를 더욱 어렵게 만들었다. 변화는 자기 해체이자 재창조다. 자신이 붙들던 신념을 내려놓고, 낯선 세계관으로 자신을 다시 세워야 하는 고통스러운 길이다.

결국 그는 반전 운동가로 거듭났다. 한때 자신이 맹목적으로 지지했던 국가의 정책에 대해 공개적으로 반대하고, 전쟁의 실상을 세상에 알리는 사람이 되었다. 과거의 자신과 정면으로 싸운 끝에, 그는 마침내 새로운 정체성을 얻는다. 과거의 이상을 내려놓았기 때문에, 그는 더 큰 진실을 붙잡을 수 있었다.

왜 변화는 그토록 고통스러운가? 그리고 대부분 사람은 왜 변화 앞에서 머뭇거리는가?

그 이유는, 변화는 언제나 '양립적 속성'을 지니기 때문이다. 변화는 새로운 나를 만들어가는 창조의 과정인 동시에, 익숙한 나를 해체하는 과정이다. 책임이 따르는 동시에 상황에 제한받는다. 자신에게 일어나는 일을 어떻게 경험하고 싶은지 결정하는 동시에 자신이 통제할 수 없는 불확실한 미래에 불안감을 느끼기도 한다. 무언가를 얻기 위해 반드시 무언가를 버려야 하는 구조다. 이전의 신념, 정체성, 역할, 인간관계를 내려놓아야만 변화가 시작되는데, 그것은 때로는 죽음에 가까운 상실로 다가오기도 한다.

그리고 용기도 필요하다. 작가인 앤드류 매튜스는 "모든 변화는 저항받는다. 특히 시작할 때는 더욱 그렇다."라고 말했다. 움직임 속에 인생을 전환하는 것은 저항이 크다. 결정을 내리고, 끝까지 밀고 나갈 용기가 있어야만 그 저항을 이겨낼 수 있다. 세상에서 저절로 이루어지는 것은 없다. 결정과 선택, 그에 따르는 저항의 시간으로 이루어진다. 그 과정은 두렵고 힘든 일이다. 변화를 위해 용기를 가져야 하는 것은 바로 이 때문이다.

론 코빅 역시 그랬다. 그는 살아남기 위해 변화를 택해야 했지만, 변화의 길은 외롭고도 고통스러웠다. 과거와 결별하는 고통, 자신을 부정하는 혼돈, 그 모든 과정을 견디는 데에는 시간과 용기가 필요했다.

영화 속 이야기는 지금 자신에게도 그대로 적용된다. 인생은 어떤 형태로든 전쟁을 치른다. 사업이든, 관계든, 건강이든, 뼈아픈 실패와 맞닥뜨린다. 그 순간, 변화는 피할 수 없는 과제다. 니체는 새로운 탄생을 위해선 혼돈을 견뎌야 한다고 주장했다. 바로 그 혼돈이, 변화를 어렵게 하는 이유다. 삶에서 가장 큰 상실은 변화하지 않는 데서 온다. 변화가 두려워 안주한 순간, 정체와 무너짐이 이어지기 때문이다.

나는 내 삶에서 이 진실을 뼈저리게 배웠다. 그래서 나는 인생을 다시 설계했다. 그렇지 않았다면 지금의 나는 존재하지 않았을 것이다.

자신이 두려워하는 것은 실패 그 자체가 아니다. 다시 일어설 힘을 잃는 것이다. 변화는 그 힘을 되찾는 유일한 길이다. 물론 쉽지 않다. 어렵기에 더 의미가 있다. 쉬운 변화는 오래가지 못한다. 변화가 그렇게 쉬웠다면 누구나 자신이 살고 싶은 대로 살아가고 있을 것이다. 뼈를 깎는 고통을 지나야만, 새로운 나로 태어날 수 있다.

변화는 선택이 아니라 생존이다. 더 어렵지만 가치 있다. 변화는 삶을 계속 살아가겠다는 의지의 표현이다. 나비가 고치 속에서 몸을 찢고 나오는 것처럼, 론 코빅이 휠체어에서 다시 세상 앞에 섰던 것처럼, 나 역시 무너진 자리에서 다시 일어섰던 것처럼. 자신을 무너뜨릴 듯 몰아치지만, 그 너머에는 새로운 가능성이 기다리고 있을 것이다.

이 글이 책으로 나오기까지 도움을 줬던 정신적인 멘토 내가 사랑하는 오종호 운명 경영연구소 소장과 차석호 드림공작소 출판사 대표, 박준서 배우께 감사의 마음을 전하고 싶다.